I0817320

Dominik Burkard

Charakter – Biographie – Politik

Meinen Eltern
Martina und Richard Burkard
zum 80. Lebensjahr

in Dankbarkeit

Dominik Burkard

Charakter – Biographie – Politik

Die Theologen Bernhard Hanssler, Karl Hermann Schelkle und Josef Schuster in Malbriefen aus den Jahren 1932–1935

SCHNELL + STEINER

Abbildung der vorderen Umschlagseite:
Josef Schuster, Skizze (vgl. Seite 83)

Bibliografische Information der Deutschen Nationalbibliothek:
Die Deutsche Nationalbibliothek verzeichnet diese Publikation
in der Deutschen Nationalbibliografie; detaillierte bibliografische
Daten sind im Internet über http://dnb.dnb.de abrufbar.

1. Auflage 2016

Umschlaggestaltung: Anna Braungart, Tübingen
Satz/Layout: typegerecht, Berlin
Druck: Erhardi Druck GmbH, Regensburg
ISBN 978-3-7954-3171-6

Weitere Informationen zum Verlagsprogramm erhalten Sie unter:
www.schnell-und-steiner.de

INHALT

VORWORT

Der hier vorgelegte Band ist ein Experiment. Ist es – so fragte der Verfasser, als er die Skizzen Josef Schusters erstmals sah – für einen Historiker möglich, »Malbriefe« ex post nicht nur auf ihren geschichtlichen »Ort« hin zu befragen, sondern sie auch im Blick auf die dargestellten Personen, Lebensumstände und Beziehungen zum Sprechen zu bringen? Ob dies gelungen ist, mögen die Leserinnen und Leser, Betrachterinnen und Betrachter entscheiden.

Der Band kann nicht ohne Worte des Dankes erscheinen. Dank gebührt an erster Stelle Frau Evita Koptschalitsch (Burladingen-Starzeln), die mich auf die Existenz der hier vorgelegten Skizzen hinwies, diese zur Verfügung stellte und mir in zahlreichen Gesprächen – nach Möglichkeit und Kräften – Rede und Antwort auf meine vielen Fragen gab. Sie verschaffte mir außerdem Zugang zu Unterlagen aus einem noch in Privatbesitz befindlichen Teilnachlass Schelkles.

Dank gebührt außerdem Herrn Dr. Jochen Blumentrath (Ellwangen), der mir neben Hinweisen zu seinem Onkel Schuster auch einige Fotografien vermittelte, sowie Herrn Hermann Geyer (Ulm), der mir zwei Originale seines Vaters Wilhelm Geyer zum Abdruck zur Verfügung stellte.

Dank schulde ich sodann Frau Irmela Bauer vom Universitätsarchiv Tübingen, Frau Anna-Elisabeth Bruckhaus von der Handschriftenabteilung der Universitätsbibliothek Tübingen, Herrn Dr. Herbert Aderbauer vom Diözesanarchiv Rottenburg und Herrn Georg Ott-Stelzner von der Diözesanbibliothek Rottenburg für alle unkomplizierte Hilfe bei meinen Quellenstudien.

Dass aus dem Material am Ende ein so schöner Band wurde, verdanke ich dem Verleger des Schnell- und Steiner-Verlags, Dr. Albrecht Weiland, sowie Dr. Jutta Dresken-Weiland, die den Band seitens des Verlags betreute. Nicht möglich geworden wäre die Publikation des Manuskripts, das bereits 2014 vorlag, ohne die finanzielle Förderung seitens des Generalvikars der Diözese Rottenburg-Stuttgart, Herrn Dr. Clemens Stroppel, sowie der Pfarrer i. R. Hermann Humpf (Waiblingen) und Walter Thaler (Kirchheim/Teck). Ihnen auch an dieser Stelle herzlichen Dank!

Nicht zuletzt danke ich Dr. Abraham P. Kustermann (Waldenbuch) und Pirmin Ragg (Ludwigsburg) für die kritische Vorablektüre des Bandes und manch ergänzenden Hinweis.

Würzburg, im Frühjahr 2016
Dominik Burkard

HINFÜHRUNG

Der Seelsorgeklerus wird nicht nur in der Geschichtswissenschaft, sondern auch in der diözesanen Kirchengeschichtsschreibung in der Regel stiefmütterlich behandelt. Gerät er überhaupt in den Blick, dann eigentlich nur als »Masse« oder im Blick auf »strukturelle« Fragen, etwa die Ausbildung[1]. Der Diözesanklerus hat zu dienen, zu funktionieren, ansonsten aber vor allem sich selbst zurückzunehmen. Einzelne sollen möglichst wenig hervortreten. Ungewöhnliche Lebenswege, »Problem-Biographien« gar, sind nicht gefragt[2]. Lebensbilder von Pfarrern – lange mehr oder weniger standardisiert und typologisiert – waren einmal von Interesse[3], sind es längst aber kaum noch. Eine kirchliche »Nekrolog-

1 Vgl. etwa: Dominik BURKARD, Neues Jahrhundert – neuer Klerus? Priesterbildung und -erziehung in der Diözese Rottenburg an der Wende zum 20. Jahrhundert, in: RJKG 21 (2002), 179–217; Helmut RÖNZ, Der Trierer Diözesanklerus im 19. Jahrhundert. Herkunft – Ausbildung – Identität (Rheinisches Archiv 151), 2 Bde., Köln 2006; Martina ROMMEL, Demut und Standesbewusstsein. Rekrutierung und Lebenswelt des Säkularklerus der Diözese Mainz 1802–1914, Mainz 2007; Christian WÜRTZ, Die Priesterausbildung während des Dritten Reiches in der Erzdiözese Freiburg (Forschungen zur oberrheinischen Landesgeschichte 57), Freiburg/München 2013; Thomas FORSTNER, Priester in Zeiten des Umbruchs. Identität und Lebenswelt des katholischen Pfarrklerus in Oberbayern 1918 bis 1945, Göttingen 2014.

2 Eine kleine Sensation war in dieser Hinsicht 1994 die Studie von Irmtraud GÖTZ VON OLENHUSEN, Klerus und abweichendes Verhalten. Zur Sozialgeschichte katholischer Priester im 19. Jahrhundert: Die Erzdiözese Freiburg (Kritische Studien zur Geschichtswissenschaft 106), Göttingen 1994. – Kritische Anmerkungen des Verfassers zu einem Aspekt dieser Studie: Dominik BURKARD, Korrektionshäuser für »fehlerhafte Geistliche«. Eine »vergessene« Institution und ihr Beitrag zur »Geschichte des kirchlichen Lebens«, in: RQ 92 (1997), 103–135.

3 Für das lange 19. Jahrhundert lassen sich – auch für die Diözese Rottenburg – eine ganze Reihe von Beispielen anführen, etwa: Benedikt Alois PFLANZ, Doktor Fridolin Hubers Leben und literarisches Wirken, Konstanz 1839; Rudolf EYTH, Erinnerungen an Wilhelm Mercy, Rottweil 1829; Wilhelm MERCY, Andenken an Herrn Benedikt Maria von Werkmeister, Königl. württemb. kathol. Oberkirchen- und Studienrath. Von einem seiner Freunde, Stuttgart/Tübingen 1823; Bernhard RITTER, Das Leben und Wirken des H. Domdekans v. Jaumann, Schwäbisch Gmünd/Rottenburg 1862; Johann Baptist BUOHLER, Bilder aus dem Pfarrersleben, Schaffhausen 1862; DERS., Charakterbilder aus dem katholischen Priester- und Seelsorgerleben, Regensburg [2]1889; Franz Xaver LINSENMANN. Sein Leben. Bd. 1: Lebenserinnerungen, hg. von Rudolf REINHARDT, Sigmaringen 1987; Adolf BRINZINGER, Erinnerungen aus meinem Leben, Degerloch [2]1919. Für das 20. Jahrhundert wären zu nennen: Franziska WERFER, Hermann Breucha (1902–1972). Aufbruch der Kirche im Bild eines Priesters, Weißenhorn 1982; Franz ZIERLEIN, Pfarrer Hermann Josef Weber 1902–1976. Seine Freunde und seine Welt, Ellwangen 1984. Außerdem: August HAGEN, Gestalten aus dem schwäbischen Katholizismus, 4 Bde., Stuttgart 1948–1962; August HAGEN, Die kirchliche Aufklärung in der Diözese Rottenburg, Stuttgart 1953.

Kultur« konnte sich in vielen Regionen Deutschlands nie etablieren[4]. Autobiographische Versuche schienen unvereinbar mit jenem Habitus, der vom katholischen Priester – im Gegensatz zu seinem protestantischen Pendant – im Allgemeinen erwartet wird und mit »Tugenden« wie Demut, Uneigennützigkeit, Altruismus umschrieben werden kann. Dazu mag kommen, dass der Einzelne sein Leben meist als »nicht der Rede wert« empfindet, schon gar nicht als beschreibungswürdig. So hat das skizzierte Desiderat auch mit einem Quellenproblem zu tun, vor dem der Historiker steht.

Ungewöhnliche Quellen fanden sich nun im Nachlass des Tübinger Neutestamentlers Karl Hermann Schelkle (1908–1988). Es handelt sich um eine Sammlung von Blättern mit Skizzen[5] seines Kurskollegen Josef Schuster (1904–1986). Nicht nur die Quellengattung, auch die Thematik ist ungewöhnlich: Im Wesentlichen geht es in den Bildern um die Erfahrungen und Befindlichkeiten dreier Neupriester, die – 1932 geweiht – als Hilfsgeistliche »hinaus« müssen, auf ihnen zugewiesene Vikarsstellen – und die nun ihren je eigenen Weg zu finden haben. Die Zeit der ersten praktischen Tätigkeit führt hinein in die Anfangsjahre des Nationalsozialismus. Während Schelkle einen ausgesprochen dornenreichen Weg ins akademische Lehramt geht – erst 1950 wird er, nach Überwindung großer Schwierigkeiten, in Tübingen den Lehrstuhl für neutestamentliche Exegese besteigen – hat Schuster von Anfang an mit den Problemen der Pfarrseelsorge zu kämpfen. Der Dritte im Bunde ist wohl der Bekannteste: Bernhard Hanssler (1907–2005) geht früh – äußerlich und innerlich – einen Sonderweg, als Jugend- und später Studentenseelsorger, als Intellektueller und »Ästhet«, um schließlich als »dekorierter« Kirchenpolitiker gestaltend in den Anfangsjahren der jungen Bundesrepublik mitzuwirken.

Die Thematik der bislang unbekannten, hier erstmals veröffentlichten Skizzen erschließt sich nicht unbedingt und bei jedem Bild auf den ersten Blick. Deshalb war eine eingehende Analyse nötig. Sie förderte erstaunliche Einblicke zutage und wirft zugleich eine Reihe von Fragen auf.

4 So etwa in der Diözese Rottenburg(-Stuttgart). Dies zeigte sich auch bei den recherchierenden Arbeiten für den von Erwin Gatz realisierten Quellenband: Erwin GATZ (Hg.), Wie Priester leben und arbeiten. Quellen zur Lebenskultur und Arbeitswelt des deutschen Seelsorgeklerus seit dem Ende des 18. Jahrhunderts, Regensburg 2011. – Stattdessen haben hier die »Personalschematismen« vor allem des ausgehenden 19. Jahrhunderts eine respektable Ausgestaltung erfahren: Stefan Jakob NEHER, Statistischer Personal-Katalog des Bisthums Rottenburg. Festschrift zum 50-jährigen Bestehen des Bisthums, Schwäbisch Gmünd 1878 (im Vorwort gibt Neher Rechenschaft über die Entstehung des Werkes, das durch P. Pius Gams OSB (1816–1892) und den Syndikus des Rottenburger Ordinariats, Adolf Bernhard Joseph Vogt (1812–1876), unterstützt sowie von Bischof Carl Joseph Hefele (1809–1893) einer Prüfung unterzogen worden war). Weitere, aktualisierte und ergänzte Auflagen erschienen 1885 und 1894.

5 Die Bilder wurden inzwischen aus dem Nachlass Schelkles herausgelöst und dem Diözesanarchiv Rottenburg übergeben. – Der Verfasser erarbeitet derzeit eine Studie zur »Causa Schelkle«. Vgl. einstweilen die Hinweise bei: Dominik BURKARD, Die Entwicklung der Katholisch-Theologischen Fakultät, in: Urban WIESING u.a. (Hg.), Die Universität Tübingen im Nationalsozialismus (Contubernium. Tübinger Beiträge zur Universitäts- und Wissenschaftsgeschichte 73), Stuttgart 2010, 119–175, hier 165f.

I. DIE AKTEURE

1. JOSEF SCHUSTER

Schöpfer der hier vorgelegten Kleinkunstwerke ist Josef Alfons Schuster[6], geboren am 5. März 1904 im schwäbisch-bayrischen Grenzland, dem Zentrum der ehemaligen Fürstpropstei Ellwangen, als erstes Kind des Uhrmachers Josef Schuster (1870–1950) und seiner Ehefrau Theresia Seibold (1879–1965). Beide Eltern waren aus dem sieben Kilometer entfernt liegenden, kaum 400 Seelen zählenden Dorf Dalkingen zugezogen und hatten 1903 in Ellwangen geheiratet. Dem Erstgeborenen folgten in rascher Folge vier weitere Geschwister: Maria Theresia (*1905), Clara Anna (*1906), die wenige Tage nach ihrer Geburt starb, Erich Franz (*1907) und schließlich Hildegard Leonilla (1912–1994). Die Wahl der Kindernamen lässt möglicherweise auf eine besondere franziskanische Frömmigkeit schließen. 1920 nahm die Familie zudem einen Neffen der Mutter als Pflegekind auf[7]. Josef Schuster besuchte das Ellwanger Gymnasium. Zunächst wollte er wie sein Vater Uhrmacher werden und absolvierte eine Uhrmacherlehre. Dann ging er zu allgemeinen Studien zunächst nach München, schließlich nach Berlin. Hier schloss er sich eng an Romano Guardini (1885–1968)[8] an, der seit 1923 die dort errichtete »Weltanschauungsprofessur« innehatte[9].

6 Zu ihm: Verzeichnis der Priester und Diakone der Diözese Rottenburg-Stuttgart von 1922 bis 1992, hg. vom Bischöflichen Ordinariat Rottenburg-Stuttgart, Rottenburg 1993, 57. – Die familiären Daten wurden dem Familienregister der Stadtpfarrei St. Vitus Ellwangen entnommen. Frau Birgit Schiele (Ellwangen) sei für die Mitteilung herzlich gedankt. Darüber hinaus erhielt ich wertvolle Informationen von einem Neffen Schusters, Herrn Dr. Jochen Blumentrath (Ellwangen). Auch ihm sei an dieser Stelle herzlich gedankt.

7 Fridolin Seibold (*1920 in Dalkingen).

8 Gebürtig aus Verona, die Familie siedelte 1886 nach Mainz über, wo Guardini zur Schule ging, 1903 Reifeprüfung, anschließend zwei Semester Studium der Chemie in Tübingen, dann drei Semester Nationalökonomie in München und Berlin, schließlich Studium der Theologie in Freiburg und Tübingen, hier in engem Kontakt mit Josef Weiger und Philipp Funk, 1910 Priesterweihe in Mainz, nur kurze Zeit in der Seelsorge, 1915 in Freiburg Promotion zum Dr. theol., 1922 in Bonn Habilitation für Dogmatik, seit 1920 im Quickborn tätig und bald dessen geistlicher Mentor, 1923 bis zu seiner erzwungenen Emeritierung Dozent für Katholische Weltanschauung an der Universität Breslau mit dauernder Abordnung an die Friedrich-Wilhelms-Universität Berlin, 1927–1933 Mitglied der Bundesleitung des Quickborn und bis zur Konfiszierung von Rothenfels durch die Nationalsozialisten auch Leiter der Burg, 1943–1945 bei seinem Freund Pfarrer Josef Weiger in Mooshausen (Allgäu), 1945 Professor für Religionsphilosophie und christliche Weltanschauung an der Philosophischen Fakultät Tübingen, 1948 auf einem für ihn errichteten Lehrstuhl in München, wo er bis 1962 lehrte. Zu ihm u. a.: Hanna-Barbara GERL-FALKOVITZ, Romano Guardini. Konturen des Lebens und Spuren des Denkens, Mainz 2005; DIES., »Ich fühle, daß Großes im Kommen ist«. Romano Guardinis Briefe an Josef Weiger (1908–1962), Ostfildern 2008.

Ob Schuster durch Guardini zur Jugendbewegung fand oder schon vorher dem »Quickborn« angehörte, ist unklar. Jedenfalls besuchte er noch in den 1940er Jahren häufig Burg Rothenfels, die Guardini leitete, das Zentrum des Quickborn. Ähnliches gilt von seinen Geschwistern, die dort zum Teil ihre späteren Ehepartner kennenlernten.

Schuster fand – möglicherweise über Guardini und Burg Rothenfels – zur Theologie. Das Theologiestudium absolvierte er als Priesteramtskandidat der Diözese Rottenburg in Tübingen. Im Sommer 1928 erkrankte er an Lungentuberkulose und verbrachte den Winter 1928/1929 in Davos, was ihn im Studium zurückwarf. Georg Stauber (1882–1939)[10], der Direktor des Tübinger Theologenkonvikts »Wilhelmsstift«, charakterisierte Schuster in seiner Beurteilung vor dem Übertritt ins Priesterseminar: »Er hat Sinn für Kunst, besitzt ein tiefes Gemüt und einen festen Willen. Er ist jugendbewegt, doch belehrbar. [...] Er spielt Flöte«. Bemängelt wurde von dem Vorgesetzten damals Schusters wenig geordnete und unkonzentrierte Arbeit[11]. Im Sommer 1930, kurz vor dem geplanten Eintritt ins Rottenburger Priesterseminar, kam es zu einem (wenn auch begrenzten) gesundheitlichen Rückfall. Zwar konnte nach Spezialuntersuchungen Entwarnung gegeben werden[12], doch blieb Schuster zunächst beurlaubt und wurde erst 1931 zur Weihe im darauffolgenden Jahr zugelassen.

Spätestens hier, im Seminar, fand Schuster engeren Anschluss an Bernhard Hanssler und Karl Hermann Schelkle. Im üblichen Bericht vor der Erteilung der Subdiakonatsweihe ließ Regens Albert Herkommer (1878–1949)[13] den Bischof wissen, Schuster habe sich gesundheitlich »gehalten«, auch wenn ihm seine Krankheit noch immer nachhänge. Zwar nehme er die ihm gewährten Dispense nicht in Anspruch, mache jedoch stets »einen mü-

9 Dazu vgl. Monika NICKEL, Romano Guardini und die Professur für Religionsphilosophie und katholische Weltanschauung in Berlin, in: Dominik BURKARD/Wolfgang WEISS (Hg.), Katholische Theologie im Nationalsozialismus. Bd. 1/2: Institutionen und Strukturen, Würzburg 2011, 124–150.

10 Gebürtig aus Schlier, Studium der Philosophie und Theologie in Tübingen, 1908 Priesterweihe, Vikar in Schramberg, 1910 Repetent in Ehingen, 1917 Stadtpfarrer in Blaubeuren, 1921 Direktor des Wilhelmsstifts und Klinikpfarrer in Tübingen, 1925 Päpstlicher Ehrenkämmerer, 1934 Domkapitular in Rottenburg, zugleich Mitglied der Zentralleitung des Stiftungs- und Anstaltswesens in Württemberg. Zu ihm: Verzeichnis der Geistlichen der Diözese Rottenburg-Stuttgart von 1874 bis 1983, verzeichnet von Helmut Waldmann, hg. vom Bischöflichen Ordinariat, Rottenburg 1984, 148.

11 22. Februar 1930 Kennbogen für Josef Schuster. PS Rottenburg, Registratur.

12 30. Oktober 1930 Er[ich] Schuster, Heilstätte Johannes-Stift Brilon Wald, an Regens. PS Rottenburg, Registratur. – Das Johannes-Stift, im waldreichen Sauerland gelegen, war auf Tuberkulosebehandlung spezialisiert. 1933 wurde dort die Klinik Hoheneimberg als erste Tuberkuloseklinik Deutschlands mit einer Entbindungsstation für tuberkulosekranke Frauen eröffnet. Schusters Bruder, der Medizin studiert hatte, war damals (August -November 1930) in Brilon als »Famulus«, ab ca. 1936 dann Arzt in Kemnath/Oberpfalz, später, nach langer russischer Gefangenschaft Chefarzt des dortigen Krankenhauses. Herrn Dr. Jochen Blumentrath (Ellwangen) danke ich für die freundliche Auskunft.

13 Gebürtig aus Rechberg, Studium der Philosophie und Theologie in Tübingen, 1903 Priesterweihe, Vikar in Hüttlingen, Ellwangen, Reutlingen und schließlich St. Maria in Stuttgart, 1909 Expositurvikar in St. Josef in Stuttgart, 1913 ebendort Kaplan, 1916 Pfarrer in Schramberg, 1924 Regens des Rottenburger Priesterseminars, 1926 mit dem Titel Päpstlicher Ehrenkämmerer, 1933 Stadtpfarrer in St. Maria in Stuttgart, 1937 auch Kamerer des Dekanats. Zu ihm: Verzeichnis 1984, 118.

Abb. 1: Josef Schuster, 1938. Privatbesitz.

Abb. 2: Josef Schuster, 1940. Privatbesitz.

den (fast unfreudigen) Eindruck«, erfülle zwar seine Pflichten, fasse aber nicht so recht an. »Er liebt seine eigenen Wege, man kommt ihm nicht recht nahe. Er hat befriedigende Begabung. Religiöses u[nd] sittliches Leben ist in guter Ordnung«[14].

Die erste Seelsorgsstelle, die Schuster nach seiner Weihe 1932 anzutreten hatte, war Fulgenstadt, wo ihn zunächst wenig Arbeit erwartete. Vermutlich war der Posten mit Rücksicht auf seinen gesundheitlich labilen Zustand ausgewählt worden. Doch schon einige Monate später musste er in Fulgenstadt die Aufgabe des Pfarrverwesers übernehmen. Noch im Dezember 1932 – nach Ankunft des neuen Pfarrers[15] – wurde er als Vikar nach Langenargen versetzt, im August 1933 dann nach Stuttgart-Feuerbach und ein gutes Jahr später nach Ulm-Söflingen. Hier durfte er vier Jahre bleiben.

14 3. Dezember 1931 Regentie des Priesterseminars an Bischöfliches Ordinariat. PS Rottenburg, Registratur.

15 Zum 1. Dezember 1932 übernahm Dr. Otto Stegmann (1888–1964) die Pfarrei. Gebürtig aus Taldorf, Studium der Philosophie und Theologie in Tübingen, 1913 Priesterweihe, Promotion zum Dr. phil., Vikar in Ellwangen, Stuttgart-St. Nikolaus, Stuttgart-St. Elisabeth, 1916 in Schramberg, 1917 Kriegsgefangenenseelsorger in Ludwigsburg-Eglosheim und Hohenasperg, 1919 Vikar in Laupheim, 1920 Kaplaneiverweser in Fridingen, 1921 Stadtpfarrer in Bartenstein, 1932 in Fulgenstadt, 1960 im Ruhestand in Saulgau. Zu ihm: Verzeichnis 1984, 175.

Zusammen mit Franz Glänz (1904–1941)[16] und anderen geriet Schuster 1937, weil er sich bei den »Freunden der Burg Rothenfels« engagierte, ins Visier der Gestapostellen Würzburg und Stuttgart[17]. Möglicherweise konnte er deshalb 1938 nur Pfarrverweser der kleinen Pfarrei Härtsfeldhausen werden. Aufgrund seiner Prägung durch die Jugendbewegung zeigte Schuster als Pfarrer große Aufgeschlossenheit für die liturgische Bewegung. Im August 1940 hielt etwa der mit ihm und Schelkle befreundete Liturgiewissenschaftler und Jesuit Josef Andreas Jungmann (1889–1975)[18] in seiner Pfarrei eine »Choralwoche«; auch Clemens ten Holder (1903–1959)[19] besuchte Schuster in Härtsfeldhausen[20]. Während der Kriegszeit waren im dortigen Pfarrhaus oft seine zahlreichen Neffen und Nichten zu Gast. Schusters

16 Gebürtig aus Stuttgart, Studium der Philosophie und Theologie in Tübingen, 1928 Priesterweihe, Vikar in Freudenstadt, dann in Tuttlingen, 1930 in Rottweil, 1932 Pfarrverweser in Dunstelkingen und seit 1934 dort Pfarrer. Zu ihm: Verzeichnis 1993, 32.

17 Vgl. Ulrich VON HEHL/Christoph KÖSTERS u. a. (Bearb.), Priester unter Hitlers Terror. Eine biographische und statistische Erhebung (VKZG.A 37), Paderborn u. a. 1998, 1332.

18 Gebürtig aus Sand/Taufers (Südtirol), Studium der Philosophie und Theologie in Brixen, Innsbruck und Wien, 1913 Priesterweihe, 1917 Eintritt in den Jesuitenorden, 1925 Dozent für Pädagogik, Katechetik und Liturgik an der Universität Innsbruck, Vertreter der »Liturgischen Bewegung«, 1930 a. o. und 1934 o. Professor, 1926–1963 mit Unterbrechungen Schriftleiter der *Zeitschrift für katholische Theologie*, sein Buch *Die Frohbotschaft und unsere Glaubensverkündigung* (1936) wurde kirchlich beanstandet und musste zurückgezogen werden, seine liturgiegeschichtlichen Arbeiten bereiteten der Liturgiereform des 2. Vatikanischen Konzils den Weg, 1940 Mitglied der Deutschen Liturgischen Kommission, 1945 auch der Österreichischen Liturgischen Kommission, 1956 im Ruhestand, Honorarprofessor für Liturgik in Innsbruck, 1960 Mitglied der vorbereitenden Kommission, 1962 Mitglied der Liturgiekommission des 2. Vatikanischen Konzils. Zu ihm: Balthasar FISCHER/ Hans Bernhard MEYER (Hg.), J.A. Jungmann. Ein Leben für Liturgie und Kerygma, Innsbruck u. a. 1975; Erich NAAB, Art. Jungmann, in: BBKL 3 (1992), 876–877. ()

19 Gebürtig aus Recklinghausen, Dichter, Übersetzer französischer Theologen. Zu ihm: Werner SCHUDER (Hg.), Kürschners Deutscher Literaturkalender. Nekrolog 1936–1970, Berlin 1973, 291. – Ten Hompel musizierte mit dem aus Essen gebürtigen, nach 1945 im Schwäbischen tätigen Musiker und Komponisten Bernhard Rövenstrunck (1920–2010). – Mit Schuster teilte Ten Holder die Begeisterung für die zeitgenössische religiöse Kunst, gehörte auch zum Umfeld Wilhelm Geyers, dem er – im Unterschied zu anderen – religiöses Suchen attestierte: »Geyers Steinzeichnungen zu den Sonntagsevangelien, zum Buche Hiob und zuletzt zu den Büchern Moses sind alle diktiert von dem Bestreben, Einsicht zu bekommen, das Verständnis zu vertiefen, und aus diesem Grunde haben seine Bilder zu biblischen Texten keineswegs den Sinn von Illustrationen. Sie haben vielmehr einen Charakter der Verkündigung und sind für unsere Zeit in echtem Sinne so etwas wie eine Biblia pauperum, die eine Art Verkündigung im Bilde war [...]. Der Sinn dieser Gedanken erschöpft sich nicht in einem Hinweis auf das Werk Geyers. Dieses Werk bedarf eines solchen Hinweises nicht. Es spricht für sich selbst und setzt sich durch. Diese Gedanken können also nur den eiligen Betrachter aufhalten und ihn vielleicht überreden, sich einzuüben in dieses Werk, damit er sich selbst und seinen Glauben darin wiederfinde. Das aber wäre genug«. Vgl. Clemens TEN HOLDER, Das biblische Wort und die moderne Kunst. Gedanken zu Wilhelm Geyers Mosemappe, in: Heilige Kunst. Mitgliedsgabe des Kunstvereins der Diözese Rottenburg 98 (1950), 40–52.

20 12. August 1940 Schuster, Härtsfeldhausen, an Schelkle. UBT Mn 16 (NL Schelkle) Kaps. 106. – Über die »Ansprüche« Schusters weiß Pfarrer Hermann Humpf, mit Schuster verwandt, zu berichten: »Von den Bildern ist für mich das erste Bild [s.u.] ein Schlüsselbild, nicht nur im Gegenüber zu Schelkle, sondern in der Selbsterfahrung Schusters. Zeitlebens hat er sich als diesen Landpfarrer gesehen. Er war es auch, aber sein Problem war: die Gemeinden merkten ganz schnell, dass er dies nicht (nicht nur) war. Seine Interessen, seine

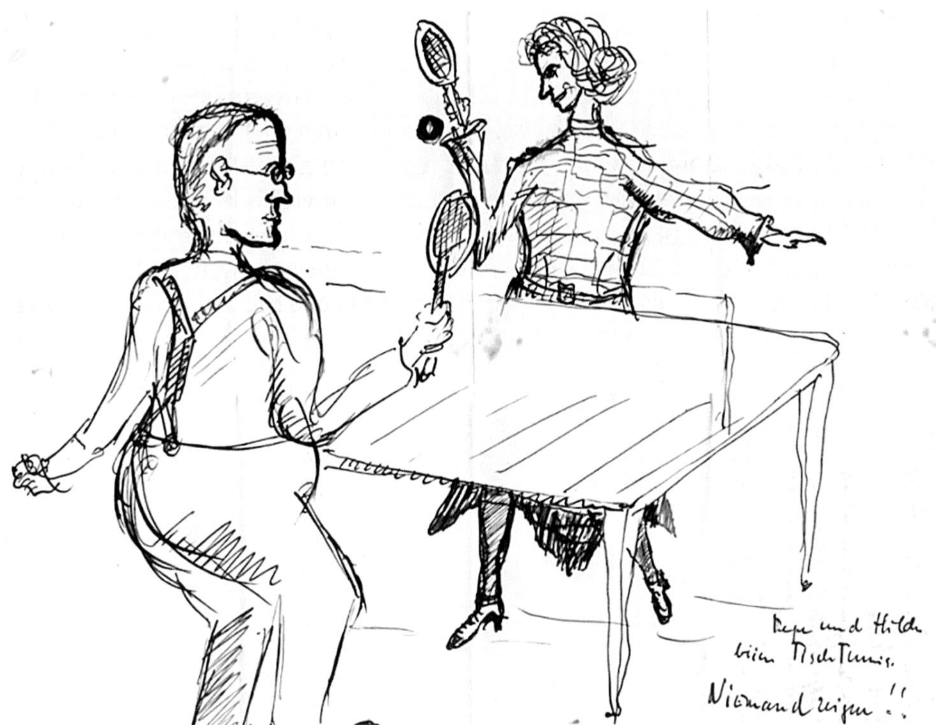

Abb. 3: Die bislang einzige weitere Zeichnung Schusters mit dem Kommentar: »Pepe [= Josef Schuster] und [seine Schwester] Hilde beim Tischtennis. Niemand zeigen!!«. Privatbesitz.

Haushälterin Lene Kohler (1919–1992)[21] war ihnen wie eine Mutter – und entsprechend beliebt, während die Kinder vor dem großen, stattlichen und auch strengen Onkel, der im Dorf stets in langer schwarzer Soutane herumlief, einen »Heidenrespekt« hatten[22]. 1954 bewarb sich Schuster um die Pfarrei Baindt bei Ravensburg, die er bis zu seiner Pensionierung 1971 innehatte. Danach ging er aber noch einmal für zehn Jahre als Hilfspfarrer nach

Erwartungen, sein Verständnis von Glaube und Liturgie standen wie trennende Folien zwischen ihm und der Gemeinde. Darunter litt er wohl sein ganzes Leben und dies ließ ihn manchmal auch ziemlich depressiv werden. Aber von seinen Idealen hinsichtlich Liturgie und Pastoral ließ er nicht los. Deshalb wollte er mich als Student jahrelang zu Weihnachten und in der Karwoche in der Gemeinde haben, um durch stilvolle Liturgiegestaltung die Gemeinde für sein Anliegen zu gewinnen und das Eis zum Schmelzen zu bringen. Im Rückblick ist dies ihm auch gelungen [...]«. Freundliche Mitteilung vom 18. April 2016.

21 Magdalena Kohler, gebürtig aus Härtsfeldhausen, nach Besuch der Hauptschule als Haushälterin bei den Eltern von Josef Schuster in Ellwangen, einem Uhren-Optik-Schmuck-Geschäftshaushalt. Als Schuster nach Härtsfeldhausen versetzt wurde, bekam sie auf Antrag die Genehmigung, als Haushälterin mit ihm dorthin zu gehen. Sie blieb bis zu seinem Tod, starb dann in Bopfingen (bei Ellwangen), wo sie mit ihrer Schwester die letzten Jahre zusammenlebte.

22 Freundliche Auskunft von Herrn Dr. Jochen Blumentrath (Ellwangen).

Salvator in Schwäbisch Gmünd, bevor er sich 1981 endgültig in seine Heimatstadt Ellwangen zurückzog. Hier lebte er als Ruheständler zunächst noch bis 1984 in seinem Elternhaus, danach im Schönenberghaus. Er starb 1986.

Schuster war ein großer Kunstliebhaber[23], sein künstlerisches Interesse fand aber auch Ausdruck in der eigenen künstlerischen Betätigung. Schuster zeichnete leidenschaftlich gern. Als seine Schwester Hilde 1940 ihr erstes Kind erwartete, besuchte er sie und campierte, weil das Kind 14 Tage zu spät kam, dort auf dem Sofa. Der Schwager hielt dies in einem Amateurfilm fest. Dieser zeigt Schuster, wie er aus seiner 30 cm langen Pfeife rauchend Bildchen zeichnet, die eine Art »Drehbuch« der letzten Tage vor der Entbindung wurden. Der Verbleib dieser Bildchen Schusters ist ebenso wie der Verbleib des gesamten künstlerischen Oeuvres unklar[24]. Von daher besitzen die hier vorgelegten Skizzen aus dem Nachlass Schelkles in einem gewissen Sinne singulären Charakter.

2. BERNHARD HANSSLER

Der Zweite und Prominentere im Bunde – war Bernhard Hanssler[25]. Er stammte – im Unterschied zu seinen Kurskollegen – aus dem badischen Grenzland, war 1907 in Tafern, einem kleinen Weiler zwischen Pfrungen und Wilhelmsdorf unweit von Überlingen geboren. Kirchlich gehörte der Ort zur Pfarrei St. Sebastian im württembergischen Pfrungen, so dass

23 Als er die Pfarrei Baindt 1954 in einem sehr verwahrlosten Zustand übernahm, sorgte er für eine zwar lange dauernde, aber fachgerechte Restaurierung unter Hinzuziehung von Sachverständigen. Schon früh verband ihn eine enge Freundschaft mit dem Schriftsteller Dr. Rudolf Müller-Erb (1910–1982 Stuttgart), der Lektor beim Schwaben-Verlag und ebenfalls ein Kunstkenner oder gar Kunstfanatiker war. Bereits 1950 standen beide in einem intensiven Austausch und machten Zeichnungen und Entwürfe zu einem Grabstein für Schusters Vater. Schuster selbst sammelte auch Kunstgegenstände. Mit großem Aufwand unternahm er noch später Fahrten nach Rom und Italien.

24 Entsprechende Nachforschungen in der großen Familie Schusters blieben ohne Erfolg. Pfarrer Hermann Humpf, mit Schuster verwandt und in den letzten dreißig Jahren regelmäßig mit ihm auf Kunstfahrten unterwegs, blieb das zeichnerische Talent Schusters völlig verborgen (Freundliche Mitteilung vom 18. April 2016). Offenbar hatte es Schuster lediglich in den 1930er/1940er Jahren gepflegt und später selbstkritisch verdrängt.

25 Gebürtig aus Tafern, Studium der Philosophie und Theologie in Tübingen, 1932 Priesterweihe, Vikar in St. Michael (Wengenkirche) in Ulm, 1934 Jugend-Pfarrverweser, 1935 Jugendkaplan, 1936 stellvertretender und 1937 definitiver Studentenseelsorger in Tübingen, 1945 Stadtpfarrer in Schwäbisch Hall, 1951 Stadtpfarrer von St. Georg in Stuttgart, 1956 Mitbegründer der bischöflichen Studienstiftung Cusanuswerk, ab 1956 dessen erster Leiter in Bonn-Bad Godesberg, 1957–1968 zugleich auch Geistlicher Direktor, später Assistent beim Zentralkomitee der Deutschen Katholiken, 1961 Ernennung zum Päpstlichen Hausprälaten, 1970 Rektor des deutschen Priesterkollegs Collegio Teutonico am Campo Santo in Rom, 1974 in den einstweiligen Ruhestand versetzt, 1981–1988 Akademikerseelsorger der Diözese Rottenburg-Stuttgart mit Sitz in Stuttgart. Zu ihm: Zu ihm: Verzeichnis 1993, 54; Wir vermögen nichts gegen die Wahrheit. Verabschiedung von Prälat Bernhard Hanssler, Bergheim 1970; Klaus HEMMERLE, Widerspruch und Gestalt. Bernhard Hanssler wird 80 Jahre, in: KNA, Das Porträt Nr. 25, 18.3.1987; Gebhard FÜRST (Hg.), Was hast du, was du nicht empfangen hättest? Zum 80. Geburtstag von Prälat Bernhard Hanssler, Stuttgart 1987; Rainer HANK, Der Geistliche und die Macht. Bernhard Hanssler, Frankfurt a. M. 1997.

Hansslers Mutter immer sagen konnte, man habe »einen badischen Leib und eine württembergische Seele«[26]. Das heimatliche Milieu war nicht, wie bei Schuster, handwerklich-städtisch geprägt, sondern bäuerlich-dörflich. Bernhard war das dritte von insgesamt acht Kindern, der erste Junge.

Nach Absolvierung der Volksschule wurde der aufgeweckte Knabe zum Gymnasialbesuch nach Ehingen aufs »niedere Konvikt« geschickt – damals noch Rekrutierungsanstalt für den Priesterberuf in der Diözese Rottenburg. In die Ehinger Zeit fällt Hansslers »Bekehrungserlebnis«, das wohl vor allem intellektuell zu verstehen ist: die literarische Bekanntschaft mit dem Kulturkritiker Theodor Haecker (1879–1945)[27], von dessen Sprache und Ästhetizismus Hanssler zeitlebens fasziniert sein wird[28]. Seine Begeisterung behielt Hanssler nicht für sich. Der Versuch, seinen Ehinger Repetenten[29] zu einem Abonnement der katholischen Kulturzeitschrift *Hochland*[30] zu bewegen, in der Haecker regelmäßig publizierte, misslang allerdings, ebenso der Plan, in Anlehnung an die *Fackel*[31] von Karl Kraus (1874–1936)[32] eine *katholische Fackel* zu gründen.

26 HANK, Der Geistliche 98.

27 Gebürtig aus Eberbach, aufgewachsen in Esslingen am Neckar, dort zunächst Mitarbeiter des Schreiber-Verlags, 1905 Studium in München, 1921 unter dem Einfluss Newmans Konversion zum Katholizismus, seitdem kulturkritische Essays in den katholischen Zeitschriften *Der Brenner* und *Hochland*, Heirat, 1941 Hauptschriftleiter des Schreiber-Verlags. Aufgrund seiner entschieden christlichen Haltung durch die Nationalsozialisten seit 1936 mit Rede- und Publikationsverbot belegt, schrieb er zwischen 1939 und 1945 seine Tag- und Nachtbücher nieder (1947 postum veröffentlicht), aus denen er mehrfach im Kreis um Hans und Sophie Scholl (»Weiße Rose«) vortrug und so zu einem wesentlichen Inspirator des Widerstands wurde. Zu ihm: Eugen BLESSING, Theodor Haecker. Gestalt und Werk, Nürnberg 1959; DERS., Art. Haecker, in: NDB 7 (1966), 425–427; Karin MASSER, Theodor Haecker. Literatur in theologischer Fragestellung, Frankfurt a. M. u. a. 1986; Gebhard FÜRST/Peter KASTNER/Hinrich SIEFKEN (Hg.), Theodor Haecker 1879–1945. Verteidigung des Bildes vom Menschen (Hohenheimer Protokolle 55), Stuttgart 2001; Barbara SCHÜLER, »Geistige Väter« der »Weißen Rose«. Carl Muth und Theodor Haecker als Mentoren der Geschwister Scholl, in: Rudolf LILL/Wolfgang ALTGELD (Hg.), Hochverrat? Neue Forschungen zur »Weißen Rose«, Konstanz 1999, 101–128; DIES., »Im Geiste der Gemordeten ...«. Die »Weiße Rose« und ihre Wirkung in der Nachkriegszeit (Politik- und kommunikationswissenschaftliche Veröffentlichungen der Görres-Gesellschaft 19), Paderborn u. a. 2000, passim; HANK, Der Geistliche 104–109.

28 Vgl. Bernhard HANSSLER, Sprachgesinnung und Sprachbesinnung bei Theodor Haecker, in: Der Deutschunterricht. Beiträge zu seiner Praxis und wissenschaftlichen Grundlegung 2/4 (1950), 33–48; Bernhard HANSSLER, Glauben aus der Kraft des Geistes. Unkonventionelle Wege der Wiederbegegnung mit Augustinus, Benedikt von Nursia, Franziskus von Assisi, Dante, Nikolaus von Kues, Thomas Morus, Blaise Pascal, Johann Adam Möhler, Theodor Haecker, Freiburg 1981; Theodor Haecker. Texte, Briefe, Erinnerungen, Würdigungen, hg. von Bernhard HANSSLER und Hinrich SIEFKEN zum 50. Todestag am 9. April 1995 (Esslinger Studien 15), Sigmaringen 1995.

29 In Frage kommen: Franz Heilig, Repetent von 1921 bis 1932, Albert Scheel, Repetent von 1923 bis 1927, und Eugen Bolsinger, Repetent von 1923 bis 1932 in Ehingen.

30 Dazu Maria Cristina GIACOMIN, Zwischen katholischem Milieu und Nation. Literatur und Literaturkritik im Hochland (1903–1918) (Politik- und Kommunikationswissenschaftliche Veröffentlichungen der Görres-Gesellschaft 29), Paderborn u. a. 2009.

31 Dazu Gerald STIEG, »Der Brenner« und »Die Fackel«. Ein Beitrag zur Wirkungsgeschichte von Karl Kraus, Salzburg 1976.

32 Gebürtig aus Jičin (Böhmen) als neuntes Kind eines wohlhabenden jüdischen Papierfabrikanten und Kaufmanns, 1877 aufgewachsen in Wien, 1892 Matura und Studium der Rechtswissenschaften in Wien, parallel dazu schriftstellerische Tätigkeit für verschiedene Zeitschriften (insbesondere Theater- und Literaturkritiken), Studien in Philo-

Abb. 4a: Diözesan-Jugendtreffen in Ulm 1933. Abendfeier auf dem Münsterplatz unter dem Motto: »Katholische Jugend im Dunkel der Zeit.

Ende der 1920er Jahre begann Hanssler sein Philosophie- und Theologiestudium in Tübingen, auch hier brachte ihn seine Prägung durch Haecker – die »Anmaßung der intellektuellen Arroganz, die Haltung der Geistesaristokratie, die Kälte der neuen Sachlichkeit, die bezwingende suggestive Rhetorik« – in eine »Fremdheit und Distanz« zu seiner schwäbisch-kirchlichen Umwelt[33]. Dass Hanssler in Tübingen Gleichgesinnte in der Bewunderung Theodor Haeckers um sich scharte[34] – ob zu ihnen schon Schelkle und Schuster gehörten? –, stieß bei der Hausleitung mit Sicherheit auf wenig Gegenliebe. Zwar konnte der Direktor des Wilhelmsstiftes nicht umhin, Hanssler eine vielseitige Begabung, leichte und

sophie und Germanistik, ab 1899 Herausgeber und weitgehend auch Autor der eigenen Zeitschrift *Die Fackel*, 1899 Austritt aus der jüdischen Glaubensgemeinschaft, 1911 Konversion zum Katholizismus und Taufe, 1923 aber auch Austritt aus der katholischen Kirche (als Protest gegen den »Missbrauch« der Salzburger Kollegienkirche für Theateraufführungen Max Reinhardts), seine Wirkung entfaltete der selbstbewusste, polarisierende Kritiker vor allem durch seine Lesungen und seine Rundfunkbeiträge, 1926, 1927 und 1928 für den Nobelpreis für Literatur nominiert, sein monumentaler Text über die Machtübernahme Hitlers (*Dritte Walpurgisnacht*), an dem er 1933 arbeitete, erschien nicht, politisch schloss sich Kraus an Bundeskanzler Dollfuß an. Zu ihm: Helmut ARNTZEN, Art. Kraus, in: NDB 12 (1980), 694–696; Jens Malte FISCHER, Karl Kraus, Stuttgart 1974; Paul SCHICK, Karl Kraus, Reinbek 1986; Edward TIMMS, Karl Kraus. Satiriker der Apokalypse. Leben und Werk 1874–1918, Wien 1986; Martin WEISS, Art. Kraus, in: BBKL 15 (1999), 826–842.

33 Vgl. HANK, Der Geistliche, insbes. 101–103.

34 HANK, Der Geistliche 110.

Abb. 4b: Jugendtag in Ulm-Wiblingen 1935, im Vordergrund Bischof Joannes Baptista Sproll, im Hintergrund in schwarzer Soutanelle Jugendkaplan Bernhard Hanssler.

rasche Auffassungsgabe, Gewandtheit in Wort und Gebärde sowie die Fähigkeit zu bescheinigen, Sachverhalte »lichtvoll und klar« darzustellen. Auch besitze der Student Interesse für Wissenschaft und fürs Geistreiche, aber er beweise doch »einen nicht immer geordneten Fleiß«, auch wenn er seine Leistungen zuletzt von Note IIIa auf IIa gesteigert habe. Hanssler sei »Sanguiniker vom reinsten Wasser, eine Frohnatur, rasch, gewandt, gefällig, rechthaberisch, mitunter ungezügelt, schlampig, im Grunde gut und aufrichtig fromm«[35].

Nach dem Examen wechselte Hanssler direkt ins Rottenburger Priesterseminar. Der Regens schilderte ihn in seinem Bericht vor der Subdiakonatsweihe mit ambivalenter Sympathie: Er »ragt sowohl an Größe, als auch sonst heraus aus seinem Kurs. Er ist gut begabt, gewandt im Ausdruck u[nd] Verkehr. Man wird sich aber nicht so recht klar, was in ihm ist, doch scheint der Kern gut zu sein. Wenn er demütig bleibt u[nd] im aszetischen Leben weiterhin strebsam, dann kann er Gutes leisten. Seine Vorliebe fürs Geistreiche [...] scheint ihm in Fleisch und Blut übergegangen zu sein u[nd] produziert manches Verstiegene in Predigt u[nd] Katechese. Der populäre Ton fällt ihm schwer. Im religiösen Leben macht er wacker mit, im sittlichen gibt er sich Mühe. Der Arzt konstatiert unreine Herztöne, sonst ist er gesund«[36].

35 16. Februar 1931 Kennbogen für Bernhard Hanssler. PS Rottenburg, Registratur.

36 3. Dezember 1931 Regentie des Priesterseminars ans Ordinariat. PS Rottenburg, Registratur.

Nach Priesterweihe und Primiz, letztere fand am 31. März 1932 in Pfrungen statt[37], kam Hanssler als Vikar an die »Wengenkirche« in Ulm, wo er neben der üblichen Arbeit in Gottesdienst, Schule und Seelsorge auch eine reiche Vereinstätigkeit entfaltete[38]. Sein Prinzipal war rundum sehr zufrieden und attestierte Hanssler große Gewissenhaftigkeit und einen gewandten Umgang. Im Mai 1934 wurde Hanssler Jugendpfarrverweser und bezog als solcher zwei Zimmer im Kaufmannsheim[39], im Februar 1935 organisierte er für Ulm einen Jugendtag mit dem Bischof, an dem 12.000 Kinder und Jugendliche teilnahmen[40].

Die neue Tätigkeit führte Hanssler in den politischen Kampf um den Platz der katholischen Jugend im neuen nationalsozialistischen Staat[41]. Möglicherweise war er es, der bereits im Mai 1933 den überrumpelungsartigen Versuch der Ulmer HJ abwehrte, die anderen Jugendverbände gleichzuschalten[42]. Standhaft und klug meisterte er eine schwere Krise,

37 Im Nachlass Schelkles liegen nicht weniger als vier verschiedene gedruckte Bildchen zur Erinnerung an die Priesterweihe Hansslers. UBT Mn 16 (NL Schelkle) Kaps. 103.

38 Hanssler war zuständig für die Jugendabteilung des kaufmännischen Vereins, für die Marianische Jungfrauenkongregation, Beirat im Kreuzbündnis sowie Leiter der Heliandgruppe (für Mädchen der höheren Schulen). 17. März 1933 Pfr. Gageur, Zeugnis für Hanssler. DAR, PA Hanssler.

39 2. Mai 1934 Dekanat (Gageur), Ulm, an Bischöfliches Ordinariat. DAR, PA Hanssler.

40 In dem Bericht, den das Diözesanblatt der Katholischen Jugend- und der Jungmännervereine brachte, hieß es: »Am 10. Februar hielten die Bezirke Bussen, Riß und Ulm ihren Bischofstag in der alten Reichsstadt an der Donau. Wie die vorausgegangenen vier Bischofstage, so wurde auch dieser zu einem gewaltigen Bekenntnis der katholischen Jugend: Treue zu Christus und seiner Kirche. Sonderzüge und Omnibusse brachten die vielen Tausende nach Ulm. Die Elisabethenkirche erwies sich für die Massen der Jugend als viel zu klein. In der Notkirche und auf dem freien Platz vor der Kirche drängte sich die in Massen stehende Jugend. Die Predigt des Bischofs wurde durch Lautsprecher übertragen. Um den Altar gruppierten sich die Banner der Jugend, die dem höchsten Herrn zu Ehren sich senkten. Der Nachmittag gestaltete sich zu einem wuchtigen Bekenntnis von 7000 Jungen und Jungmädchen. Schweigend zog die gewaltige Prozession über die Donau und Iller hinüber nach Wiblingen in die wunderbare Klosterkirche. Auch dieses mächtige Gotteshaus war zu klein, und wieder warteten viele Hunderte vor der Kirche auf die Ankunft des Bischofs, der unter dem machtvollen Gesang der 12000 in die Kirche einzog. Es war ein packendes Bild: das herrliche Weiß des Barocks, dass frische Grün des Schmuckes, die goldenen Sonnenstrahlen, die über die lebensfrohe Jugend und die vielen Erwachsenen glitten. Die Worte des Bischofs drangen durch den weiten erhabenen Raum und erfüllten die Herzen mit dem Erleben der einen wahren und ewigen Kirche. In dem machtvollen Ausklang der Papstkrönungsfeier durch den von der Ulmer Jugend gesprochenen Chor hallte es wider von den Wänden des Gotteshauses: ›Tu es Petrus ...‹ Nach der Papstkrönungsfeier zog die Prozession zurück zur Stadt und in die Elisabethenkirche. Dort klang der Tag in einem freudigen Te Deum aus. Jugendpfarrer Hanßler sprach die Worte von der Sendung, mit denen er schon am Nachmittag die Prozession eingeleitet hatte: ›So wollen wir aufbrechen im Namen Christi und wollen nach dem Erlebnis dieses Tages dann wieder die andere Wallfahrt antreten, die Wallfahrt durch unser Leben, Glauben an Christus und sein Licht in Nacht und Tod!‹«. Jung Schwaben 7 (28. Februar 1935), 2. – Ein Auszug aus der Predigt Bischof Sprolls ebd. 1.

41 Bernhard HANSSLER, Katholische Jugendarbeit während des Dritten Reiches in Ulm, in: Hinrich SIEFKEN (Hg.), Weiße Rose: Student Resistance to National Socialism 1942/1943. Forschungsergebnisse und Erfahrungsberichte. A Nottingham Symposion, Nottingham 1991, 37–50.

42 Vgl. die interessanten Vorgänge bei Eberhard MAYER, Die evangelische Kirche in Ulm 1918–1945 (Forschungen zur Geschichte der Stadt Ulm 26), Ulm 1998, 228–231. – Demnach reagierte die katholische Jugend auf entsprechende »Befehle« mit einer Anfrage im Stuttgarter Kultministerium, deren Antwort die »unberechtigte[n] Machtansprüche der H.J.« bloßlegte. Ebd. 229 unter Rückgriff auf ein Ergebnisprotokoll des von der HJ einberufenen Treffens.

als Georg Schnetzer, der hauptamtliche Bezirksleiter des Katholischen Jungmännerverbandes Ulm, der zugleich als Bürogehilfe im Jugendpfarramt angestellt war, Mitte April 1935 zur Hitlerjugend übertrat. Hanssler setzte Schnetzer sofort als Bezirksleiter und Jungschar-Bezirksführer ab und kündigte dessen Arbeitsvertrag[43]. Doch der »Fall Schnetzer« machte Schlagzeilen, vor allem weil er von der nationalsozialistischen Presse aufgebauscht wurde. Durch Rundfunk und Presse ging unter dem Titel »Katholische Jugend Oberschwaben zur HJ übergetreten« die Meldung, »ein namhafter Führer der katholischen Jugend Oberschwaben, Jugendsekretär Georg Schnetzer sei mit einem großen Teil der katholischen Jugend Oberschwabens zur HJ übergetreten und diese Jungen seien in ganz Oberschwaben bei den Feiern des 1. Mai in die HJ eingegliedert« worden. »Mit diesem Übertritt des namhaften Führers der oberschwäbischen katholischen Jugend ist ein weiterer klarer Beweis erbracht, dass auch die von Sonderinteressen zurückgehaltenen Gruppen von Jungen unaufhaltsam sich zur großen einigen deutschen Jugend bekennen und sich in die Reihen der Hitler-Jugend stellen. Die übergetretene katholische Jugend mit ihrem Führer hat sich bereits am Nationalfeiertag bei den Feiern in ganz Oberschwaben mit Stolz in die Glieder der nationalen Jugend gestellt«[44]. Die Meldung wurde in fast allen süddeutschen Zeitungen sowie zweimal im Rundfunk verbreitet. Es war eine gezielte Aktion, mit der die Nationalsozialisten bei der nicht gleichgeschalteten katholischen Jugend einen »Dammbruch« herbeizuführen suchten. Hanssler legte umgehend Verwahrung gegen die bewusst falsche

43 In einem internen Schreiben gab Hanssler folgende Beurteilung ab: »Schnetzer hat an der Sache der kath[olischen] Jugendverbände Verrat geübt. Von diesem Vorwurf kann er nicht freigesprochen werden, da er schon seit einiger Zeit mit der HJ in Fühlung stand und wegen seines Übertritts verhandelte und trotzdem seine Ämter bei der Kath[olischen] Jugend beibehielt. Das hat mich zu den obigen Strafmaßnahmen veranlasst. Er selber muss zugeben, dass der Sachverhalt des Verrates objektiv gegeben ist. Dabei möchte ich ausdrücklich hervorheben, dass subjektiv die Absicht, den katholischen Bünden in den Rücken zu fallen, nicht bestand. Es ist ihm die gute Absicht und die mangelnde Erkenntnis der Folgen zuzugestehen. Ich lege daher größten Wert darauf, dass die Auseinandersetzung mit dem Fall in den Gruppen ohne jede Gehässigkeit geschieht. [...] Ich bitte dringend, die Ruhe zu bewahren und die Bedeutung der Angelegenheit nicht zu überschätzen! Diese Sache bringt uns nicht um! Selbstverständlich habe ich mir alle Sicherungen verschafft. Ich habe bestimmte bindende schriftliche Erklärungen mir geben lassen, mit denen ich an die Öffentlichkeit gehen würde in dem Augenblick, wo der Fall in einer den Tatsachen widersprechenden Form ausgeschlachtet würde. Die Zahl derer, die mit übertreten, ist, wie wir bereits übersehen können, gering. Im übrigen stellen wir uns immer auf den Standpunkt: Wer aus unseren Reihen fliehen will, weil ihm der Mut ausgeht, kann gehen! Heute und jeden Tag!« Als nächste Maßnahmen bezeichnete Hanssler in dem Schreiben: »1) Sofort auf der Grundlage dieses Rundschreibens die Gruppe aufklären und Sorge tragen, dass diese Aufklärung richtig, ohne alle wilden Gerüchte, weiterverbreitet wird. 2) Es empfiehlt sich, kleinere Elternabende und Elternbesprechungen abzuhalten. 3. Ich bin der Meinung, dass man den Jungschärlern der männlichen Verbände in der nächsten Zeit einen erhöht guten Betrieb zu bieten hat. 4) Wo besondere Schwierigkeiten aus der Sache entstehen, komme ich gerne selber einmal in die Gruppe. 5) KJU jederzeit in voller Bereitschaft! Wahrscheinlich ist bald eine größere Feier!«18. April 1935 Hanssler an die Präsides, die Führerschaften und die Präfekten des Jungmännerverbandes des Bezirks Ulm. DAR, PA Hanssler.

44 Art. *Katholische Jugend Oberschwabens zur Hitler-Jugend übergetreten*, in: Der Alemanne [NS-Zeitung, Freiburg] vom 3. Mai 1935. Zit. nach 9. Mai 1935 Erzbischöfliches Ordinariat Freiburg (GV Rösch) an Bischöfliches Ordinariat Rottenburg.

Berichterstattung ein[45]. Der Druck eines Flugblatts mit »Berichtigung« der Pressemeldungen wurde von der Politischen Polizei verboten. Hanssler verlas den Text daraufhin im Gottesdienst[46] und schickte auch der Schriftleitung der katholischen *Jungen Front* (Düsseldorf) eine Berichtigung[47].

Noch Mitte Mai fürchtete Hanssler, der Übertritt könnte sich »durch eine grössere Zahl weiterer Übertritte oder durch Intrigen und Wühlarbeit des übergetretenen Schnetzer« schädlich auswirken[48]. Tatsächlich kam es zu Weiterungen. Durch eine Verordnung der Außenhauptstelle der Politischen Landespolizei in Ulm vom 20. Mai 1935 wurden die Katholische Pfadfinderschaft und der Bund Neudeutschland im ganzen Stadtgebiet von Ulm verboten; Fahnen, Schreibmaterial und Vermögen wurden eingezogen[49]. Am 22. Mai wurde die Wohnung des Jugendpfarrers durchsucht, einzelne Umschläge, die sich auf die Organisation der Pfadfinderschaft und des Bundes Neudeutschland bezogen, wurden »vorläufig sichergestellt«. Hanssler erhielt die mündliche Auflage, »dafür Sorge tragen zu wollen, dass diejenigen Angehörigen der Kath[olischen] Jugend, die unter das Verbot fallen, baldmöglichst verständigt werden und das weitere Tragen der sogen[annten] *Kluften*, Uniformen, und auch Teile derselben zu unterlassen sei«[50]. Als Hanssler gegen die Verordnung protestierte, wurde er nach Stuttgart verwiesen[51]. Dem Bischöflichen Or-

45 Vgl. 10. Mai 1935 Bezirksleitung des kath. Jungmännerverbandes Ulm (Hanssler) an das Deutsche Nachrichtenbüro. Ein ähnliches Schreiben (als Formblatt vorhanden) ging an verschiedene Schriftleitungen, ein weiteres an den Südfunk Stuttgart. Alles DAR, PA Hanssler.

46 Am 10. Mai 1935 informierte Hanssler den politischen Referenten des Rottenburger Domkapitels, Prälat Emil Kaim (1871–1949), durch ein entsprechendes Schreiben und durch Übersendung von authentischem Material. Darin rechtfertigte er die inkriminierte Verlesung des Flugblatts: »Ich habe denselben Text am Schluß meiner Predigt vorgelesen, da ich mich auf den Standpunkt stellte, das Druckverbot sei nicht auch ein Verkündigungsverbot (tatsächlich wurde es damit begründet, dass man nicht ohne vorhergehende Rückfrage den Zeitungen bzw. dem D[eutschen]N[achrichten]B[üro] in den Rücken fallen könne). Vor allem aber leitete ich das Recht zur Verkündigung aus der Tatsache ab, dass ich zeitig die HJ benachrichtigt hatte, dass die behaupteten Übertritte nicht stattgefunden hätten (Beilage 3), sodass es in der Macht der HJ gelegen wäre, die Falschmeldung zu verhindern. Die hiesige NS-Presse hat denn auch auf meine gleichzeitig erfolgte Berichtigung hin (Beilage 3) die DNB-Nachricht *nicht* veröffentlicht. Auf Vorhaltungen der politischen Polizei wegen meines Verhaltens erklärte ich, dass ich es für unmöglich halte, dass der Staat die Lüge schützen wolle«. DAR, PA Hanssler.

47 »Unwahr ist, dass der Übergetretene der Bezirksleiter der katholischen Jugend Oberschwaben und seiner angeblichen 8 Kreise war, dass er Jugendsekretär war, dass er ein namhafter Führer der oberschwäbischen katholischen Jugend war, dass am 1. Mai ein großer Teil der katholischen Jugend Oberschwabens mit ihm übergetreten sei. Wahr ist, dass er Bezirksleiter nur eines Verbandes in nur einem Bezirk Oberschwaben war und dass mit ihm am 1. Mai nirgends in Oberschwaben katholische Jugend eingegliedert worden ist«. 10. Mai 1935 Hanssler, Ulm, an die Schriftleitung der Jungen Front. DAR, PA Hanssler.

48 10. Mai 1935 Hanssler an Bischöfliches Ordinariat (Domkapitular Kaim). DAR, PA Hanssler.

49 Das Verbot wurde von der Polizei auch auf Jungscharen und weitere katholische Jugendgruppen ausgedehnt. Vgl. 22. Mai 1935 Protokoll der Außenstelle Ulm des Württ. Politischen Landespolizeiamts (Abschrift). DAR, PA Hanssler.

50 Ebd.

51 In seinem Protestschreiben wies Hanssler darauf hin, dass sich die Verordnung des Reichspräsidenten vom 28. Februar 1933, auf die sich das Verbot stützte, gegen kommunistische Umtriebe richtete und deshalb auf katholische Jugendorganisationen keine Anwendung finden könne. Er wies außerdem darauf hin, dass nach der am 24. April 1934 zwischen den katholischen Jugendorganisationen und dem württembergischen Staat geschlossenen

dinariat teilte er seine Einschätzung mit: »Nach meiner Auffassung ist das Verbot nicht aufrecht zu erhalten. Das Unberechtigte der gegenwärtigen Pressehetze gegen mich geht aus den am 10. Mai übersandten Akten hervor. Die Lage hier ist infolge dieser Vorgänge ziemlich gespannt. Es wäre wohl denkbar, dass die in der Presse und in der Auflösungsverordnung betonte Erregung der Bevölkerung das Stichwort würde für Demonstrationen mit dem üblichen Ausgang. Der Druck, unter den unsere Jugend gestellt wird, ist nachgerade unerhört. Das immer wieder betonte Prinzip der Freiwilligkeit in der Frage des Beitritts zur HJ ist praktisch nicht nur aufgegeben, sondern in sein Gegenteil verwandelt. Bedrohungen der Kinder wie der Eltern, vor allem auch von der Schule aus, sind an der Tagesordnung«[52].

Wenige Tage später erhielt das Ordinariat auf einem Briefbogen des Dekanats Ulm die (namentlich nicht gezeichnete) Mitteilung, es seien vom Jungmännerverein der Pfarrei St. Elisabeth, vom Jungmädchenverein und vom Jungmännerverein Söflingen, vom Heliand, von der Pfadfinderschaft und von Bezirkspräses Stadtpfarrer Franz Weiß (1892–1985)[53] »Sturmbriefe« eingelaufen »gegen die Behandlung des Jugendpfarrers Hanssler seitens der NS-Presse und gegen die Schmähung der katholischen Jugendverbände als außerhalb der Volksgemeinschaft stehend, als Staatsfeinde und Verräter«. Am schwersten zu ertragen sei es, dass auch die katholischen Zeitungen »all diese Schmähungen ohne ein Wort der Missbilligung abdrucken mussten«. Die Jugend richte an den Bischof die Bitte, er möchte »auf allen Kanzeln des Bistums gegen diese Behandlung die Jugend und die Ehre der geistl[ichen] Jugendführer durch ein kurzes Hirtenschreiben in Schutz nehmen«. Unter den bestehenden Presseverhältnissen, wo »das katholische Volk von ihren eigenen Blättern förmlich zur Charakterlosigkeit erzogen« werden müsse, bleibe kein anderer Weg übrig, solle die Jugend nicht allmählich ganz zermürbt werden. »Die katholische Jugend wartet glühenden Herzens auf ein befreiendes Wort ihres vielgelieb-

Vereinbarung eine Einschränkung der katholischen Jugendarbeit auf rein konfessionelle und religiöse Betätigung nicht infrage komme, denn dort sei ausdrücklich festgestellt, dass das eigentliche Vereinsleben weitergeführt werden dürfe. Hanssler äußerte schließlich Zweifel daran, dass die der katholischen Jugend zur Last gelegten Provokationen von Jungvolk und Hitlerjungen durch die Realität gedeckt seien. Jedenfalls seien die Fälle »an Zahl geringer und in ihrer Bedeutung weniger schwerwiegend als eine Reihe anderer Fälle«, in denen er bei der Politischen Polizei und bei der Staatsanwaltschaft gegen Beleidigungen, Provokationen und Tätlichkeiten der HJ gegen die katholische Jugend Klage erheben musste. Im Übrigen erhob Hanssler den Vorwurf, Schnetzer trage Schuld an der gegenwärtigen Eskalation. 23. Mai 1935 Hanssler, Ulm, an das Württ. Politische Landespolizeiamt (Abschrift). DAR, PA Hanssler.

52 23. Mai 1935 Katholisches Jugendpfarramt Ulm (Hanssler) an Bischöfliches Ordinariat. DAR, PA Hanssler.

53 Gebürtig aus Schnaitheim, Philosophie- und Theologiestudium in Tübingen, 1920 Priesterweihe, Vikar in Herrlingen bei Ulm, 1921 in Oberndorf, 1922 in Ulm-Ost, 1924 Pfarrverweser in Göllsdorf bei Rottweil, 1926 Pfarrer von Wäschenbeuren, 1932 Stadtpfarrer von Ulm-Söflingen, 1939 wegen Vergehens gegen das Heimtückegesetz und wegen Kanzelmissbrauchs zu einem Jahr Gefängnisstrafe verurteilt, danach mit einem Aufenthaltsverbot für Württemberg und Bayern belegt, 1940 in den zeitweiligen Ruhestand versetzt, 1945 Pfarrer von Illerrieden, 1951 von Ulm St. Georg, 1957 hauptamtlicher Krankenhausseelsorger in Ulm, 1962 im Ruhestand (Ergenzingen). Zu ihm: Verzeichnis 1984, 191.

ten Bischofes, der berufen wäre, auch dem deutschen Episkopat gerade die Befreiung der kath[olischen] Jugend von seelischen Zermürbung[en] ans Herz zu legen«[54]. In Rottenburg konnte man sich zu einem solchen Schritt allerdings nicht entschließen, zum einen weil man ohne nähere Nachricht und entsprechende Aktenstücke war, zum anderen »auch aus grundsätzlichen Erwägungen heraus und um der Konsequenzen willen«. Was in Ulm geschehen sei, hätten leider schon mehrere Gemeinden über sich ergehen lassen müssen, ohne dass man den Protest habe auf alle Kanzeln tragen können. Man halte es für angemessener, wenn die Stadtpfarrämter in Ulm unter Führung des Dekans von sich aus in würdiger Form zu den Vorkommnissen Stellung nähmen[55]. Doch was sich im Mai 1935 in Ulm abspielte, war nur das Vorspiel zum »Großkampftag der Hitlerjugend«, einer antikirchlichen Offensive, mit der im Juni ganz Württemberg überzogen wurde[56].

Im November 1935 erhielt Hanssler – auf Vorschlag des Ulmer Dekans – vom Bischof den Titel »Jugendkaplan« verliehen. Der Ortsausschuss für Jugendpflege hatte eine »rastlose Tätigkeit des Jugendseelsorgers u[nd] Gesellenpräses« attestiert. Die »derzeitige Verantwortung gegenüber den stets wechselnden Lagen und Schwierigkeiten der Jugendseelsorge« stelle »an die Nervenkraft und Opferfreudigkeit des Jugendseelsorgers große

54 27. Mai 1935 Dekanatamt Ulm/Kath. Pfarramt z. d. Wengen an Bischöfliches Ordinariat. DAR, PA Hanssler.

55 »Ihnen sind die Verhältnisse vollständig bekannt und sie können auch am besten beurteilen, in welcher Weise eine Verwahrung eingelegt werden kann. Wir selber sind gern bereit, wenn uns das einschlägige Material zukommt, uns an das Polit[ische] Landespolizeiamt zu wenden und die [...] Aufhebung des Vereinsverbots, soweit es in unseren Kräften steht, zu unterstützen. Wir möchten zum Schluss nicht unterlassen anzufügen, daß wir mit unserem Erlass auch die Meinungsäußerung Sr. Exzellenz wiedergeben, dessen Votum wir eigens auf der Firmungsreise eingeholt haben«. 31. Mai 1935 GV Kottmann, Rottenburg, an das Dekanatamt Ulm. DAR, PA Hanssler.

56 »Was sie sich in diesem Monat an Gemeinheiten gegen andersgesinnte Jugendliche leistete, spottet jeder Beschreibung«. HAGEN, Geschichte 414 f.

57 18. November 1935 Dekanat (Gageur), Ulm, an Bischöfliches Ordinariat. DAR, PA Hanssler.

58 Gebürtig aus Stuttgart, die Familie stammte aus Oberschwaben, 1919–1926 Studium an der Kunstakademie Stuttgart, Meisterschüler von Christian Landenberger (1862–1927), seit den 1920er Jahren Altarbilder und Graphiken zu religiösen Themen, 1926/1927 Zeichenlehrer in Rottweil, 1928 Mitbegründer und Vorsitzender der Künstlergruppe »Stuttgarter Neue Sezession«, 1929 Übersiedlung nach Ulm, bis zum Ende des Zweiten Weltkriegs vor allem Zeichnungen mit religiöser Thematik, seine Arbeiten wurden vom Nationalsozialismus zu entarteter Kunst erklärt und 1937 aus den Museen in Stuttgart und Ulm entfernt, 1940–1942 Soldat, 1943 wegen seiner Verbindung zum Kreis der »Weißen Rose« in Gestapohaft, aber mangels Beweisen freigesprochen, 1944 am Westwall eingesetzt. Nach 1945 tätig für die Wiedereröffnung der Stuttgarter Kunstakademie, einer der Initiatoren der Beuroner Kunsttage und der Gesellschaft Oberschwaben, 1947 Mitbegründer der Oberschwäbischen Sezession, Mitglied vieler weiterer Gruppierungen im In- und Ausland. Zu ihm: Annette JANSEN-WINKELN (Hg.), Künstler zwischen den Zeiten. Bd. 5: Wilhelm Geyer, Eitorf 2000; Frank RABERG, Biografisches Lexikon für Ulm und Neu-Ulm 1802–2009, Ostfildern 2010, 119 f. – Hanssler kommentierte später die Briefe und Niederschriften von Clara Geyer zur Haft. Vgl. Clara GEYER, Wie Wilhelm Geyer die Folgen der Studentenrevolte der Geschwister Scholl auf wunderbare Weise überstanden hat. Mit einer Einführung durch Bernhard HANSSLER. Im Anhang Briefe und Skizzen des Künstlers aus seiner Haft. Für den Druck vorbereitet von Andrea POLONYI, in: RJKG 7 (1988), 191–216. – Zum Umfeld Geyers gehörten weitere »widerständige« Geistliche des Bistums

Anforderungen«. Es sei Hanssler jedoch gelungen, an der Aufgabe der Jugendseelsorge »neues Interesse« zu wecken[57]. In Ulm hatte Hanssler übrigens auch rasch Kontakt zum dortigen Intellektuellen- und Widerstandsmilieu gefunden, zum Künstler Wilhelm Geyer (1900–1968)[58], dessen Sohn Hermann (*1934)[59] er taufte, und zum Tappklub »Deutsche Eiche«[60] – bewegte sich also im weiteren Umfeld der späteren »Weißen Rose«[61].

Die Hintergründe des »Tappklubs« sind bekannt. Hermann Geyer berichtet: »Vater Geyer war unheimlich kämpferisch und unerschrocken während des ›dritten Reichs‹. Ein Streit in der Künstlergilde Ulm zu entsprechenden Haltungen hat zum Auszug dort geführt. Der Tappklub ›Deutsche Eiche‹ war das Sammelbecken der Gleichgesinnten«[62]. In einem öffentlichen Brief zum 50. Geburtstag Wilhelm Geyers erklärte einer der Mitstreiter, 1933 sei es notwendig geworden, »den ›Tappklub Deutsche Eiche‹ zu gründen, unter welch parodierendem Namen und tarocker Tarnung sich ein antitotalitärer Geheimklub verbarg, dem mit Hans Hessens, Bernhard Hanßlers und Deiner [Wilhelm Geyers] Hilfe manch geschriebenes, gezeichnetes und gesprochenes Pamphlet entsprang. Noch 1935 brachten wir in der Faschingsausgabe des ›Schwäbischen Volksboten‹ den damaligen Polizeidirektor Wilhelm Dreher als Reiterdenkmal im Neuen Bau ...«[63].

Rottenburg, so der Stuttgarter Pfarrer Dr. Hermann Breucha (1902–1972), in dessen Stuttgarter Elternhaus der junge Geyer ein und aus ging, und dem später die Schwester Geyers den Haushalt führte. Ebenso der aus Ulm gebürtige Dr. Ernst Hofmann (1904–1999) oder der Pfarrer von St. Michael zu den Wengen in Ulm, Dekan Msgr. Oskar Gageur (1873–1951), der von den nationalsozialistischen *Flammenzeichen* heftig angegriffen wurde, weil er bei der Renovierung der Wengenkirche den jüdischen Künstler Julius Baum (1882–1959) beteiligt und in einer Schrift als »feinen Deuter und Hüter schwäbischer Kunst« bezeichnet hatte. Vgl. Franziska WERFER, Hermann Breucha 1902–1972. Aufbruch der Kirche im Bild eines Priesters, Weißenhorn 1982, insbes. 205 ff.; REINHARD, Kunst 64.

59 Hermann Geyer begann bei seinem Vater zunächst auch seine künstlerische Ausbildung, Lithographie- und Glasmalereivolontariat, 1954 Studium der Malerei und Graphik bei Richard Seewald an der Akademie der Bildenden Künste in München, in dieser Zeit auch Mitarbeiter an den Wandaufträgen und Glasmalereien seines Vaters, seit 1959 eigenes Atelier in Ulm, lange Jahre Vorsitzender des Verbandes Bildender Künstler in Baden-Württemberg. http://www.hermann-geyer.de/

60 Hinter ihm verbarg sich »ein antitotalitärer Geheimklub«. Man wusste sich auf der gemeinsamen Basis von Religion und Katholizismus und traf sich zur Freizeitgestaltung (Kartenspiel, Ausflüge) sowie zum gedanklichen Austausch. Vgl. Brigitte REINHARD (Hg.), Kunst und Kultur in Ulm 1933–1945. Ulmer Museum 28. Februar bis 25. April 1993, Ulm 1993, 172–175; SCHÜLER, »Im Geiste der Gemordeten« 287.

61 »Das Drama der Weißen Rose habe ich nur aus der Ferne erlebt. Aber indirekt war ich insofern betroffen, als enge Freunde in die Sache verstrickt waren. Im Münchener Atelier meines Ulmer Freundes Wilhelm Geyer waren zum Teil die Flugblätter der Geschwister Scholl hergestellt worden [...]. Auch Theodor Haecker geriet im gleichen Zusammenhang erneut in Gefahr. Die Gestapo hatte herausbekommen, daß die Geschwister Scholl mit ihm Verbindung hatten und seine Schriften lasen. Oft hat er später geschildert, wie die Gestapo Haussuchung machte [...]«. HANSSLER, Jugendarbeit 48 f.

62 13. August 2014 Hermann Geyer, Ulm, an Dominik Burkard.

63 K[urt] F[RIED], Freundesbrief an Wilhelm Geyer, in: Südwest Presse Ulm vom 24. Juni 1950. Für die freundliche Mitteilung danke ich Herrn Hermann Geyer. – Über den Ulmer Polizeidirektor Wilhelm Dreher vgl. HANSSLER, Bischof 117 f. u.ö.

Im November 1936 wurde Hanssler in Ulm durch Albert Nusser (1909–1990)[64] abgelöst, auf eigenes Betreiben[65] und offenbar rechtzeitig vor einer weiteren Eskalation seiner anhaltenden Konflikte mit der Ulmer Gestapo[66]. Hanssler kam als stellvertretender Studentenpfarrer nach Tübingen, weil der dortige Studentenpfarrer Franz Xaver Arnold

64 Gebürtig aus Ehingen, Studium der Philosophie und Theologie in Tübingen (ein bzw. zwei Kurse hinter Hanssler, Schuster und Schelkle), 1933 Priesterweihe, Vikar in Hüttlingen, Aalen, Stuttgart-Herz Jesu und Stuttgart-St. Fidelis, ab 20. November 1936 Jugendpfarrverweser in Ulm. Seit 1933 hatte auch Nusser vielfach Zusammenstöße mit der Gestapo, die sich ebenso in Ulm fortsetzten, wo Nusser – wie zuvor Hanssler –zum Tappklub »Deutsche Eiche« gehörte. 1938 erhielt Nusser zunächst Unterrichtsverbot, dann ein generelles Redeverbot. Am 1. Dezember 1938 wurde er Vikar in Ulm St. Fidelis – vielleicht um ihn aus dem politischen Schussfeld (eines Jugendseelsorgers) zu holen, doch ohne Erfolg. Drei Tage später wurde Nusser von der Gestapo aus Württemberg und Hohenzollern ausgewiesen. Er kam als Vikar in der Diözese Augsburg unter, zunächst in Stoffen (bei Landsberg), dann in Bayersried, 1942 schließlich als Pfarrer in Haselbach. 1946 Rückkehr in die Diözese Rottenburg, Pfarrer in Stuttgart-St. Ottilien (Stuttgart-Münster), 1956 Stadtpfarrer in Biberach, 1964–1972 auch Dekan, 1975 im Ruhestand in Schussenried, 1976 zum Geistlichen Rat ernannt. Zu ihm vgl. Verzeichnis 1993, 64; HEHL, Priester 1345; REINHARD, Kunst 172.

65 Im Januar 1936 hatte Hanssler dem Bischof mündlich, im April noch einmal schriftlich die Bitte vorgetragen, zum Promotionsstudium beurlaubt zu werden: »Ich fühle sehr stark das Bedürfnis, nocheinmal die ganze Theologie durchzuarbeiten und glaube auch, nach nochmaligem Studium der Diözese besser dienen zu können. Dieser Wunsch hat erst bestimmtere Formen angenommen, als H.H. Professor Adam mich letzten Herbst ganz von sich aus ermunterte, den Versuch zu machen, nocheinmal zum Studium zu kommen«. 29. April 1936 Hanssler, Ulm (Glöcklerstr. 37), an Sproll. DAR, PA Hanssler. – Sproll wollte auf Hanssler aber offenbar nicht verzichten. Nach einem erneuten Gespräch dauerte es noch einmal fast ein halbes Jahr, bis Hanssler zwar nicht beurlaubt wurde, wohl aber nach Tübingen zurückkehren konnte.

66 Vgl. HANSSLER, Jugendarbeit 39 berichtet u.a. über sein Ulmer »Abgangszeugnis«, das bei seiner Übersiedlung nach Tübingen in die dortigen Akten gelangte, in dem es hieß: »Sehr gefährlicher politischer Gegner der NSDAP«. – »Als ich im Herbst 1936 nach Tübingen umzog, habe ich unmittelbar vor der Abfahrt, ehe ich den fertig gepackten Wagen bestieg, nocheinmal bei der Gestapo angerufen. Ich sagte: ›Hören Sie, ich verlasse Ulm, was werden Sie jetzt tun, ich fürchte, Sie werden unbeschäftigt sein und müssen stempeln gehen. Übrigens hätte ich einen Vorschlag: wir hatten jetzt über Jahre hin so engen Kontakt, daß ich anregen möchte, mit Ihnen zum Abschied noch einen Kameradschaftsabend mit Freibier durchzuführen. Und noch eins: mein Nachfolger ist ein guter Mann, seien Sie nett zu ihm!‹ ›Frech bis zuletzt, Heil Hitler!‹ tönte es unwirsch aus dem Apparat. Lange hätte ich es gewiß nicht mehr getrieben. Die Maßnahmen der Partei und der Gestapo wurden härter. Die ›Gleichschaltung‹, wie der verräterische Ausdruck hieß, wurde rigoroser durchgeführt, vor allem im Bereich der Jugendarbeit. Bald bestand keine Aussicht mehr, eine selbständige kirchliche Jugendorganisation aufrecht zu erhalten. Ich persönlich erlitt gegen Ende meiner Ulmer Tätigkeit zudem eine besonders peinliche Niederlage. Es gelang der HJ, meinen Sekretär [Schnetzer] abzuwerben. Sie hatte bessere Bezüge zu bieten als ich. Der Junge war offensichtlich angesichts unserer aussichtslosen Lage in Panik geraten. 1935 hatte ich noch ein Flugblatt drucken lassen mit der aufreizenden Überschrift: ›Die KJU (Katholische Jugend Ulms) ist die stärkste Jugendfront der Stadt Ulm.‹ Das konnte die HJ sich natürlich nicht bieten lassen, aber es entsprach den Tatsachen. Die HJ war in unseren Kreisen verachtet, weil sie im Grunde ein jämmerlicher Haufe war, Staatsjugend als Zwangsorganisation ohne den jugendlichen Stil, der bei uns in vielen Jahren entwickelt worden war als Erbe der Jugendbewegung und ihrer Lebensformen. Die HJ aber war stramm militärisch. Nur ein einziges Fähnlein des Jungvolkes gebe es, meldeten mir meine Jungführer, wo ein Geist und ein Stil herrsche, der unseren Ansprüchen genüge. Der Fähnleinführer sei ein gewisser Hans Scholl [...]«. Ebd. 47 f.

Abb. 5: Der »trauernde« Hanssler. Lithographie von Wilhelm Geyer. Privatbesitz.

(1898–1969)[67] an der Katholisch-Theologischen Fakultät die überraschend freigewordene Professur für Pastoraltheologie übernommen hatte[68]. Neben der Studentenseelsorge hatte Hanssler 20 Stunden Klinikenseelsorge und 4 Stunden Religionsunterricht an den höheren Schulen zu übernehmen[69]. Im Juni 1937 wurde ihm die Stelle des Studentenpfarrers – mit Sitz in der »Hügelei« – schließlich definitiv übertragen.

67 Gebürtig aus Aichelau, Studium der Philosophie, Altphilologie und Theologie in Tübingen, 1924 Priesterweihe, Vikar Bremelau und Reutlingen, 1926 Präzeptoratskaplaneiverweser am Progymnasium in Biberach, Vikar in Herz Jesu Stuttgart, 1927 Religionshilfslehrer am Eberhard-Ludwigs-Gymnasium Stuttgart, Präzeptoratskaplaneiverweser an der Latein- und Realschule in Horb, 1928 Repetent für Moraltheologie in Tübingen, 1932 Promotion zum Dr. theol. mit einer Studie über *Die Staatslehre des Kardinals Bellarmin*, Wintersemester 1932 stellvertretender Dozent für Moraltheologie, ab April 1933 Studentenseelsorger, 1936 Habilitation für Moraltheologie mit einer Arbeit *Zur Frage des Naturrechts bei Martin Luther*, ab Wintersemester 1936 Lehrauftrag für Pastoraltheologie, 1937 a. o. Professor und 1946 o. Professor für Pastoraltheologie in Tübingen. Zu ihm: Verzeichnis 1984, 202; Günter BIEMER, Franz Xaver Arnold 1898–1969, in: ThQ 150 (1970), 157 f.; BURKARD, Fakultät 247–254; Meinrad SAUTER, Dienst am Glauben. Annäherungen an Person und Werk von Franz Xaver Arnold (1898–1969). Ein Beitrag zur neueren Geschichte der Pastoraltheologie, Bonn 2005; Gerhard SCHNEIDER, Auf dem Fundament von Dogma und Geschichte. Der pastoraltheologische Entwurf Franz Xaver Arnolds (1898–1969), Ostfildern 2009.

68 Dazu BURKARD, Fakultät 254.

69 Die nähere Regelung hinsichtlich der Klinikenseelsorge hatte Hanssler mit dem Stadtpfarramt Tübingen auszuhandeln. Wohnung erhielt er im Berghaus Hügel, das vom Direktor des Wilhelmsstifts mitverwaltet wurde. Die Einrichtung eines eigenen Haushalts wurde Hanssler »vorerst« untersagt, da die Dauer seiner Stellvertretung noch nicht feststand. 10. November 1936 BO an Dekanat Ulm. DAR, PA Hanssler. – Offenbar war zunächst tatsächlich nur an eine kurzfristige Vertretung gedacht.

Auch in Tübingen hielt der Kontakt zu Haecker und zu den »Tappbrüdern« an, man besuchte sich, man korrespondierte[70]. Wilhelm Geyer gestaltete – möglicherweise zu einem Text von Bernhard Hanssler – ein lithographisches Blatt, das den »trauernden« Hanssler zeigt, dem die Karten aus der Hand fallen[71]. Der Text lautet:

einsam sitz ich und klag es
den feindlichen göttern
warum, ach, ward ich entrückt
aus phäakischem kreise
zu dem ich langwedelnd und schwärzlichen
schrittes geeilt
nimmer umgibt mich die muntere schar
der genossen
nimmer verlockt ein herzzehner zu zweien
zum solo
wehe die grünende eiche hat keinen
schatten für mich
trostlos wandle ich unter philistern
und klirre im winde
nicht ein ass oder könig gereicht mir
zum freudigen troste
bukolischen wonnen entrissen
tappe ich weinend im finstern

Wohl 1938 schrieb Hanssler – in einem undatierten Malbrief – seinen Freunden in Ulm: »Mit grosser Freude habe ich Eure Einladung erhalten. Ich bin hochbeglückt über die günstige Bilanz, die der Klub seinen in der Ferne weilenden und um sein Los bangenden Mitgliedern vorlegen kann. Tief [gerührt] aber bin ich darüber, daß ihr auch eurer verbannten Söhne gedenkt[72]. [Leider] kann ich mich morgen an der Dividendenausschüttung nicht beteiligen und bin darüber sehr niederge[schlagen]. Ich muß euch allein [tappen] lassen, und während ihr euch im [Löwen] amüsiert, muß ich schuften wie ein [Esel], soweit ich daran nicht verhindert bin, weil ich wehmütig an euch denken werde. Der Kurt soll nicht so mogeln, und ihr alle sollt [maßhalten] (maßhalten). Wenn ihr aber Lust habt, am Schluß

70 Als im August 1944 Nachrichten aus München ausblieben, wandte sich Hanssler voller Sorgen um Haecker an Carl Muth: »Sehr geehrter Herr Professor Muth, seit den schweren Angriffen auf München lebe ich in steter Sorge um Theodor Haecker. Ich bat einen meiner jungen Freunde von der Universität München, Haecker aufzusuchen. Er schreibt mir heute, das Haus in der Möhlestrasse sei völlig zerstört und er habe nichts über Haeckers Geschick erfahren können. Ich wäre Ihnen sehr zu Dank verbunden, verehrter Herr Professor, wenn Sie jemanden veranlassen könnten, mir eine kurze Nachricht zugehen zu lassen nach Tafern über Pfullendorf. Hoffentlich ist Ihr eigenes Befinden in dieser Welt apokalyptischer Greuel gut. Wie arm und entblößt ist der Mensch geworden – es bleibt nur der Trost: selig die Armen, ihrer ist das Himmelreich«. 11. August 1944 Hanssler, Tübingen, an Muth. BStB München, NL Muth (Ana 390) II.A.

71 Herrn Hermann Geyer danke ich herzlich für diesen Hinweis. Abgedr. auch in: REINHARD, Kunst 175.

72 Möglicherweise gemeint: Hanssler und Albert Nusser. Hermann Geyer schreibt: »Unter dem Vorwand des Kartenspiels hat man sich ausgetauscht. Während der Nazizeit hat diese Tarnung gut funktioniert. Hanssler war regelmäßig dabei. Wenn nicht, hat er auch mal einen Grußbrief geschrieben. Albert Nusser war sein Nachfolger. Als dieser nach gewagter Predigt aus dem Württembergischen ins Bayrische verbannt wurde, ist ihm aus dem Neu-Ulmer Löwen ein würdiger Auszug bereitet worden: ›Selig, die Verfolgung leiden ...‹. Kurt Fried war dabei, der spätere Verleger der SWP. Vor allem Künstler und unerschrockene Vikare haben das Kunststück fertiggebracht«. 30. Juli 2014 Hermann Geyer, Ulm, an Dominik Burkard.

noch schnell nach Tübingen zu kommen [fahren], müßt ihr telephonieren, solang noch die Schnaps[läden] offen sind. Aber, ich fürchte, ihr werdet entweder kein [Auto] oder einen solchen [Kater] haben, daß ihr doch nicht kommen könnt. Schade ist übrigens beim Tappen das eine, daß man die [Sau] nicht [stechen] (stechen) kann, denn eine gute [Wurst] ist nicht zu verachten. In der Hoffnung, dass ihr meine Ratschläge treu befolgen werdet, grüßt euch [herz]lich Euer Altmitglied B[ernhard] Hanssler«[73].

Die Tätigkeit als Studentenseelsorger, die Hanssler weitaus professioneller – und vor allem, im Gegensatz zu seinem habilitierenden Vorgänger Franz Xaver Arnold, hauptberuflich – ausübte, ließ ihn bald zu einem gesuchten Redner, Prediger und »Bildungsmanager« werden[74]. Ganz unbescheiden ließ er beispielsweise im Oktober 1942 Freund Schelkle wissen: »Heute war ich in Rottenburg, alles war des Preisens voll, auch [Domkapitular] Storr[75], über eine erschütternd altmodisch psychologisch-erbauliche untheologische Auslegung von [...] 4,18 ff.«[76] Durch seine berufliche Stellung ebenso wie durch seinen ausgeprägt intellektueller Hang fand Hanssler Kontakt zu bekannten Persönlichkeiten – zu nennen sind[77] neben vielen anderen die Theologen Heinrich Kahlefeld (1903–1980)[78] vom Leipziger

73 Im Privatbesitz. Herrn Hermann Geyer danke ich herzlich für seine hilfreichen Hinweise und die leihweise Überlassung des Malbriefs.

74 »Der brillante Redner hatte auch außerhalb des Vortragssaales persönliche Anziehungskraft«. Gerhard STORZ, Erfahrungen mit der Gestapo, in: Tübingen 1945. Eine Chronik von Hermann WERNER. Bearbeitet und mit einem Anhang versehen von Manfred Schmid (Beiträge zur Tübinger Geschichte 1), Stuttgart 1986, 235.

75 Zu Rupert Storr vgl. Anm. 229.

76 6. Oktober 1942 Hanssler, Tübingen, an Schelkle. UBT Mn 16 (NL Schelkle) Kaps. 103. – Die von Hanssler gebrauchte Abkürzung ist unüblich und unleserlich, es lässt sich nicht entscheiden, welches biblische Buch er meint. Möglicherweise Jesus Sirach: »Dann wende ich mich ihm zu, zeige ihm den geraden Weg und enthülle ihm meine Geheimnisse. Weicht er ab, so verwerfe ich ihn und überlasse ihn denen, die ihn vernichten. Mein Sohn, achte auf die rechte Zeit und scheue das Unrecht! Deiner selbst sollst du dich nicht schämen müssen. Es gibt eine Scham, die Sünde bringt, und eine Scham, die Ehre und Ruhm einträgt. Sei nicht parteiisch, dir selbst zum Schaden, strauchle nicht, dir selbst zum Fall. Halte zur rechten Zeit dein Wort nicht zurück, verbirg deine Weisheit nicht! Denn die Weisheit zeigt sich in der Rede und die Einsicht in der Antwort der Zunge«.

77 Ich nenne hier nur jene Namen, die in seiner Korrespondenz mit Schelkle in den 1940er Jahre auftauchen.

78 Gebürtig aus Boppard, 1921 Abitur, Studium der Philosophie und Theologie in Innsbruck, Promotion zum Dr. theol., 1926 Priesterweihe, 1928 Mitarbeiter von Romano Guardini auf Burg Rothenfels, Kaplan in Leipzig, 1929 Lehrauftrag für Katholische Religionslehre an der Universität Leipzig, 1930 Mitbegründer des Leipziger Oratoriums, 1939 Schutzhaft im Zusammenhang mit einem Attentatsversuch auf Adolf Hitler, 1943 Teilnahme am Zweiten Weltkrieg, Kriegsgefangenschaft, 1949 Leiter der Burg Rothenfels, 1954 Superior des Oratoriums München, 1964 Direktor des Institutes für Katechetik und Homiletik in München. Zu ihm: Andreas POSCHMANN, Das Leipziger Oratorium. Liturgie als Mitte einer lebendigen Gemeinde, Leipzig 2001; Hermann SEIFERMANN, In memoriam Heinrich Kahlefeld, Frankfurt a. M. 1980; http://www.erzbistum-muenchen.de/Pfarrei/Page005372.aspx#LL (Homepage Pfarrei St. Laurentius, München).

Mit grosser Freude habe ich Eure Einladung
erhalten. Ich bin hochbeglückt über die günstige
Bilanz die der Klub seinen in der Ferne weilenden und um sein Los bangenden
Mitgliedern vorlegen kann. Tief ge
aber bin ich darüber, daß ihr auch eurer verbannten Söhne gedenkt. Kann ich mich
morgen an der Dividendenausschüttung nicht
beteiligen und bin darüber sehr niederge-
Ich muß euch allein
lassen, und während ihr euch im
amüsiert, muß ich schuften wie ein, soweit
ich daran nicht verhindert bin, weil ich wehmütig
an euch denken werde. Der Kurt soll nicht
so mogeln, und ihr alle sollt
(Maßhalten). Wenn ihr aber Lust habt, am Schluß
noch schnell nach Tübingen zu kommen
müßt ihr telephonieren, solang noch die
Schnaps, offen sind. Aber, ich fürchte,
ihr werdet genug haben kein oder einen
solchen haben, daß ihr doch nicht kommen könnt.

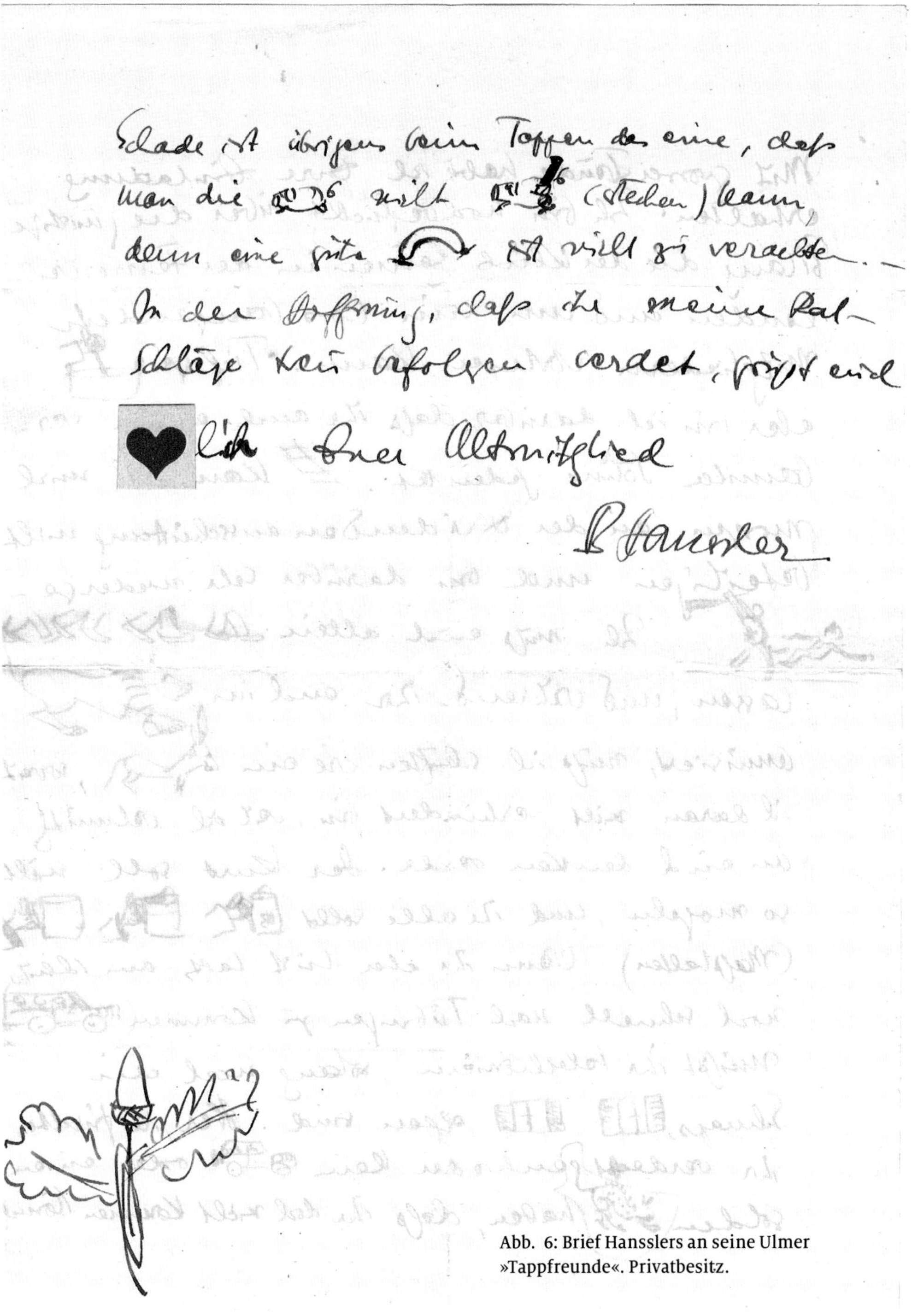

Schade ist übrigens beim Tappen der eine, daß man die [illegible] nicht [illegible] (Stechen) kann, denn eine gute [illegible] ist nicht zu verachten. —

In der Hoffnung, daß Ihr meine Ratschläge beim Befolgen werdet, grüßt euch

lich Euer Altmitglied

R Hansler

Abb. 6: Brief Hanslers an seine Ulmer »Tappfreunde«. Privatbesitz.

Oratorium, Otto Kuss (1905–1991)[79], Paul Simon (1882–1946)[80], Joseph Höfer (1896–1976)[81], Rudolf Schnackenburg (1914–2002)[82], aber auch Schriftsteller wie Reinhold Schneider (1903–1958)[83] oder Ida Friederike Görres (1901–1971)[84].

79 Gebürtig aus Lauban, 1924–1931 Studium der Philosophie, Theologie und Philologie in Breslau, Bonn und Berlin, 1930 Promotion zum Dr. theol., 1931 Priesterweihe, zunächst Seelsorger in Liegnitz, dann Vikar am Breslauer Dom, seine Habilitation scheiterte aus politischen Gründen, 1945 Kurat in Donaustauf, 1946 Professor für Patrologie in Regensburg, 1948 an der Philosophisch-Theologischen Akademie Paderborn, 1960 Professor für Neutestamentliche Exegese und Biblische Hermeneutik in München, 1973 Emeritierung. Zu ihm: Otto KUSS, Dankbarer Abschied (tuduv-Studien; Religionswissenschaft 2), München 1982 [Autobiographie]; Joachim GNILKA, Nachruf auf Prof. Dr. Otto Kuss, in: MThZ 42 (1991), 271–273; Josef HAINZ, Einführung zu den exegetischen Beiträgen, in: ThGl 81 (1991), 248–252, hier 251–252; Joseph BRECHTKEN, Zum ersten Jahrestag des Todes von Professor Otto Kuss: Ein Nachruf zum Nachruf von Josef Brechtken, in: ASKG 50 (1992), 303–305; Norbert THIEL, Otto Kuss (1905–1991), in: Michael HIRSCHFELD/Johannes GRÖGER/Werner MARSCHALL (Hg.), Schlesische Kirche in Lebensbildern, Bd. 7, Münster 2006, 179–184.

80 Gebürtig aus Dortmund, seine Mutter war evangelisch-reformiert, früh Waise, erzogen im Pfarrhaus von Brilon, 1900 philologische und theologische Studien in Paderborn, Freiburg i. Br., Innsbruck und Straßburg, 1906 philologisches Staatsexamen, 1907 Priesterweihe in Paderborn, Oberlehrer am Gymnasium in Werl, 1914 in Münster, Kontakte zu Abt Herwegen von Maria Laach (Liturgische Bewegung), Theodor Abel, Heinrich Brüning und Hermann Platz, 1917 in Freiburg Promotion zum Dr. phil., 1918 Direktor des Paderborner Collegium Leoninum, zugleich Professor des neuerrichteten Lehrstuhls für Patrologie und klassische Philologie an der Paderborner Akademie, 1925 Professor für Scholastische Philosophie und Apologetik in Tübingen, 1926 Promotion zum Dr. theol. h.c. in Tübingen, 1932/1933 Rektor der Universität Tübingen, 1933 zum Dompropst von Paderborn gewählt, Offizial und Berater zweier Erzbischöfe, Wegbereiter der Ökumene. Zu ihm: Verzeichnis 1984, 139; Friedrich M. RINTELEN/Theoderich KAMPMANN, Paul Simon zum Gedächtnis, Paderborn 1947; Gerhard KRENN, Direktor Prof. Dr. Paul Simon, in: Josef HÖFER, Das Kollegium Leoninum zu Paderborn, Paderborn 1962, 65–81; Alfons HUFNAGEL, Paul Simon 1882–1946, in: ThQ 150 (1970), 144–146; Karl MÜHLEK, Art. Simon, in: BBKL 17 (2000), 1296–1300; Dieter RIESENBERGER, Der Paderborner Dompropst Paul Simon (1882–1946). Ein Beitrag zur Geschichte des Nationalsozialismus, der Ökumene und der Nachkriegsjahre in Paderborn (Zeitgeschichte im Erzbistum Paderborn 1), Paderborn 1992.

81 Gebürtig aus Weidenau bei Siegen, Besuch des evangelischen Gymnasiums Siegen, 1916–1918 Fronteinsatz in Frankreich, 1919 Studium der Theologie in Paderborn und München, 1924 Priesterweihe, danach in der Seelsorge, 1930 Promotionsstudium am Angelicum in Rom, 1932 Promotion zum Dr. theol. in Rom, 1935 Dr. theol. in Münster, 1936 Vertretung des Lehrstuhls für Pastoral und Liturgik in Münster, 1938 Habilitation, 1939–1941 in Rom tätig, 1940 Entzug der Lehrerlaubnis durch die Nationalsozialisten, 1942 Dompfarrer in Paderborn, 1945 Professor für Geschichte der Philosophie, Theologie und Dogmen in Paderborn, zugleich Direktor des Theologenkonvikts Collegium Leoninum, 1954–1968 geistlicher Botschaftsrat an der Vatikanbotschaft, seit 1946 als Nachfolger seines Lehrers Paul Simon Leiter des Ökumenischen Arbeitskreises (Jaeger-Stählin-Kreis) auf katholischer Seite, 1960 Mitglied des Sekretariats für die Einheit der Christen, zusammen mit Karl Rahner Herausgeber der 2. Auflage des *Lexikons für Theologie und Kirche*. Zu ihm: FRALING, Bernhard, In Memoriam Josef Höfer. Gedächtnisrede, in: ThGl 66 (1976), 257–263; Thomas FLAMMER, Die Katholisch-Theologische Fakultät Münster, in: Dominik BURKARD/Wolfgang WEISS (Hg.), Katholische Theologie im Nationalsozialismus. Bd. 1/1: Institutionen und Strukturen, Würzburg 2007, 199–216, hier 212–215; DERS., Die Katholisch-Theologische Fakultät der Westfälischen Wilhelms-Universität im »Dritten Reich«, in: Hans Ulrich THAMER/Daniel DROSTE/Sabine HAPP (Hg.), Die Universität Münster im Nationalsozialismus. Kontinuitäten und Brüche zwischen 1920 und 1960 (Veröffentlichungen des Universitätsarchivs Münster 5), 2 Bde., Münster 2012, 309–346, hier 336–338; Clemens CARL, Art. Höfer, in: Michael QUISINSKY/Peter WALTER (Hg.), Personenlexikon zum Zweiten Vatikanischen Konzil, Freiburg i. Br. 2012, 135.

Hansslers Aktivitäten trugen ihm auch in den folgenden acht Jahren des nationalsozialistischen Regimes zahlreiche Gestapoverhöre ein, mehrere Geldstrafen in verschiedenen Fällen (1934–1937), unter anderem 1937 wegen Beamtenbeleidigung, außerdem 1940 ein Redeverbot für den Bereich der Gestapo Münster sowie ein Verbot jeder schriftstellerischen Tätigkeit durch die Reichsschrifttumskammer »wegen politischer Unzuverlässigkeit«[85]. Auch in der privaten Korrespondenz fehlen regimekritische Äußerungen nicht. So schrieb er im November 1942 – als sich die Niederlage Deutschlands an der Ostfront abzeichnete – an Schelkle: »Hast Du je darüber nachgedacht, daß Prometheus, ausgerechnet er, an den Kaukasus geschmiedet wurde, ausgerechnet dorthin?! Indes bin ich offenbar mit der Konstatierung dieses Präzedenzfalles im Prozeß der Geschichte nicht original, denn jetzt hörte ich, daß ganz Berlin schon vom ›gefesselten Proletheus‹ rede«[86].

82 Gebürtig aus Kattowitz (Schlesien), aufgewachsen in Liegnitz, 1932 Studium der Philosophie und Theologie in Breslau und München, 1937 in Breslau Promotion mit *Der Glaube im vierten Evangelium* zum Dr. theol., 1937 Priesterweihe, anschließend Seelsorger in Breslau und Goldberg (Schlesien), 1946 vertrieben, 1947 Habilitation mit einer Arbeit über *Das Heilsgeschehen bei der Taufe nach dem Apostel Paulus* in München, 1948 Privatdozent, 1952 a. o. Professor für neutestamentliche Exegese in Dillingen, 1955 o. Professor in Bamberg, 1957 o. Professor für Neues Testament in Würzburg, 1982 Emeritierung, 1964 Ernennung zum Päpstlichen Hausprälaten, 1968–1973 Mitglied der Internationalen Theologenkommission des Vatikan, Mitarbeiter an der Einheitsübersetzung der Bibel, 1986 mit dem Großen Bundesverdienstkreuz geehrt. Zu ihm: Thomas SÖDING, Art. Schnackenburg, in: NDB 23 (2007), 277 f.

83 Gebürtig aus Baden-Baden, Sohn eines Hoteliers, 1921 Absolvierung eines landwirtschaftlichen Praktikums am Bodensee, dann kaufmännische Lehre in Dresden, 1922 Selbstmordversuch, 1923–1928 Angestellter der Kunstanstalt Stengel & Co. in Dresden, schon damals dichterische Tätigkeit, historische Studien, seit 1928 freier Schriftsteller, längere Reisen nach Portugal, Italien, Spanien und England, 1938 Umzug nach Freiburg i.B., Reversion zum Katholizismus, von dem er sich früh entfremdet hatte. In seinen Texten formulierte Schneider scharfe Kritik an der nationalsozialistischen Ideologie, die wurden in den Kriegsjahren teils durch Druck, teils durch Abschriften verbreitet. 1945 noch wegen Hochverrates angeklagt, entging er dem Tod nur wegen des bevorstehenden Kriegsendes. Nach 1945 wurde der Vorwurf kommunistischer Konspiration laut (»der Fall Reinhold Schneider«), doch begann mit seiner Aufnahme in die Friedensklasse des Ordens »Pour le mérite« 1952 seine Rehabilitation, 1956 mit dem Friedenspreis des Deutschen Buchhandels ausgezeichnet. Zu ihm: Stephan LÜTTICH, Art. Schneider, in: BBKL 25 (2005),1292–1298.

84 Gebürtig als Elisabeth Friederike Reichsgräfin Coudenhove-Kalergi aus Ronsperg (Böhmen), nach einem inneren Bekehrungserlebnis Novizin bei den »Englischen Fräulein« in Wien, von der Jugendbewegung geprägt, Absolvierung der Sozialen Frauenschule in Freiburg, dort auch Studium der Geschichte und Kirchengeschichte, 1928 Jugendsekretärin für Mädchenseelsorge in Dresden, wo sie beim Katholischen Bildungswerk arbeitete, 1935 Heirat des Ingenieurs Carl-Josef Görres in Leipzig, seit dieser Zeit vor allem schriftstellerisch tätig, später Umzug nach Stuttgart-Degerloch und Freiburg, Teilnehmerin an der Würzburger Synode. Zu ihr: Michael KLEINERT, Es wächst viel Brot in der Winternacht. Theologische Grundlinien im Werk von Ida Friederike Görres (Studien zur systematischen und spirituellen Theologie 36), Würzburg 2002; »Brief über die Kirche«. Die Kontroverse um Ida Friederike Görres, hg., eingeleitet und kommentiert von Jean-Yves PARAISO (Kölner Veröffentlichungen zur Religionsgeschichte 35), Köln [u. a.] 2005.

85 HEHL (Hg.), Priester 1334.

86 3. November 1942 Hanssler an Schelkle. UBT Mn 16 (NL Schelkle) Kaps. 103.

In Hansslers »Hügelei« traf sich vierzehntägig ein Kreis, zu dem unter anderen der Chemiker Paul Ohlmeyer (1908–1977)[87], der evangelische Neutestamentler Otto Michel (1903–1993)[88] – ehemals ebenfalls Studentenpfarrer, auch Parteimitglied, der aber dem »regimenäheren« Gerhard Kittel (1888–1848)[89] weichen musste –, der Althistoriker Joseph Vogt (1895–1986)[90], der Völkerrechtler Carlo Schmid (1896–1979)[91] und der spätere Ministerialrat

87 1932 Promotion zum Dr. phil. in Berlin, danach in Heidelberg, 1940 Habilitation und als physiologischer Chemiker Mitglied der Medizinischen Fakultät in Tübingen, wo er vor allem Stoffwechseluntersuchungen an Hefezellen vornahm. In seinen letzten Lebensjahren entwickelte er eine Modellanlage zur Phosphatbeseitigung im Abwasser für die Tübinger Kläranlage. Seit 1947 auch Direktor des Tübinger Leibniz-Kollegs, das für die propädeutischen Kurse der Universität zuständig war. Ohlmeyer verband naturwissenschaftliche Forschung und geisteswissenschaftliche Begeisterung, gerühmt wurde sein »schier unerschöpfliches Wissen um die geistigen Zusammenhänge insbesondere der abendländischen Kulturgeschichte«, er interessierte sich für Literatur und Kunst, musizierte selbst, veröffentlichte eine Racine-Übersetzung, ein Hörspiel, Gedichte und philosophische Reflexionen. Zu ihm: Ulrich FUCHS, Paul Ohlmeyer zum Gedächtnis: 10.1.1908–31.1.1977, in: Attempto. Nachrichten für die Freunde der Tübinger Universität 63–65 (1978/79), 231 f.

88 Gebürtig aus Elberfeld (Wuppertal), Sohn eines der Erweckungsbewegung zuzurechnenden Kaufmanns, 1922 Studium der evangelischen Theologie in Tübingen und Halle a.d.S., 1929 Promotion über *Paulus und seine Bibel*, noch im selben Jahr Habilitation in Halle, anschließend Studentenpfarrer in Halle, 1930 vorübergehend und am 1. Mai 1933 noch einmal Beitritt zur NSDAP, sowie zur SA, (1936 Ausscheiden), aufgrund von Konflikten mit der NS-Kirchenpolitik als Studentenpfarrer abgesetzt, 1934/35 Pfarrer in Lüdenscheid, im Oktober 1935 Beitritt zur »Bekennenden Kirche«, Assistent und Lehrstuhlvertreter in Halle, ab 1940 in Tübingen, eine Berufung nach Breslau scheiterte 1936 an einem politischen Veto, 1946 o. Professor für Neues Testament in Tübingen, 1971 emeritiert. 1968 Ablehnung der auch am evangelischen Stift spürbaren Studentenbewegung, stattdessen Mitwirkung an der Gründung des Tübinger Albrecht-Bengel-Hauses. Zu ihm: Otto MICHEL, Anpassung oder Widerstand. Eine Autobiographie, Wuppertal/Zürich 1989; Christoph SCHMITT, Art. Michel, in: BBKL 14 (1998), 1253–1261; Michael WISCHNATH, Am Wendepunkt – Otto Michel und sein »kritisches Wort« zur Tübinger Fakultätsdenkschrift »Für und wider die Theologie Bultmanns«, in: Helgo LINDNER (Hg.), Ich bin ein Hebräer. Gedenken an Otto Michel (1903–1993), Gießen 2003, 48–78; Reiner BRAUN, »Anpassung oder Widerstand?« Zur Diskussion um Otto Michel und den Nationalsozialismus, in: Theologische Beiträge 43 (2012), 290–304; Klaus HAACKER, Otto Michel (1903–1993), in: Cilliers BREYTENBACH/Rudolf HOPPE (Hg.), Neutestamentliche Wissenschaft nach 1945. Hauptvertreter der deutschsprachigen Exegese in der Darstellung ihrer Schüler, Neukirchener 2008, 341–352.

89 Gebürtig aus Breslau, Sohn des Alttestamentlers Rudolf Kittel, Besuch des König Albert-Gymnasiums in Leipzig, 1907 Studium der evangelischen Theologie und der orientalischen Sprachen in Leipzig, Tübingen, Berlin und Halle, 1913 Promotion und Habilitation für Neues Testament in Kiel, im Ersten Weltkrieg Marinepfarrer, 1917 Privatdozent in Leipzig, nach dem Krieg Leiter des dortigen kirchlichen Religionsseminars, 1921 ao. Professor, noch im selben Jahr o. Professor in Greifswald, 1926 in Tübingen, nur unterbrochen durch eine kurze Lehrvertretung in Wien während des Zweiten Weltkriegs. Historische und religionsvergleichenden Forschungen über das antike Judentum und das palästinische Urchristentum sowie Herausgeber des *Theologischen Wörterbuchs zum Neuen Testament*. Mit seiner Schrift *Die Judenfrage* diente er sich der nationalsozialistischen Judenpolitik an. 1945 Amtsenthebung und Verhaftung durch die Besatzungsorgane, 1945/1946 in Balingen interniert und für Tübingen bis Frühjahr 1948 mit einem Aufenthaltsverbot belegt. 1946–1948 evangelischer Seelsorger in Beuron, den Ausgang des Spruchkammerverfahrens erlebte er nicht mehr. Zu ihm: Robert P. ERICKSON, Theologian in the Third Reich. The Case of Gerhard Kittel, in: Journal of Contemporary History 12 (1977), 595–622; Leonore SIEGELE-WENSCHKEWITZ, Neutestamentliche Wissenschaft vor der Judenfrage. Gerhard Kittels theologische Arbeit im Wandel deutscher Geschichte (Theologische Existenz heute NF 208), München 1980; Anders GERDMAR, Roots of theological anti-semitism. German biblical interpre-

tation and the Jews, from Herder and Semler to Kittel and Bultmann, Leiden 2009; Christof DAHM, Art. Kittel, in: BBKL 3 (1992), 1544–1546; Matthias MORGENSTERN, Von Adolf Schlatter zum Tübinger Institutum Judaicum. Gab es in Tübingen im 20. Jahrhundert eine Schlatter-Schule? Versuch einer Rekonstruktion, in: Matthias MORGENSTERN/Reinhold RIEGER (Hg.), Das Tübinger Institutum Judaicum. Beiträge zu seiner Geschichte und Vorgeschichte seit Adolf Schlatter, Stuttgart 2015, 11–128, hier insbes. 51–67. – Nach Otto Michel soll Kittel im Kloster Beuron interniert gewesen sein. Durch seine Rückkehr aus Wien nach Tübingen hatte Michel seine Vertretungsstelle verloren und zum Militär gemusst. In seiner Autobiographie berichtet er von seinem gespannten Verhältnis zu Kittel, das sich nicht nur aus seiner persönlichen Lage, sondern auch aus seiner Kritik an dem theologischen Ansatz Kittels speiste. Der Bruch war so groß, dass die Familie Michel die Anwesenheit bei der Beerdigung Kittels untersagte. Vgl. MICHEL, Anpassung 93 f., 101. Vgl. auch ebd. 107–114 zum Kampf um die »Entmythologisierung«. Zum äußerst gespannten Verhältnis Michel – Kittel vgl. auch MORGENSTERN, Schlatter 85–87; Reinhold RIEGER, Otto Michel und das Institutum Judaicum in Tübingen, in: MORGENSTERN/RIEGER (Hg.), Das Tübinger Institutum Judaicum 149–212, hier 168–178. – Schelkle soll sich nach Kriegsende für Kittel besonders nachhaltig eingesetzt haben, was angesichts des Kulminationspunkts Bultmann nicht verwundert. Angeblich war Schelkle einer der wenigen, die ihn in seiner Haft (in Schelkles geliebtem Beuron) besuchen durfte. Es soll ihm gelungen sein – wohl durch Mithilfe von Freund Hanssler und dessen Beziehungen zur Politik – Kittel freizubekommen. Freundliche Auskunft von Frau Evita Koptschalitsch. MORGENSTERN, Schlatter 65–67 weiß davon nichts.

90 Gebürtig aus Schechingen, Besuch der Volksschule, dann der Lateinschule in Bad Mergentheim und des Gymnasiums in Rottweil, 1913 zunächst für zwei Semester als Zögling des Wilhelmsstifts in Tübingen Studium der katholischen Theologie, 1914–1918 als Kriegsfreiwilliger an der Front, 1916 Leutnant der Reserve, 1919 Studium der Klassischen Philologie, Archäologie und Geschichte in Tübingen, 1921 Promotion und Staatsexamen, danach zwei Semester Studium in Berlin, 1923 Habilitation in Tübingen im Fach Geschichte des Altertums, Privatdozent, 1924/1925 als Stipendiat des Deutschen Archäologischen Instituts Reisen nach Italien, Griechenland, Ägypten und Palästina, 1925 Lehrstuhlvertreter in Tübingen, 1926 Professor für Alte Geschichte in Tübingen, einen Ruf nach Freiburg lehnte er ab, 1928/1929 Dekan, 1929 Professor in Würzburg, 1933 Eintritt in den NS-Lehrerbund und in die SA (»Vogt ist Nationalsozialist, allerdings nicht als jemand, dem das nationalsozialistische Bekenntnis auf der Zunge hängengeblieben ist, sondern der es im Herzen trägt« Gutachten 1936), 1934 Dekan der Philosophischen Fakultät, 1935 vom Rektor ernannter Vorsitzender des Studentenwerkes Würzburg e.V., 1935/1936 Prorektor, 1936 Professor in Breslau, 1937 Eintritt in die NSDAP, 1938/1939 Prorektor in Breslau, 1940 wieder Professor in Tübingen, 1940–1944 Pressesprecher des Tübinger Dozentenbundes und stellvertretender Pressesprecher der Universität, korrespondierendes Mitglied des 1941 gegründeten »Instituts zur Erforschung der Judenfrage«, 1944–1945 auch Professor in Freiburg, 1946 wieder ausschließlich Professor in Tübingen, Vorsitzender der Kommission für geschichtliche Landeskunde in Baden-Württemberg, 1958/1959 Rektor, 1963 emeritiert. Zu ihm: Karl CHRIST, Joseph Vogt (1895–1986), in: DERS., Neue Profile der Alten Geschichte, Darmstadt 1989, 63–124; Diemuth KÖNIGS, Joseph Vogt. Ein Althistoriker in der Weimarer Republik und im Dritten Reich (Basler Beiträge zur Geschichtswissenschaft 168), Basel 1995 weiß nichts von einer Mitgliedschaft Vogts in Hansslers Kreis; Volker LOSEMANN, Art. Vogt, in: Peter KUHLMANN/Helmuth SCHNEIDER (Hg.), Geschichte der Altertumswissenschaften. Biographisches Lexikon (Der neue Pauly, Suppl. 6), Stuttgart 2012, 1272–1274. – Vogt wird von Carlo Schmid in seinen Erinnerungen bezeichnet als kluger, kenntnisreicher Gelehrter, dessen Urteil über politische Ereignisse er immer geschätzt habe, dessen Vorstellung von 1944 über eine Verbündung der Alliierten mit Deutschland gegen Russland ihn jedoch entsetzte. Carlo SCHMID, Erinnerungen, Bern/München/Wien 1979, 210.

91 Gebürtig aus Perpignan (Südfrankreich), der Vater, Dozent an der Universität Toulouse, stammte aus Württemberg, Kindheit in Weil der Stadt, wohin die Familie nach seiner Geburt übersiedelte, seit 1908 in Stuttgart, Besuch des Karls-Gymnasiums, 1914–1918 Frontsoldat, 1919 Studium der Rechts- und Staatswissenschaften in Tübingen, 1921 Referendariat, 1923 Promotion zum Dr. jur., 1924 zweites juristisches Staatsexamen, Rechtsanwalt in Reutlingen, 1925 Gerichtsassessor, 1927–1931 Richter am Amtsgericht und später Landgerichtsrat in Tübingen, 1927–1928 aber als Referent am Kaiser-Wilhelm-Institut Berlin beurlaubt, 1929 Habilitation in Tübingen, 1931 und

Hans Georg Rupp (1907–1989)[92] gehörten[93]. Hier war ein geschützter Raum, in dem offen reflektiert und diskutiert werden konnte.

1932 Leitung des Lagers des *Freiwilligen Arbeitsdiensts*, 1933 Beitritt zum Bund Nationalsozialistischer Deutscher Juristen, 1940 zur Wehrmacht einberufen und bis 1944 Kriegsgerichtsrat der Oberfeldkommandantur in Lille (Frankreich), 1945 Eintritt in die SPD, ab Oktober 1945 Chef des »Staatssekretariats für das französisch besetzte Gebiet Württembergs und Hohenzollerns« (Präsident des Staatssekretariats), zugleich Landesdirektor für das Unterrichtswesen und die kulturellen Angelegenheiten, maßgeblich an der Wiedereröffnung der Universität Tübingen beteiligt, 1946–1950 Justizminister von Württemberg-Hohenzollern, 1946–1953 zugleich Professor für Öffentliches Recht, 1953 Professor für Politische Wissenschaft in Frankfurt, 1946–1952 SPD-Vorsitzender in Württemberg-Hohenzollern, 1947–1970 Mitglied im SPD-Parteivorstand, 1958–1970 auch im Präsidium der SPD, maßgeblich an der Ausarbeitung des Godesberger Programms beteiligt, 1959 Kandidat der SPD bei der Wahl zum Bundespräsidenten, 1949–1972 MdB, 1949–1966 sowie 1969–1972 Vizepräsident des Deutschen Bundestages, 1966–1969 Bundesminister für Angelegenheiten des Bundesrats und der Länder, 1969 bis zu seinem Tod Koordinator für die deutsch-französischen Beziehungen. Zu ihm: SCHMID, Erinnerungen; Petra WEBER, Carlo Schmid. 1896–1979. Eine Biographie, München 1996.

92 Gebürtig aus Stuttgart, aus großbürgerlich-liberaler Familie, sein Vater Dr. iur. Erwin Rupp (1855–1916) hatte als Ministerialbeamter und Generalstaatsanwalt Karriere gemacht, Besuch des Gymnasiums in Reutlingen, 1925 Studium der Rechtswissenschaft in Tübingen, dann in Berlin, 1929 Referendariat in Tübingen und Berlin, 1933 Promotion zum Dr. jur., 1934 in Stuttgart die zweites Staatsexamen, Hilfsrichter am Landgericht Tübingen und an den Amtsgerichten Stuttgart und Reutlingen, September 1935 bis Juli 1937 Aufenthalt als wiss. Assistent in den USA (Harvard, Cambridge), nach seiner Rückkehr ein Jahr in der Rechtsabteilung der I.G. Farben, ab 1938 Hauptreferent für anglo-amerikanisches Recht am Kaiser-Wilhelm-Institut in Berlin, 1939 Eheschließung, militärisch verwendet nur während des Polenfeldzugs, danach freigestellt, maßgeblich beteiligt an der Evakuierung des Kaiser-Wilhelm-Instituts nach Süddeutschland (Frühjahr 1944), seit 1941 Zulassung als Rechtsanwalt (zunächst mangels Mitgliedschaft in der NSDAP nicht erteilt), 1943–1945 vertretungsweise die Vorlesungen über Bürgerliches Recht und Handelsrecht in Jena, 1945 Eintritt in die SPD, im Juni 1945 Mitarbeiter von Carlo Schmid in der Stuttgarter Landesdirektion für Kultus, Unterricht und Kunst, im Oktober 1945 Ministerialrat, und Leiter der Hochschulabteilung, die vor allem für die politische Säuberung der Universität Tübingen zuständig war, 1946 zusätzlich zum Lehrbeauftragten an der Universität Tübingen berufen, 1946 auch Mitglied der Beratenden Landesversammlung des Landes Württemberg-Hohenzollern, deren Arbeit mit der Verabschiedung der Württembergischen Verfassung 1947 endete, 1947 wissenschaftliches Mitglied in das Max-Planck-Institut für ausländisches und internationales Privatrecht, 1951–1975 Richter am Bundesverfassungsgericht, 1955 Honorarprofessor der Universität Tübingen, 1963 und 1970 jeweils drei Monate Gastprofessor an der University of Michigan, 1975 für einige Monate Gastprofessor für europäisches Verfassungsrecht an der University of Chicago, danach lebte er vorwiegend in seinem Haus in Münsingen auf der Schwäbischen Alb. Zu ihm: Paul FEUCHTE, Art. Hans Rupp, in: Baden-Württembergische Biographien 2 (1999), 331–333.

93 Über den Kreis in der Hügelei berichtet Otto Michel in seiner Autobiographie: »Damals wurde mir Bernhard Hanssler politisch wichtig. Er war der katholische Studentenpfarrer in Tübingen. Kurz nachdem ich im Herbst 1940 die Professur von Gerhard Kittel übernommen hatte, war Bernhard Hanssler am 12. September bei mir. Er hatte alle Brücken zur politischen Gewalt abgebrochen. Er bat mich, ich solle auch für katholische Theologiestudenten Vorlesungen in der ›Hügelei‹ halten. Ich dürfe aber meiner Fakultät davon keine Mitteilung machen. Und alle vierzehn Tage finde ein Kreis bei ihm zu Hause in der Hügelei statt. Professor Paul Ohlmeyer, ein Katholik, war der Initiator dieses Kreises. Dazu gehörten neben Hanssler auch die Professoren Joseph Vogt und Carlo Schmidt [sic], dann die Sozialdemokraten Fritz Erler und Oskar Kalbfell, der spätere Oberbürgermeister in Reutlingen, und der spätere Ministerialrat Rupp. In diesem Kreis habe ich auch Männer wie Reinhold Schneider kennengelernt,

Hanssler erwähnt Carlo Schmid in seinen Erinnerungen mehrfach in einer Art, die den Eindruck sehr enger Verbundenheit macht[94]. Angeblich gelang es ihm auch, Schmid 1945 aus französischer Haft herauszuholen, »weil er den Besatzern klarmachen konnte, daß dieser als Kriegsverwaltungsrat von Lille [...] kein Nazi war«[95] – eine Pointe, die in Schmids gedruckten Erinnerungen (1979) allerdings nicht vorkommt[96], wie Hanssler dort auffallenderweise überhaupt nicht auftaucht[97]. Dabei waren die Kontakte zwischen beiden 1945 so eng, dass Schmid bei seinem Wechsel in die provisorische Kultusverwaltung Hanssler offenbar als informellen »Gewährsmann für katholische Dinge« nach Stuttgart mitnehmen wollte[98].

Hanssler gehörte auch zu dem überparteilichen, aus 16 Männern bestehenden Tübinger Gemeinderat, der im Mai 1945 unter Leitung von Carlo Schmid gebildet wurde, am 25. Mai zusammentrat, danach aber wieder aufgelöst werden musste[99]. Das politische Engagement Hansslers stieß übrigens im Bischöflichen Ordinariat ebenso auf Missfallen[100], wie seine dezidierten Vorstellungen, die er noch 1945 über die Neuformung der Studentenschaft nach dem Krieg vorlegte[101]. Offenbar agierte er – zumindest nach dem Empfinden von Re-

der eines Tages in der Begleitung von Anna-Maria Baumgarten erschien und aus seinen Gedichten las. Hier konnten wir ganz frei reden. In diesem Milieu traf ich dieselbe Atmosphäre an wie in der Hallenser Bekennenden Kirche. Ich gehörte seit 1941 diesem aktiven Widerstandskreis an. Alle diese Menschen, die uns in der Hügelei begegneten, traf ich später nach dem Zusammenbruch wieder. Sie bildeten einen festen Stamm im Wiederaufbau des politischen und kulturellen Lebens«. MICHEL, Anpassung 96. Vgl. auch STORZ, Erfahrungen 235.

94 Vgl. etwa Bernhard HANSSLER, Bischof Joannes Baptista Sproll. Der Fall und seine Lehren, Sigmaringen 1984, 95 (antihitlerische Äußerungen); 98 (gemeinsame Dante-Lektüre).

95 HANK, Der Geistliche 124 f.

96 Vgl. die Schilderung der vorübergehenden Inhaftierung bei SCHMID, Erinnerungen 220–222. Schmid erwähnt hier nur, dass ihn seine Baudelaire-Übersetzung rettete. Aber wer gab den Besatzern den Hinweis?

97 Dies fällt auf, zumal auch andere Theologen (Theodor Steinbüchel als 1. Nachkriegsrektor der Tübinger Universität, Bischof Sproll), mit denen Schmid in seinem ersten Nachkriegsamt als »Landesdirektor für das Unterrichtswesen und die kulturellen Angelegenheiten des Landes« zu tun hatte, nicht auftauchen. Offenbar erschien es dem späteren profilierten SPD-Politiker, der auch einer Freimaurerloge beigetreten sein soll, 1979 nicht mehr opportun, eine frühere Nähe zu dem katholischen Theologen zuzugeben, der seit den späten 1950er Jahren als »Integralist« galt. Damals hatte Hanssler sich pointiert gegen eine Annäherung von Kirche und SPD gewandt. Auch die publizistische Bloßstellung Hansslers 1974 im Zusammenhang mit der Campo Santo-Affäre könnte dazu beigetragen haben, dass Schmid Abstand von Hanssler nahm. Dazu vgl. unten. – Hanssler »rächte« sich damit, dass er die Geschichte publik machte. Vgl. Bernhard HANSSLER, Die Befreiung von Carlo Schmid, in: Tübingen 1945, 198–200.

98 Vgl. 16. Juni 1945 Wilhelm Sedlmeier: Aktennotiz über die Besprechung mit Capitain Lelong/Lang in Stuttgart. DAR G 1.6 Nr. 56a, Mappe 2.

99 Vgl. Tübingen 1945, 113.

100 Hanssler erinnerte sich später im Rückblick: »Die politische Frühgeburt des Tübinger Gemeinderats fand ein rasches Ende, als übergeordnete Ordnungsreformen in Aktion traten. Mich selbst hat der Generalvikar am 1. Juni 1945 energisch zurückgepfiffen«. Bernhard HANSSLER, Die Befreiung von Carlo Schmid, in: Tübingen 1945, 198–200, hier 199. – Im Schreiben des Generalvikars hieß es schroff, man habe den Tübinger amtlichen Mitteilungen entnommen, dass Hanssler Mitglied des neu gebildeten Gemeinderats geworden sei, mache ihn aber darauf aufmerksam, dass er ein derartiges Amt nicht ohne Erlaubnis des Ordinarius übernehmen dürfe (CIC c. 139). »Unter den gegenwärtigen Verhältnissen sind wir nicht gewillt, allen unseren Geistlichen diese Erlaubnis zu erteilen«. 1. Juni 1945 Bischöfliches Ordinariat (Kottmann), Rottenburg, an Hanssler. DAR, PA Hanssler.

101 Darüber wird der Verfasser demnächst an anderer Stelle ausführlich berichten.

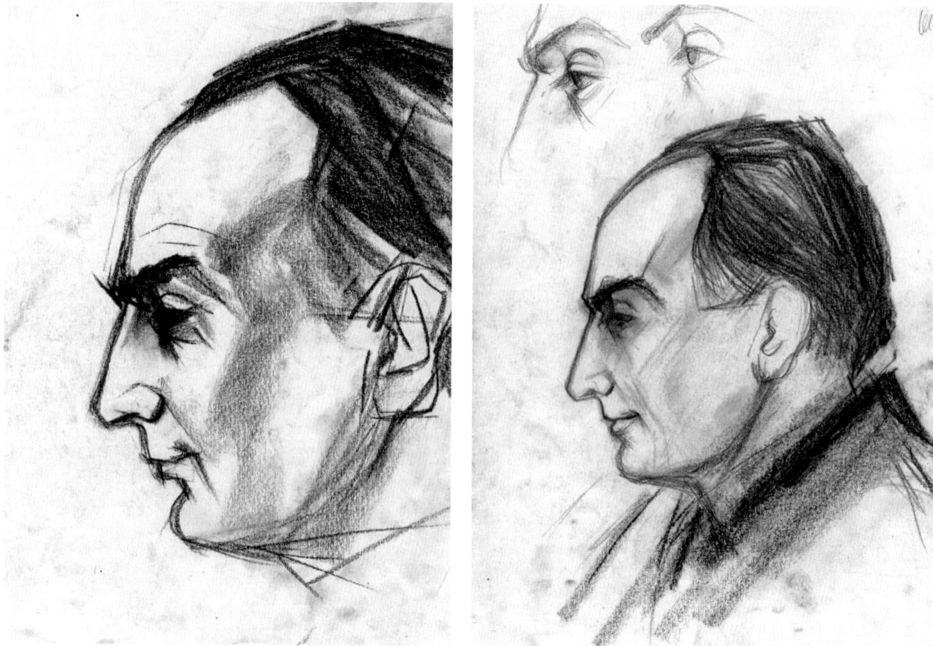

Abb. 7: Bernhard Hanssler. Kohle- und Bleistiftzeichnung von Irene Grün (1911–2006)[105]

ferent Domkapitular Wilhelm Sedlmeier (1898–1987)[102] – allzu unbescheiden, forsch und selbstbewusst[103]. Dazu kamen Verdächtigungen gegen seine unkonventionellen Seelsorgsmethoden, aus denen auf fehlende Distanz zur weiblichen Studentenschaft geschlossen wurde. Sie führten zu seiner Versetzung nach Schwäbisch Hall[104].

102 Gebürtig aus Friedrichshafen, Studium der Philosophie und Theologie in Tübingen, 1924 Priesterweihe, Vikar in Saulgau und Stuttgart-Cannstatt, 1925 Repetent in Tübingen, 1930 Kaplan in Ravensburg, 1934 Direktor des Wilhelmsstifts in Tübingen, 1939 Domkapitular, 1946 mit dem Titel Päpstlicher Hausprälat, 1953 Weihbischof von Rottenburg, 1970 im Ruhestand in Ravensburg, 1976 als Weihbischof entpflichtet. Zu ihm vgl. Verzeichnis 1993, 13; Wilhelm Sedlmeier 1898 – 1953 – 1987, Rottenburg 1987; Hubert WOLF, Art. Sedlmeier, in: Erwin GATZ (Hg.), Die Bischöfe der deutschsprachigen Länder 1945–2001. Ein biographisches Lexikon, Berlin 2002, 478.

103 Vgl. 5. Juni 1945 Aktennotiz Sedlmeier. DAR, Registratur, PA Hanssler.

104 Erst am 18. August erhielt Hanssler von der Versetzung Kenntnis, doch waren offenbar schon längere Auseinandersetzungen vorausgegangen. Hanssler spricht davon, das Ordinariat habe »mit ihm jetzt seit über einem Jahr ein Spiel getrieben«. 20. August 1945 Aktennotiz Sedlmeier. DAR, Registratur, PA Hanssler. – Die Personalakte macht angesichts dessen einen unvollständigen Eindruck.

105 Studium an der Kunstgewerbeschule in Breslau, danach Graphikerin in Stuttgart, 1939–1974 in Schwäbisch Hall, freiberuflich tätig.

Im September 1945 wechselte Hanssler also – überhastet[106] – als Stadtpfarrer nach Schwäbisch Hall, sechs Jahre später nach Stuttgart St. Georg[107]. Zum Jahresbeginn 1956 übernahm er Aufbau und Leitung der bischöflichen Studienstiftung Cusanuswerk mit Sitz in Bad Godesberg – eine »Konversion« des individualistischen Intellektuellen zur Institution und zur Organisation, zur Macht[108]. Bereits eineinhalb Jahre später wurde Hanssler zusätzlich auch Geistlicher Direktor beim Zentralkomitee der deutschen Katholiken. 1961 mit dem Titel eines päpstlichen Hausprälaten geehrt, wechselte er im April 1968 – inzwischen hatte sich Cusanus seinem Gründer entfremdet[109] – ganz als »Bischöflicher Assistent« zum Zentralkomitee der deutschen Katholiken. Zwei Jahre später wurde Hanssler Rektor des Collegio Teutonico am Campo Santo in Rom. Die Laufbahn endete 1974 abrupt, weil er unrechtmäßig Kunstobjekte verkaufte – und damit (angeblich) in eine Falle seines stellvertretenden Vorgängers geriet, der gerne selbst Rektor geworden wäre[110]. Hanssler musste

106 »Du weißt, daß ich plötzlich emigriere: Ich hätte gern vorher einiges mit Dir überlegt, aber nun ist der Entschluß gefaßt und ich fürchte nur, daß ich noch einmal für eine Stunde sehr hart bleiben muß, wenn man ihn dieser Tage wird rückgängig machen wollen«. 1. September 1945 Hanssler an Schelkle. UBT Mn 16 (NL Schelkle) Kaps. 103.

107 Der Wechsel erfolgte aufgrund der ausdrücklichen Bitte Bischof Leiprechts, neben dem Pfarramt die in Stuttgart gerade entstehende »Katholische Akademie« mitzubetreuen. Vgl. 27. Oktober 1951 Hanssler, Hall, an Bischof Leiprecht (privates Schreiben und offizielle Bewerbung). DAR, PA Hanssler. – Hanssler wurde bei der Besetzung des Direktorenpostens dann allerdings übergangen. Es scheint, als habe Ordinariatsrat Alfons Weitmann den verschiedentlich vorgeschlagenen Hanssler durch raffiniertes Taktieren »ausgebootet«. Dass Hanssler am Ende hinter Alfons Auer, seinem früheren Nachfolger als Tübinger Studentenpfarrer, zurückstehen musste, der im Januar 1953 zum Direktor der Akademie ernannt wurde, dürfte Hanssler getroffen haben. Als er dann auch 1955, nach Auers Berufung auf den Würzburger Lehrstuhl für Moraltheologie, nicht zum Zug kam (wieder war er unter den Vorgeschlagenen), dürfte ein Grund dafür gewesen sein, seiner Diözese 1956 den Rücken zu kehren. – Zur Gründungsgeschichte der Akademie in Stuttgart-Hohenheim vgl. Oliver M. SCHÜTZ, Begegnung von Kirche und Welt. Die Gründung Katholischer Akademien in der Bundesrepublik Deutschland 1945–1975 (VKZG.B 96), Paderborn u.a. 2004, 174–207. – Mehrfach hielt Hanssler auf den ersten Tagungen der in den 1950er Jahren entstehenden Akademien Vorträge (Hildesheim, Berlin, Olpe); nicht von ungefähr kam wohl auch seine spätere Kritik an der »schön-geistigen« Akademiearbeit. Vgl. ebd. 349, 353, 389, 448, 579.

108 Vgl. HANK, Der Geistliche 115. – Zu Hansslers Verständnis des Cusanuswerkes vgl. sehr ausführlich und facettenreich HANK, Der Geistliche, passim. – Interessant vor allem das Elitäre, »Männerbündische« und die Kampfes- und Männlichkeitsrhetorik (54 f.), die möglicherweise auch auf Prägungen durch den Tübinger Dogmatiker Karl Adam (1876–1966) und den Rottenburger Bischof Joannes Baptista Sproll (1870–1949) zurückgeht.

109 Dazu HANK, Der Geistliche 89–91.

110 HANK, Der Geistliche 92–94. – Der »Fall Hanssler« machte Schlagzeilen. Während sich Hanssler als Opfer sah, gab es durchaus auch andere Stimmen von Leuten, die ihn näher kannten. So schrieb der Tübinger Kirchenhistoriker Karl August Fink am 23. November 1974 an Hansslers Vorgänger Johann Emil Gugumus, der von 1963 bis 1970 Rektor des Campo Santo gewesen war: »Ich war auch im C[ampo[S[anto]T[eutonico], zu einem Mittagessen eingeladen mit Höffner, Kard[inal] Kim (Korea), Ihrem Bischof [Friedrich Wetter], den ich gebeten habe, Sie zu grüßen. Die Misere im CST ist viel schlimmer als in den Gazetten steht und Sie werden wohl alles wissen. Was Herr Schulz, der Reggente Michel und die aus dem Allgäu stammende Sekretärin erzählten, ist sehr traurig. Sie wissen, wie ich am CST hänge als z[ur]Z[ei]t ältester Vizerektor. Mir ist es unverständlich, aber Fräulein Keck [Finks Haushälterin, eine evangelische Tübingerin] ist es gar nicht unverständlich, da sie Herrn H[anssler] aus seiner Tübinger Zeit in jeder Hinsicht kennt«. UAT 395/155.

sein Amt niederlegen und wurde in den »Ruhestand« versetzt. Zunächst betätigte er sich als Griechischlehrer für Theologiestudenten in Bochum, 1981 kehrte er nach Stuttgart zurück, wo für ihn die Stelle eines »Akademikerseelsorgers der Diözese Rottenburg-Stuttgart« geschaffen wurde, die er bis Ende 1992 innehatte. 1995 wurde ihm durch den Ministerpräsidenten des Landes Baden-Württemberg, Erwin Teufel, der (Ehren-) Titel eines Professors verliehen, in dem Hanssler eine Art öffentliche Rehabilitierung und Genugtuung sah, und den er mit einer gewissen Eitelkeit durchaus ins Spiel zu bringen wusste, als sei damit eine wissenschaftliche Qualifikation verbunden, was dezidiert nicht der Fall ist[111]. Hanssler starb 98jährig 2005 in Stuttgart[112].

3. KARL HERMANN SCHELKLE

Der dritte des Kleeblatts, Karl Hermann Schelkle[113], war 1908 in Steinhausen an der Rottum als Sohn des Oberlehrers Sebastian Schelkle (1869–1960) und dessen zweiter Ehefrau Josefa (Josefine) Balle (1872–1940) geboren. Von den zwei Halbbrüdern und drei Halbschwestern wurden seine Mutter und er mehr oder weniger offen abgelehnt. Möglicherweise um die Situation zu entschärfen, vielleicht auch weil der Bub »etwas werden« sollte und zudem früh den Wunsch geäußert hatte, Geistlicher werden zu wollen[114], wurde Schelkle nach dem Besuch der Volksschule an die Lateinschule nach Horb geschickt, an der ein Verwandter des Vaters Geistlicher Studienrat war – ein unbeherrschter Mann, bei dem Schelkle auch Wohnung nehmen musste.

Als der Vater 1920 nach Ehingen versetzt wurde, kam das für Schelkle einem Befreiungsschlag gleich. Hatte er in Horb schon seinen späteren Tübinger Professor Stefan Lösch (1881–1966)[115] kennengelernt, so wurde am Ehinger Gymnasium der Vater seines späteren

111 Vgl. http://de.wikipedia.org/wiki/Professor_(Ehrentitel_in_Baden-W%C3%BCrttemberg).

112 Im DAR hat sich nur ein kleiner Teil des Nachlasses von Hanssler erhalten, der für die Nutzung aber noch gesperrt ist. Freundliche Auskunft von Herrn Dr. Herbert Aderbauer (Rottenburg). Im Archiv des Cusanuswerks hat sich kein Teilnachlass erhalten. Freundliche Auskunft von Herrn Dr. Thomas Scheidtweiler (Bonn).

113 Zu ihm: Verzeichnis 1993, 56; Meinrad LIMBECK, Karl Hermann Schelkle. Zu Person und Werk, in: Karl Hermann SCHELKLE, Die Kraft des Wortes. Beiträge zu einer biblischen Theologie, hg. vom Katholischen Bibelwerk e.V. Stuttgart, Stuttgart 1983, 11–21; Harald SCHWEIZER, Zum Tod von Karl Hermann Schelkle, in: ThQ 168 (1988), 179–181; Otto B. KNOCH, Zum Tod von Prälat Professor Dr. Dr. Karl Hermann Schelkle, in: Bibel und Kirche 43 (1988), 74; Herbert LEROY, Karl Hermann Schelkle zum Gedächtnis, in: BZ NF 33 (1989), 158–160; Helmut FELD, Art. Schelkle, in: NDB 22 (2005), 646 f.; Christoph SCHMITT, Art. Schelkle, in: BBKL 9 (1995), 79–88. – Vgl. auch Bibliographie Karl Hermann Schelkle 1937–1972, in: Helmut FELD (Hg.), Wort Gottes in der Zeit. FS für Karl Hermann Schelkle zum 65. Geburtstag, dargebracht von Kollegen, Freunden, Schülern, Düsseldorf 1973, 501–508; Helmut FELD, Bibliographie Karl Hermann Schelkle 1973–1988, in: ThQ 168 (1988), 234–236.

114 So Karl Hermann SCHELKLE, Lebenserinnerungen, in: RQ 82 (1987), 66–79, hier 66.

115 Gebürtig aus Harthausen (OA Mergentheim), Bauernsohn, Studium der Philosophie und Theologie in Tübingen, 1905 Priesterweihe, Vikar in Heilbronn und Altshausen, 1908 Stellvertreter am Gymnasium in Rottweil, September und Oktober 1909 beurlaubt zur Fortsetzung seiner

Tübinger Professors Rupert Geiselmann (1890–1970)[116] sein Lehrer. In Ehingen dürfte Schelkle erstmals auch Hanssler begegnet sein, dem er sich – ob schon hier oder erst später in Tübingen – näher anschloss.

1926 legte Schelkle die Reifeprüfung ab und bezog daraufhin die Universität Tübingen und das Wilhelmsstift zum Studium der katholischen Theologie. Schon in den ersten Tübinger Studienjahren fiel dem Direktor des Wilhelmsstifts »sein schüchternes, ja mimosenhaftes Wesen« auf, das in einem auffallenden Kontrast zu seinen geistigen Leistungen stand. Schelkle widmete sich mit besonderer Verve der Exegese, studierte neben der Theologie aber von Anfang an auch klassische Philologie und Geschichte. Er, der aus einer Lehrersfamilie stammte, wollte – zumindest nach seinen späteren Zeugnissen – von Anfang an Geistlicher *und* Lehrer werden[117]. Die Veranstaltungen im altphilologischen Seminar schloss Schelkle ebenfalls mit den Noten Ib oder IIa ab[118]. 1928/29 bearbeitete er mit Erfolg eine Preisarbeit der Katholisch-Theologischen Fakultät über »Die formgeschichtliche Betrachtung der Leidensgeschichte Jesu«[119], durch die er an die damals in der katholischen Exegese noch sehr ungewöhnliche Formgeschichte herangeführt wurde. Die exegetische Arbeit stürzte Schelkle jedoch in eine tiefe Glaubenskrise. Diese wurde im 3. Studienjahr

philologischen Studien, Promotion zum Dr. phil. mit einer literarisch-historischen Studie über die römische Dichtung unter Kaiser Nero, dann wieder in Rottweil, 1910 Oberpräzeptor an der Latein- und Realschule in Horb, 1927 beurlaubt, 1927 Habilitation für Geschichte und Theologie, Privatdozent in Tübingen, 1928 Promotion zum Dr. theol. h.c. in Tübingen, 1929 Lehrauftrag für Patrologie, 1930 teilweise, 1932 vollständige Vertretung des Lehrstuhles für neutestamentliche Exegese, 1933 a. o. Professor für Neues Testament in Tübingen, 1934 o. ö. Professor, 1949 emeritiert, Ruhestand in Harthausen. Zu ihm: Verzeichnis 1984, 131; Rudolf REINHARDT, Quellen zur Geschichte der katholisch-theologischen Fakultät Tübingen. Ein unerwarteter Fund im Nachlaß von Prof. DDr. Stefan Lösch, in: ThQ 149 (1969), 369–388; Walter TROXLER, Art. Lösch, in: BBKL 15 (1999), 877–879.

116 Studium in Tübingen, 1915 Priesterweihe in Rottenburg, Vikar Heilbronn, 1919 Repetent in Tübingen, Promotion zum Dr. theol., 1925 Habilitation und Privatdozent, 1934 o. ö. Professor für Scholastische Philosophie und Apologetik, 1935–1945 Dekan der Fakultät, 1949/1950 o. ö. Professor für Dogmatik, 1958 emeritiert. Zu ihm: Verzeichnis 1984, 183; Leo SCHEFFCZYK, Josef Rupert Geiselmann – Weg und Werk, in: ThQ 150 (1970), 385–395; Abraham Peter KUSTERMANN, Die Apologetik Johann Sebastian Dreys (1777–1853) (Contubernium 36), Tübingen 1988; Abraham Peter KUSTERMANN, Art. Geiselmann, in: Baden-Württembergische Biographien 1 (1994), 105 f.; Hubert WOLF, Art. Geiselmann, in: RGG4 3 (2000), 555; UAT 126a/146.

117 Vgl. seine Ansprache zum goldenen Priesterjubiläum 1982, zit. von LIMBECK, Schelkle 12.

118 Vgl. auch StA Ludwigsburg E 211 II Bü 107, wo sich mehrere philologische Zeugnisse von Schelkle erhalten haben: 1. August 1927 Prof. Dr. Otto Weinreich, Philologisches Seminar: »Schelkle hat als o[rdentliches] Mitgl[ied] im Unterkurs des Philol[ogischen] Seminars an den Petronübungen regelmäßig teilgenommen«. – 3. August 1927 Prof. Dr. Ludwig Ziemssen (Studienrat am Gymnasium), Abschrift Philologisches Seminar: »Schelkle hat auch im Sommer 1927 mit gleichem Eifer und schönem Erfolg die lateinische und griechischen Stilübungen mitgemacht und sich auch an den schriftlichen Ausarbeitungen beteiligt«. – 27. März 1928 Prof. Dr. Otto Weinreich an Direktor Stauber: »Entschuldigen Sie bitte, dass ich ganz vergass, was ich Schelkle versprochen hatte, Ihnen die Noten mitzuteilen. Er hat sich sehr gut bewährt: Latein mündlich 6, Latein schriftlich 4,5, Griechisch mündlich 6, Griechisch schriftlich 5, Wissenschaftliche Arbeit 7«.

119 Schelkles Zugang zum Neuen Testament blieb zeitlebens durch die »formgeschichtliche Methode« und durch Rudolf Bultmann (1884–1976) geprägt, den er als seinen eigentlichen theologischen Lehrer ansah. Vgl. FELD, Schelkle.

so stark, dass er zunächst um ein Jahr Beurlaubung und danach um Entlassung bat. Sein Urlaubsjahr verbrachte er 1929/1930 an der Universität Bonn, wo es ihm gelang, im Glauben wieder Fuß zu fassen[120]. Dabei spielte der Bonner Exeget Heinrich Vogels (1880–1972)[121] eine wichtige Rolle. Er nahm Schelkle persönlich unter seine Fittiche; so holte er ihn sonntags in Bonn immer in seiner Studentenbude zum Spaziergang ab und mühte sich auch sonst um ihn. Beide blieben zeitlebens befreundet. Den brieflichen Kontakt zu Schelkle hielt während der Bonner Zeit Repetent Wilhelm Sedlmeier, der spätere Domkapitular und Weihbischof. Schelkle betrachtete ihn auch später noch, als Sedlmeier Weihbischof in Rottenburg geworden war, als seinen Protektor.

Eine Karte im Nachlass Schelkles zeigt, dass er spätestens im Wilhelmsstift engeren Anschluss an Bernhard Hanssler gefunden hatte, mit dem ihn ein starkes exegetisches Interesse verband. Hanssler berichtete ihm nämlich am 21. Juni 1929 sehr vertraulich von einem Besuch bei dem Dogmatiker Karl Adam (1876–1966)[122]. Dort war das Gespräch – wohl nicht zuletzt durch Hanssler gesteuert – auch auf Schelkle, der damals bereits ein Semester in Bonn (Kreuzbergweg 1) weilte, und dessen Preisarbeit gekommen: »Adam sagte, Deine Arbeit sei sehr gut, er sei fest überzeugt, dass Du den Preis bekommest. Ich musste Dich genau beschrei-

120 Die biographischen Notizen von und über Schelkle verschleiern diese Krise. SCHELKLE, Lebenserinnerungen 66 f. schreibt: »Das [gemeint ist die Beschäftigung mit der Formgeschichte] war für mich eine andere wissenschaftliche Welt. Da wir in Vorlesungen und Seminaren davon kaum hörten, mußte ich mich allein damit auseinandersetzen, was für mich lange Zeit nicht leicht war. Eine Hilfe bot mir in Gesprächen und sodann in Briefen unser damaliger Repetent im Wilhelmsstift Wilhelm Sedlmeier. [...] Zur Klärung und Vertiefung der damit angeschnittenen Fragen studierte ich 1930/31 [gemeint ist 1929/30!] Theologie und Religionswissenschaft in Bonn. [...] Besonders habe ich Heinrich Josef Vogels (Neues Testament) zu danken, zu dem ich persönlichen Kontakt gewann, durch den sich dann vieles entschied«. – LIMBECK, Schelkle 11 f. spricht von »einer (für ihn!) so intensiven *positiven* Weise« der Begegnung mit der Formgeschichte, zitiert jedoch auch Schelkles eigenen Hinweis, die religionsgeschichtliche (!) Arbeit habe für ihn »nicht leichte Fragen« aufgeworfen. – SCHWEIZER, Tod 180 schweigt dazu völlig, nennt jedoch die »Destruktionsarbeit« einen notwendigen Teil der wissenschaftlichen Methode Schelkles. – LEROY, Schelkle 158 spricht lediglich davon, Schelkle sei »schmerzlich bewußt« geworden, wie sehr die Dekrete der Bibelkommission die wissenschaftliche Arbeit katholischer Exegeten einengten. – Die Behauptung Schelkles, die Formkritik sei in Vorlesungen und Seminaren quasi nicht vorgekommen, stimmt nicht ganz. So hatte z.B. Schelkles erster exegetischer Lehrer, der Neutestamentler Ignaz Rohr (1866–1944), im WS 1925/26 ein Seminar über »Formkritische Evangeliumsbetrachtung« angeboten. Vgl. StA Ludwigsburg E 211 II Bü 107. – Auch die Ausschreibung einer entsprechenden Preisarbeit durch die Fakultät – und man darf wieder vermuten: auf Vorschlag Rohrs – zeigt, dass das Thema durchaus gesehen und gewollt wurde.

121 Gebürtig aus Langenberg (Rheinland), 1898 Abitur in Siegburg, 1898–1901 und 1905–1906 Studium der Philosophie und Theologie in Bonn, Freiburg und München, 1906 Promotion zum Dr. theol., anschließend bis 1912 Religions- und Oberlehrer am Reform- und Realgymnasium Düsseldorf, 1912 Habilitation in München, 1917–1919 Professor an der Universität Straßburg, ab 1921 in Bonn, 1946 Emeritierung. Zu ihm: Klaus-Gunther WESSELING, Art. Vogels, in: BBKL 12 (1997), 1563–156; BA Berlin R 4901/13279. – Den Kontakt könnte möglicherweise Karl Adam hergestellt haben; beide waren zusammen in Straßburg gewesen und noch in den 1940er Jahren miteinander befreundet. Vgl. Hubert WOLF/Claus ARNOLD, Der Rheinische Reformkreis. Dokumente und Reformkatholizismus 1942–1955, 2 Bde., Paderborn 2001, 197.

122 Gebürtig aus Pursruck (Oberpfalz), Theologiestudium in Regensburg und München, 1900

ben, er konnte sich Dich aber nicht vorstellen. Er bedauert nur, dass Du nicht ab und zu zu ihm gekommen seiest; man hätte doch manche Winke geben können. Die Kardinalausstellung, die er zu machen hatte, war, dass Du den prinzipiellen Unterschied der theologischen Methode gegenüber der philologischen nicht scharf genug heraus- und vorangestellt habest; es sei stets zu beachten, dass das Problem nicht von den Philologen zuletzt entschieden werden könne. So ungefähr meinte er, betonte aber sehr, dass er wohl wisse u[nd] am eigenen Leib verspürt habe, wie man der rel[igiös]-geschichtlichen Fragestellung erliegen könne; vor allem aber lobte er vorne u[nd] hinten. Er möchte Dich aber vor allem auch einmal von Angesicht zu Angesicht schauen! Und darum nicht zuletzt schreibe ich Dir u[nd] möchte Dir doch nahelegen, bei Semesterschluss über T[ü]b[in]g[en] zu fahren u[nd] Dich zu zeigen!«[123]

Ob Schelkle damals den Weg nach Tübingen auf sich nahm? Im Frühjahr 1930 jedenfalls trat er als Postulant ins Benediktinerkloster Maria Laach ein, das damals unter der Leitung des berühmten Abts Ildefons Herwegen (1874–1946)[124] stand[125], wurde dort aber bereits im August wieder entlassen, offiziell »wegen seines durch die Nerven bedingten Verhaltens«[126]. Schelkle berichtete später, man habe ihn nicht behalten wollen, weil er, als er die Nachricht vom plötzlichen Unfalltod seines Halbbruders Valentin[127] erhielt, geweint habe.

Priesterweihe in Regensburg, 1904 Promotion zum Dr. theol., 1908 Habilitation, 1908–1917 Privatdozent in München, Lehrer der Söhne des bayerischen Kronprinzen Rupprecht, Lehrzuchtverfahren, 1917 Professor für Moraltheologie in Straßburg, 1919 o. Professor für Dogmatik in Tübingen, ab Ende der 1920er Jahre Indizierungsverfahren gegen Adams Schrift *Das Wesen des Katholizismus*, ebenso Beanstandungen gegen *Jesus Christus* und *Christus unser Bruder*, 1949 emeritiert. – Zu ihm: Verzeichnis 1993, 101; Roger AUBERT, Karl Adam, in: Hans Jürgen SCHULTZ (Hg.), Tendenzen der Theologie im 20. Jahrhundert. Eine Geschichte in Porträts, Stuttgart u. a. 1966, 156–162; Alfons AUER, Karl Adam 1876–1966, in: ThQ 150 (1970), 131–140; Hans KREIDLER, Karl Adam und der Nationalsozialismus, in: RJKG 2 (1983), 129–140; WEISS, Modernismus 492–502; WOLF/ARNOLD, Reformkreis (Reg.); Claus ARNOLD, Karl Adams Aachener Rede über »Die religiöse Situation des deutschen Katholizismus« (1939) und ihr Echo im Rheinischen Reformkreis, in: Geschichte im Bistum Aachen 6 (2002), 253–275; Lucia SCHERZBERG, Karl Adam und der Nationalsozialismus (Theologie.Geschichte. Beiheft 3), Saarbrücken 2011.

123 [21. Juni] 1929 Hanssler, Tübingen, an Schelkle. UBT Mn 16 (NL Schelkle) Kaps. 103.

124 Gebürtig aus Köln-Junkersdorf, Sohn eines Lehrers, Besuch des Apostelgymnasiums, dann des Kaiser-Wilhelm-Gymnasiums in Köln und schließlich das Gymnasium der Benediktiner in Seckau (Steiermark), 1894 Eintritt in das Kloster Maria Laach, Studium der Philosophie und Theologie in Beuron und Rom sowie der Geschichte in Bonn, 1901 Priesterweihe, 1913 Wahl zum Abt von Maria Laach. Wegbereiter der Liturgischen Bewegung, politisch Befürworter des autoritären Staats, Gegner der Weimarer Republik und der Politik der Zentrumspartei, 1933 Sympathisant der Machtergreifung, 1935 jedoch der Überzeugung, dass Nationalsozialismus und Christentum nicht vereinbar seien. Zu ihm: Marcel ALBERT, Ildefons Herwegen, in: Sebastian CÜPPERS (Hg.), Kölner Theologen. Von Rupert von Deutz bis Wilhelm Nyssen, Köln 2004, 356–387; DERS., Die Benediktinerabtei Maria Laach und der Nationalsozialismus (VKZG.B 95), Paderborn 2004.

125 Zu Maria Laach in den 1930er Jahren vgl. ALBERT, Benediktinerabtei.

126 SCHELKLE, Lebenserinnerungen 67 geht darauf nicht ein, sondern stellt nur fest: »Von Bonn aus kam ich wiederholt zu längerem Aufenthalt nach Maria Laach, dessen Abt damals Ildefons Herwegen war. Die klassische Spiritualität der Gemeinschaft beeindruckte, ja erfüllte viele in hohem Maße«.

127 Valentin Schelkle war Lehrer; er verunglückte tödlich beim Fußballspielen, weil ihm ein Ball die Milz zerriss. Mit Valentin fühlte sich Karl Hermann am meisten verbunden.

Herwegen habe ihm damals sinngemäß gesagt, ein solches »Weichei« könne man in Maria Laach nicht gebrauchen[128]. Tatsächlich litt Schelkle seit 1928 an »Verstimmungszuständen depressiver Färbung«, war »mutlos, verschüchtert, zerstreut«, fühlte sich ohne Energie und Selbstvertrauen, »leer, wie ausgepumpt«, und zeigte »ein lebhaftes Krankheits- u[nd] Insuffizienzgefühl«[129].

Nach seinem unfreiwilligen Ausscheiden aus Maria Laach beabsichtigte er, in ein schwäbisches Benediktinerkloster einzutreten, weil er sich dort günstigere Bedingungen für seinen Zustand erhoffte. Der Direktor des Wilhelmsstifts riet ihm jedoch ab und drängte ihn, zuerst seine Gesundheit wiederherzustellen und sich zu diesem Zweck von einem Facharzt in Saulgau untersuchen zu lassen. Schelkle gehorchte, erholte sich danach bei seinen Angehörigen und nahm im Herbst 1930 in Tübingen seine Studien wieder auf. Allerdings wohnte er nun nicht mehr im Wilhelmsstift, sondern als Externer in der Stadt.

Die Beziehung zu Hanssler scheint nun – im selben Kurs – enger geworden zu sein. Im Winter 1931 verbrachte Schelkle einige Tage mit Hanssler in dessen bäuerlicher Heimat. Dabei ging es offenbar lustig zu, jedenfalls schrieb ihm Hansslers Schwester Elisa wenige Wochen später: »Recht herzl[ichen] Dank für Ihre l[ieben] Grüße. Vergessen Sie auch die flotte Schlittenfahrt nicht!«[130]

Da sich Schelkles Gesundheit inzwischen stabilisiert hatte, empfahl ihn Direktor Stauber im Frühjahr 1931 zur zumindest probeweisen Aufnahme ins Priesterseminar. Seine studentischen Leistungen wurden als exzellent beurteilt. Sie bezeugten, so hieß es, nicht nur hervorragenden Fleiß, sondern auch Können, Gründlichkeit, Scharfsinn und Selbständigkeit. Schelkle wurde als der Begabteste seines Kurses, sein Wesen jedoch als »melancholisch-cholerisch« geschildert. Er sei »überaus fein- und tieffühlend, edel, gewissenhaft, wenn auch sehr zurückhaltend, so doch aufrichtig, verschüchtert, leicht zu Mißtrauen neigend, jedoch unwillkürlich, dies namentlich Personen gegenüber, von denen er sich abhängig weiß oder die er sich überlegen glaubt«[131]. In der Beurteilung Schelkles vor der Subdiakonatsweihe durch den Regens des Priesterseminars hieß es, er habe sich gesundheitlich und seelisch im Seminar bislang gut gehalten, »wesentliche Schwierigkeiten oder Hemmungen« seien nicht aufgetreten. Schelkle sei innerlich ruhig und sich seiner Berufung sicher. »Wohl sind Ängstlichkeit u[nd] Empfindsamkeit in seinem Wesen vorhanden, aber er lässt sie nach aussen nicht merken. Er verbindet mit guten Geistesanlagen lobenswerten Eifer u[nd] hat in Predigt u[nd] Katechese Gutes geleistet. Im religiösen u[nd] sittlichen Leben zeigt er eine edle Haltung. Im ärztlichen Zeugnis wird er als gesund bezeichnet. Schelkle will später in einen Orden eintreten (Benediktiner)«[132].

128 Schelkle berichtete später immer wieder auch, in seiner Maria Laacher Zeit habe sich Hitler als geheimer Gast im Kloster aufgehalten.

129 4. September 1930 Oberarzt, Saulgau, an den Direktor des Wilhelmsstifts. DAR G 1.7.1, Nr. 445 (PA Schelkle).

130 14. März 1931 Hanssler, [Tafern], an Schelkle (in Ehingen, Schulgasse). Mit familiären Kartengrüßen. UBT Mn 16 (NL Schelkle) Kaps. 103.

131 16. Februar 1931 Kennblatt für Schelkle. PS Rottenburg, Registratur.

132 3. Dezember 1931 Regentie des Priesterseminars ans Ordinariat. PS Rottenburg, Registratur.

133 Gebürtig aus Ravensburg, Studium der Philo-

Der praktischen Vorbereitung auf die Seelsorgstätigkeit im Rottenburger Seminar folgten Priesterweihe und Primiz. Letztere fand in der Benediktinerabtei Beuron statt. Da zwei seiner Kurskollegen aus Ehingen stammten, war ein dritter Primiziant dort unerwünscht gewesen. Beuron wählte Schelkle angeblich auch, weil er damit Maria Laach, das ihn zurückgewiesen hatte, eins auswischen wollte.

Der Weg führte Schelkle nach der Priesterweihe zunächst als Vikar nach Saulgau. Bestimmend mag für die Verantwortlichen ein Doppeltes gewesen sein: Zum einen war Saulgau keine allzu arbeitsreiche Stelle, zum anderen konnte der stets kränkelnde Vikar hier bei Bedarf seinen früheren Arzt aufsuchen. In seiner Saulgauer Zeit war Schelkle quasi nur in Haid eingesetzt, einem kleinen, zur Pfarrei gehörenden Weiler. Unter der offenbar verständigen Führung seines Prinzipals, Pfarrer Alfons Müller (1881–1957)[133], stabilisiert sich Schelkles Zustand. Müller konnte berichten, Schelkle sei »sehr befähigt und klug, von gewinnender Bescheidenheit und feinem Taktgefühl«. Die »anfängliche große Zaghaftigkeit« und Nervosität habe er größtenteils überwunden. Schlaf und Appetit seien gut. Für »sehr strenge Posten« sei er vorläufig aber wohl noch nicht geeignet. Im Hinblick auf die priesterlichen Funktionen urteile Müller vollständig positiv: Schelkle sei in allem sehr gewissenhaft, »tadellos im Benehmen innerhalb und außerhalb des Hauses« und sehr pünktlich. Auf seine inhaltlich anschaulichen und zunehmend praktisch gehaltenen Predigten bereite sich Schelkle sehr gut vor, er habe einen sehr kräftigen und deutlichen Vortrag bei hohe Stimmlage und sei »ein guter Kirchensänger«. Auch die Vorbereitung der Katechese geschehe stets gewissenhaft, Schelkle unterrichte »anschaulich und mit Wärme«, gehe sehr gern in die Schule und zeige überhaupt für Unterricht eine besondere Neigung. An der Krankenpastoration sei ebenfalls nichts auszusetzen, er nehme sich der Kranken sehr an und besuche sie eifrig. Schelkle war zudem für den männlichen Jugendverein mit Jungschar und neudeutscher Gruppe der Saulgauer Lehrerbildungsanstalt zuständig. Er bemühe sich sehr um die Jugendlichen und suche Schwierigkeiten »mit Klugheit und Festigkeit« zu meistern, obwohl er »an sich hierfür nicht so viel Geschick« wie seine Vorgänger habe[134].

Im Frühjahr 1933 bemühte sich Schelkle in Rottenburg um Beurlaubung zur Fortsetzung und Abschluss seiner philologischen Studien. Ende März besprach er sich deswegen mit Generalvikar Max Kottmann (1867–1948)[135] und erbat für die Zeit der Beurlaubung einen Studienkostenzuschuss. Bei Kottmann, der einst selbst hauptamtlich im Schuldienst gewirkt hatte und dann im (staatlichen) Katholischen Kirchenrat für Schulangelegenheiten

sophie und Theologie in Tübingen, 1904 Priesterweihe, Vikar in Rottenburg-St. Moritz, dann in Tübingen-St. Johann, 1906 Studien in Rom und Kaplan am Campo Santo, Promotion zum Dr. phil., 1908 Präfekt am Studienheim in Rottweil, 1912 Hilfslehrer für Religionsunterricht am Karls-Gymnasium, an der Wilhelm-Realschule und an der Friedrich-Eugen-Realschule in Stuttgart, 1913 Kaplan an Stuttgart-St. Eberhard, seit 1924 Stadtpfarrer in Saulgau, 1932–1950 auch Bischöflicher Kommissär, 1954 im Ruhestand (Ravensburg). Zu ihm: Verzeichnis 1984, 125.

134 15. Februar 1933 Stadtpfarrer Müller, Saulgau: Zeugnis für Schelkle. DAR G 1.7.1, Nr. 445 (PA Schelkle).

135 Gebürtig aus Sotzenhausen, Besuch des Gymnasiums und Konvikts in Ehingen, Studium der Theologie und Altphilologie in Tübingen, Promotion zum Dr. phil. mit einer philosophischen Preisarbeit, 1891 Priesterweihe, Vikar in Isny

zuständig gewesen war, fand Schelkle offene Ohren. Wegen des finanziellen Aspekts verwies ihn Kottmann an den Kirchenrat, woraufhin Schelkle ein Gesuch an das Kultministerium um Gewährung eines Beitrages aus den im Staatshaushaltsplan eingesetzten Mitteln für geistliche Kandidaten des höheren Lehramtes richtete[136]. Bischof Joannes Baptista Sproll (1870–1849)[137] setzte sich persönlich für Schelkle ein: »Wir haben es aufs lebhafteste begrüßt, daß Schelkle sich zur Fortsetzung seiner philologischen Studien mit dem Ziel, die Dienstprüfung für das höhere Lehramt abzulegen, entschlossen hat, weil er seit verschiedenen Jahren der erste ist, der diese Prüfung machen will u[nd] weil wir dringend einen Nachwuchs an geistlichen Philologen nötig haben«[138].

So wurde Schelkle am 24. April 1933 zum Weiterstudium der Klassischen Philologie und Geschichte[139] auf drei Jahre beurlaubt, um sich – mit staatlicher Unterstützung[140] – auf das Lehramt an einem staatlichen Gymnasium oder einer Lateinschule vorzubereiten. Er

und 1892 Eintritt in den hauptamtlichen Schuldienst, Präzeptoratskaplan in Munderkingen, vorübergehend Leiter der Lateinschule in Rottenburg, zu weiterführenden Studien beurlaubt, Professoratsexamen, 1896 Präzeptoratsverweser in Riedlingen, 1897 Präzeptoratskaplan und Vorstand der Lateinschule, 1899 Professor am Obergymnasium und 1903 zugleich Konviktsdirektor in Rottweil, 1907 als Regierungsrat Mitglied der Ministerialabteilung für die höheren Schulen in Stuttgart, 1913 von Bischof Paul Wilhelm Keppler (1852–1926) als Generalvikar vorgesehen, doch lehnte Kottmann auf Wunsch der Regierung ab, 1924 Domdekan in Rottenburg, 1927 Generalvikar von Bischof Sproll, 1946 Mitglied der vorläufigen Volksvertretung. Zu ihm: RED., Art. Kottmann, in: GATZ (Hg.), Bischöfe 481.

136 Gesprächspartner Schelkles war Theodor Bracher (1876–1955), bis 1945 Abteilungsleiter im württembergischen Kultministerium. Durch die damaligen politischen Entwicklungen – Machtübernahme der Nationalsozialisten – war allerdings unklar, ob diese Mittel überhaupt noch ausgeworfen würden. 1. April 1933 Schelkle, Saulgau, an Bischöfliches Ordinariat. DAR G 1.7.1, Nr. 445 (PA Schelkle).

137 Gebürtig aus Schweinhausen (bei Waldsee), Lateinunterricht beim Heimatpfarrer, Besuch der Lateinschule in Biberach, dann des Gymnasiums und Konvikts in Ehingen, 1890 Studium der Theologie und Philosophie, auch der Geschichte, in Tübingen, 1895 Priesterweihe, danach in der Seelsorge, 1897 Repetent am Wilhelmsstift in Tübingen, 1898 Promotion zum Dr. phil., 1900 zunächst provisorisch, 1902 definit Subregens im Priesterseminar Rottenburg, 1909 Pfarrer von Kirchen (bei Ehingen), 1912 Domkapitular, als Vertreter des Bischofs in der Ersten Kammer des Württembergischen Landtags, 1913 Generalvikar, 1916 Weihbischof, 1919/20 Mitglied der Verfassungsgebenden Landesversammlung, 1927 Bischof von Rottenburg, 1938 wegen seiner Weigerung, zur Wahl zu gehen und damit der Reichstagsliste Hitlers seine Zustimmung zu geben, aus Württemberg verbannt, zunächst in Sankt Ottilien, später in Krumbad im Exil, am 12. Juni 1945 Rückkehr. Zu ihm: Paul KOPF, Art. Sproll, in: GATZ (Hg.), Bischöfe 467–470; Dominik BURKARD, Joannes Baptista Sproll. Bischof im Widerstand (Mensch – Zeit – Geschichte), Stuttgart 2013.

138 7. April 1933 Bischöfliches Ordinariat (Bischof Sproll) an den Katholischen Kirchenrat. DAR G 1.7.1, Nr. 445 (PA Schelkle).

139 Vgl. Personalbogen in: UAT 351/365; vgl. auch 12. April 1933 Schelkle, Saulgau, an Bischof Sproll: »So gehe ich doch auch gerne auf die Universität zurück, ebenso aus Liebe zur Philologie und Geschichte, wie aus Liebe zur Schule, der ich mich nachher soll widmen dürfen«. DAR G 1.7.1, Nr. 445 (PA Schelkle). – Die Auskunft von SCHELKLE, Lebenserinnerungen 67, er sei für Philologie und »Religionswissenschaft« eingeschrieben gewesen, ist insofern falsch und muss wohl als nachträgliche Klitterung betrachtet werden.

140 Schelkle erhielt neben einer bischöflichen Unterstützung ein jährliches Staatsstipendium von 250 Reichsmark. Dazu zahlreiche Schreiben in DAR G 1.7.1, Nr. 445 (PA Schelkle).

verbrachte die Zeit in Tübingen[141], wo er in der »Hügelei« Wohnung bezog[142]. Hier entstand seine Studie über *Virgil in der Deutung Augustins*, mit der Schelkle 1935 bei dem Latinisten und Religionshistoriker Otto Weinreich (1886–1972)[143] zum Doktor der Philosophie promoviert wurde[144]. Möglicherweise war das Thema der Arbeit durch den von Freund Hanssler nahegebrachten Beitrag Theodor Haeckers *Vergil, Vater des Abendlandes*[145] inspiriert worden. Hanssler bezeichnete Haeckers Studie später als »wohl die wildeste Attacke, die jemals gegen Hitler geritten wurde«[146].

Im Mai 1935 lief die dreijährige Beurlaubung Schelkles aus, ohne dass dieser seine Lehramts-Examina abgelegt hatte; diese waren für Wintersemester 1935/36 geplant. Inzwischen

141 Schelkle hörte hier u.a. bei den Gräzisten Friedrich Focke (1890–1970) und Hans Herter (1899–1984), dem Historiker Johannes Haller (1865–1947) und dem Archäologen Carl Watzinger (1877–1948). Vgl. SCHELKLE, Lebenserinnerungen 67.

142 Freifrau von Hügel hatte ihm persönlich Wohnung in ihrem Haus zugesagt. 12. April 1933 Schelkle, Saulgau, an Bischof Sproll. DAR G 1.7.1, Nr. 445 (PA Schelkle).

143 Geboren als Sohn eines katholischen Hofmusikers in Karlsruhe, Studium der klassischen Philologie an der Universität Heidelberg, 1908 in Heidelberg Promotion über *Antike Heilungswunder* zum Dr. phil., 1909 Staatsexamen, seit 1908 zugleich Assistent am archäologischen Institut der Universität Heidelberg, 1911–1913 Studienreisen nach Griechenland, Kleinasien und Italien, im Sommer 1912 Vertretung des Bibliothekars im Deutschen Archäologischen Institut in Athen, ab Januar 1914 im Auftrag der Preußischen Akademie der Wissenschaften Herausgeber eines Bandes mit griechischen Inschriften, 1914 Assistent am philologischen Seminar der Universität Halle, Habilitation, 1916 a.o. Professor für klassische Philologie an der Universität Tübingen, 1918 Ordinarius in Jena, dann in Heidelberg, 1921 in Tübingen, 1916–1938 Mitherausgeber des *Archivs für Religionswissenschaft*, 1927–1961 Mitherausgeber der *Tübinger Beiträge zur Altertumswissenschaft*, 1954 Emeritierung. Weinreich forschte vor allem zur antiken Religiosität, strebte eine Verbindung von Ethnologie und klassischer Philologie an, veröffentlichte aber auch zur schwäbischen Volkskunde. Zu ihm: Günther WILLE, Art. Weinreich, in: Baden-Württembergische Biographien 2 (1999), 479–481; www.catalogus-professorum-halensis.de/weinreichotto.html.

144 Karl Hermann SCHELKLE, Virgil in der Deutung Augustins (Tübinger Beiträge zur Altertumswissenschaft 32), Stuttgart 1939. – Die Beziehung zwischen Weinreich und Schelkle blieb eine enge. Dem Druck seiner Dissertation stellte Schelkle die Widmung voran: »Dem Philologischen Seminar der Universität Tübingen in seinem Hundertsten Jahr (1938). Ut una συμφιλολογείν possimus!«. Und im Vorwort erläuterte er: »Die Widmung an das Philologische Seminar Tübingen möchte zuerst den Dank an meine dortigen Lehrer zum Ausdruck bringen. Zutiefst weiß ich mich verpflichtet Herrn Prof. Dr. O. Weinreich, aus dessen Schule diese Arbeit stammt, von den ersten Anfängen bis zum Abschluß des Druckes durch seinen Rat und seine Mühewaltung mannigfach gefördert«. – Philologie und Religionswissenschaft blieben für Schelkle wichtig, weil er vieles, was er im Neuen Testament vorfand, auch in der griechischen Religion entdeckte. Zu seinem 50. Priesterjubiläum hielt er selbst die Predigt und sagte darin, er habe mit Paulus erkannt, dass Christus das große »Ja« sei, das heißt dass Christus alle Religionen mit ihren Weisheiten integriert habe.

145 Theodor HAECKER, Vergil, Vater des Abendlands, Leipzig 1931; DERS., Betrachtungen über Vergil, Vater des Abendlandes, in: Der Brenner 13 (1932), 3–31.

146 »Hätte ich je zuvor noch geschwankt in der Beurteilung des Nationalsozialismus, was freilich unvorstellbar war, jetzt hatte ich die richtige Essenz eingenommen, um nicht nur gefeit, sondern auch kampfesmutig genug zu sein. Die Gefahr, daß sich mir das Kreuz zum Hakenkreuz verbiegen könnte, bestand zu keinem Zeitpunkt, nach Haeckers zorniger, auch maßloser und ungezügelter Invektive war mir eher kampfeslustig als schicksalsergeben zumute«. HANSSLER, Jugendarbeit 37.

war Schelkle nach Ehingen umgezogen, wo er bei seinen Eltern wohnte. Da erreichte ihn im September 1935 die Aufforderung, eine neue Stelle – offenbar (entgegenkommenderweise) in Tübingen[147] – zu übernehmen. Schelkle war entsetzt und (zu Unrecht) empört, setzte nun aber alle Hebel in Bewegung, um seine Beurlaubung noch einmal verlängern zu können[148]. Innerhalb von sechs Semestern zu promovieren und ein philologisches Examen zu machen, sei – so argumentierte er gegenüber dem Generalvikar – eine Aufgabe, die die ganze Zeit hindurch eine äußerste Anspannung aller Kräfte verlange. Nun aber im Examenssemester in eine »ganz fremde Umgebung« versetzt zu werden, erschwere alles noch zusätzlich. Um seinen Worten den nötigen Nachdruck zu verleihen, griff Schelkle sodann zu einer indirekten Drohung – und gewährt damit zugleich einen tieferen Einblick in seine Persönlichkeitsstruktur: »Ich habe eine depressive Veranlagung, die auf solche Umstände sehr empfindlich reagiert. Vor vier Jahren habe ich fast ein ganzes Jahr gebraucht, um eine schwere melancholische Verstimmung auszuheilen [...]«. Freilich habe der Generalvikar Recht, wenn er auf einen Abschluss seiner Studien im Frühjahr dränge. Deshalb habe er, Schelke, auch eben seine Examensarbeit an die Ministerialabteilung für die höheren Schulen eingesandt, um den Weg dahin zu bahnen.

Kottmann hatte ein Einsehen, glaubte aus Schelkles Schreiben auch »eine starke Sehnsucht nach einem weiteren Jahr Studium« herauszulesen. In der Sitzung des Bischöflichen Ordinariats vom 2. Oktober befürwortete er deshalb ein weiteres Jahr Beurlaubung, ein Votum, dem sich die anderen Domherren und der Bischof tatsächlich anschlossen[149]. Schelkle wurde auf Wunsch des Ordinariats im Wilhelmsstift untergebracht[150].

Nach der 1. Dienstprüfung im Mai 1936 meldete sich Schelkle im Ministerium zu Aufnahme in den schulischen Vorbereitungsdienst. Doch die nationalsozialistisch durchsetzte Behörde verwehrte ihm nun den Eintritt ins Referendariat[151] – ein schwerer Schlag

147 »Ich wollte mir [...] erlauben, bevor Sie sich in Tübingen persönlich für mich bemühen wollen, Ihnen noch einmal offen zu schreiben in allem Vertrauen«. Ebd.

148 30. September 1935 Schelkle, Ehingen, an Generalvikar. DAR G 1.7.1, Nr. 445 (PA Schelkle).

149 2. Oktober 1935 Generalvikar Kottmann, Rottenburg, an Schelkle. DAR G 1.7.1, Nr. 445 (PA Schelkle).

150 Er erhielt dort aber nur das 2. Gastzimmer, ein kleines Zimmer mit Blick auf den Hinterhof und ohne Aussicht. Der mäßige Pensionspreis betrug 45 Pfennig pro Tag. Vgl. 21. Oktober 1935 Wilhelmsstift, Tübingen, an Bischöfliches Ordinariat. DAR G 1.7.1, Nr. 445 (PA Schelkle).

151 9. Juni 1936 Ministerialabteilung für die höheren Schulen, Stuttgart, an Schelkle. DAR G 1.7.1, Nr. 445 (PA Schelkle). Es handelt sich um einen Vordruck: Aufgrund zu vieler Bewerber für die Zulassung zum Vorbereitungsdienst für das höhere Lehramt habe der Zugang beschränkt werden müssen. Seinem Gesuch könne deshalb nicht entsprochen werden.
– In der späteren Erinnerungen formuliert Schelkle so: »Da ich jedoch nicht Mitglied einer nationalsozialistischen Organisation war, wurde mein Gesuch um Zulassung zum Referendariat vom damaligen Kultusminister Christian Mergenthaler wegen ›Charaktermangel‹ abgelehnt«. SCHELKLE, Lebenserinnerungen 67. – Vgl. auch o.D. [1984?] Schelkle an Kultusministerium (Entwurf) (im Privatbesitz): »Nach Erwerb eines Dr. phil und Ablegung eines Staatsexamens in den Fächern Latein, Griechisch und Geschichte wurde mir 1936 vom württembergischen Kultusministerium die Übernahme in den Referendar- und Schuldienst wegen meiner politischen Haltung verweigert«. – Schelkle hat die im fortschreitenden Nationalsozialismus eher »normale« Zurückweisung eines Geistlichen vom

für Schelkle, zumal sich damit sein Berufswunsch und Lebensplan (geistlicher Studienrat) zerschlug. Die Ablehnung kam insofern unerwartet, als Schelkle im Frühjahr 1933 die Verwendung als altsprachlicher Lehrer im staatlichen Schuldienst zugesagt worden war. Allerdings hatte sich seitdem aufgrund der nationalsozialistischen Schulpolitik, die gerade in Württemberg unter Kultminister Christian Mergenthaler (1884–1980)[152] schärfste Formen annahm, die Sachlage völlig verändert. Die Neueinstellung eines katholischen Geistlichen war nicht mehr zu erwarten.

Schelkle bemühte sich nun – mit Hilfe der Tübinger Lehrer[153] – um ein Stipendium beim Deutschen Archäologischen Institut in Berlin. Mit Erfolg. Man bewilligte ihm tatsächlich 3000 Reichsmark für einen längeren Studienaufenthalt am Deutschen Archäologischen Institut in Rom. Zwischen seinem Examen Ende April und dem geplanten Reiseantritt am 1. Oktober 1936 wollte Schelkle noch mit Hilfe der Tübinger Universitätsbibliothek seine philosophische Dissertation druckfertig machen, wofür er in Rottenburg (mehrfach) um Urlaub eingab[154]. Doch im Ordinariat war man offenbar der Meinung, es schade Schelkle

nicht auf den Religionsunterricht beschränkten Schuldienst nachträglich also offenbar zu einer persönlichen Widerständigkeit überhöht. Ein Wiederhall davon auch bei SCHWEIZER, Tod 179, wonach Schelkle von staatlichen Stellen als »unzuverlässiges Element« eingestuft worden sei.

152 Gebürtig aus Waiblingen, Sohn eines Bäckermeisters, 1894 Besuch der Lateinschule in Waiblingen, ab 1898 der Realschule in Cannstatt, 1902 Studium in Stuttgart, Tübingen und Göttingen, 1907 erste Dienstprüfung für das höhere Lehramt, 1908/1909 Militärdienst als Einjährig-Freiwilliger, zweite Dienstprüfung, 1911 Oberlehrer an der Latein- und Realschule Leonberg, 1914–1918 Offizier einer Artillerieeinheit, 1920 Gymnasialprofessor in Schwäbisch Hall, dort 1922 Mitbegründer der NSDAP-Ortsgruppe, ab 1923 Mitglied der Nationalsozialistischen Freiheitsbewegung, ab 1924 Mitglied des Württembergischen Landtags, kurzzeitig auch im Reichstag, 1927 erneut Eintritt in die NSDAP, im Kampf um den Posten des Gauleiters der NSDAP seinem Rivalen Wilhelm Murr unterlegen, Obergruppenführer der SA, 1928–1932 einziger Abgeordneter der NSDAP im Württembergischen Landtag, 1929 ans Gymnasium Stuttgart-Cannstatt versetzt, 1932 Landtagspräsident, 1933 württembergischer Ministerpräsident und Kultminister, als solcher Verantwortlicher der äußerst kirchenfeindlichen Schulpolitik Württembergs, 1941 Austritt aus der evangelischen Landeskirche, 1945–1949 im Internierungslager Balingen inhaftiert, 1948 als »Hauptschuldiger« verurteilt, nach seiner Entlassung lebte er zurückgezogen in Korntal-Münchingen, ab 1951 mit einer Unterhaltsbeihilfe, ab 1953 mit der Pension eines Studienrats. Zu ihm: Rudolf KIESS, Christian Mergenthaler. Württembergischer Kultminister 1933–1945, in: ZWLG 54 (1995), 281–332; DERS., Art. Mergenthaler, in: Baden-Württembergische Biographien 2 (1999), 317–320; DERS., Christian Mergenthaler (1884–1980), in: Rainer LÄCHELE/Jörg THIERFELDER (Hg.), Wir konnten uns nicht entziehen. Dreißig Porträts zu Kirche und Nationalsozialismus in Württemberg, Stuttgart 1998, 159–174; Michael STOLLE, Der schwäbische Schulmeister Christian Mergenthaler, Württembergischer Ministerpräsident, Justiz- und Kulturminister, in: Michael KISSENER, Joachim SCHOLTYSECK (Hg.), Die Führer der Provinz. NS-Biographien aus Baden und Württemberg. Konstanz 1997, 445–477; Frank RABERG, Biographisches Handbuch der württembergischen Landtagsabgeordneten 1815–1933, Stuttgart 2001, 562 f.; Bernhard VÖLKER, Christian Mergenthaler. Kultminister und Überzeugungstäter, in: Hermann G. ABMAYR (Hg.), Stuttgarter NS-Täter. Vom Mitläufer bis zum Massenmörder, Stuttgart 2009, 296–301.

153 »Durch besondere Bemühungen des Herrn Dekans Prof. Dr. Geiselmann sowie Empfehlungen von Seiten meiner Lehrer der Herrn Professoren Dr. Watzinger und Dr. Weinreich«. 6. April 1936 Schelkle an Generalvikar Kottmann. DAR G 1.7.1, Nr. 445 (PA Schelkle).

154 Vgl. 6. April 1936 Schelkle, Ehingen, an Generalvikar Kottmann. DAR G 1.7.1, Nr. 445 (PA Schelkle).

nicht, wieder einmal in der ordentlichen Seelsorge tätig zu werden. So erhielt er im Juni die Anfrage, ob er nicht in Friedrichshafen die Vertretung des erkrankten Kaplans Valentin Mohr (1889–1959)[155] übernehmen könne. Schelkle erklärte sich bereit[156] – offenbar im Glauben, es handle sich um eine nur kurzfristige Aushilfe, was sich nach seiner Ankunft in Friedrichshafen aber als falsch herausstellte.

Anfang Juli wiederholte Schelkle deshalb seine Bitte um dreiwöchigen Urlaub und wies noch einmal auf die Dringlichkeit der Sache hin, um vor seiner Reise die Drucklegung besorgen zu können. Allerdings hatte er inzwischen einen neuen »Joker« im Ärmel. Geiselmann, der Dekan der Theologischen Fakultät, hatte Schelkle für eine vom Bistum Rottenburg zu besetzende Kaplaneistelle am Campo Santo in Vorschlag gebracht[157]. Diese Nominierung setzte Schelkle nun geschickt ein: Falls das Ordinariat dem Geiselmannschen Vorschlag zustimme, könne er »freilich gut hier bleiben bis zur Rückkehr des Herrn Kaplan Mohr«, denn bei einem längeren Romaufenthalt könne die Drucklegung der Dissertation leicht dort bewerkstelligt werden; das staatliche Reisestipendium und der Aufenthalt am Campo Santo ließen sich schließlich leicht miteinander verbinden. Schelkle drängte das Ordinariat zu einer raschen Entscheidung, denn sowohl Professor Weinreich in Tübingen, in dessen Reihe die Dissertation erscheinen sollte, als auch der Kohlhammer-Verlag in Stuttgart sowie die Direktion des Archäologischen Instituts in Berlin warteten auf Antwort[158].

Kurze Zeit später hatte Schelkle die Zusage für Rom in der Tasche. Möglich, dass man angesichts seines labilen Zustands die Unterbringung im Priesterkolleg während des römischen Aufenthalts als glückliche Lösung ansah. Auch aus Berlin kam ein positives Signal: Es sei nur zu begrüßen, wenn sich die Studienreise auf diese Weise auf zwei bis drei Jahre ausdehnen lasse. Und so legte Schelkle dem Ordinariat Ende August seine weiteren Pläne zur Genehmigung vor[159]: Am 1. Oktober wolle er nach Italien abfahren und zunächst drei Wochen zu Studienzwecken in Oberitalien verbringen, danach die Kaplaneistelle in Rom antreten, sodann ein Jahr oder länger in Rom bleiben, um daraufhin eine etwa einjährige Reise durch Griechenland, Ägypten, Palästina und Kleinasien zu unternehmen.

In Rottenburg hatte man das Vorhaben noch nicht gebilligt, geschweige denn den dafür nötigen Urlaub gewährt, da traf die – angesichts der Vorgeschichte eigentlich unverschämte – Mitteilung Schelkles ein, der Arzt habe ihm bei der vorgeschriebenen Pflichtuntersuchung im Tropengenesungsheim Tübingen vor der Abreise »einige Wochen

155 Gebürtig aus Fischbach (Kreis Biberach), Studium der Philosophie und Theologie in Tübingen, 1914 Priesterweihe, Vikar in Freudenstadt, 1917 im Sanitätsdienst verwundet, ab Oktober 1918 Fürsorger für den zivilen Militärdienst der Heeresgruppe Herzog Albrecht, ab Dezember 1918 Vikar in Friedrichshafen, 1923 ebendort Kaplaneiverweser, 1924 Kaplan, ab 1938 Stadtpfarrer in Friedrichshafen. Zu ihm: Verzeichnis 1984, 179.

156 6. Juni 1936 Schelkle, Ehingen, an Domkapitular [Sedlmeier?]. DAR G 1.7.1, Nr. 445 (PA Schelkle).

157 Möglicherweise war Schelkle durch seinen früheren Saulgauer Prinzipal Alfons Müller – genannt »Campo Santo« – auf die Spur gesetzt worden. Zu Müller vgl. Anm. 133.

158 Das Ganze nach: 2. Juli 1936 Schelkle, Friedrichshafen, an Domkapitular [Sedlmeier?]. DAR G 1.7.1, Nr. 445 (PA Schelkle).

159 31. August 1936 Schelkle, Friedrichshafen, an Bischöfliches Ordinariat. DAR G 1.7.1, Nr. 445 (PA Schelkle).

völliger Erholung und Ausspannung« vorgeschrieben[160]. Er dürfe das Ordinariat deshalb »wohl bitten«, ihm ab 1. September einen Erholungsurlaub in Ehingen zu bewilligen. Diese Bewilligung gedachte Schelkle aber erst gar nicht abzuwarten. Auf seinem Schreiben vermerkte der zuständige Dekan, über den der Brief nach Rottenburg ging, Schelkle wünsche bereits »morgen« abzureisen und da er wirklich nicht gut aussehe, könne man ihn nicht halten. Man müsse sich in Friedrichshafen eben bis zur Wiederkehr Mohrs am 10. September – was den Religionsunterricht betreffe – irgendwie behelfen[161]. Schelkle hatte seiner Mitteilung zudem noch die Bitte um ein Celebret sowie ein Empfehlungsschreiben für kirchliche Stellen »daß meine Reise auch im Einverständnis des Hochwürdigsten Ordinariats erfolgt« beigefügt. Immerhin schloss der Brief auch mit einem Dank für »eine so außerordentliche Möglichkeit der Weiterbildung«, die ihm Vertrauensbeweis und tiefste Verpflichtung sei.

Doch die Pläne Schelkles platzten, als er am 12. September aus Rottenburg die Mitteilung erhielt, man habe bei den Verhandlungen über die Vorschläge für die Kaplaneistelle am Campo Santo übersehen, dass diese nur für 1935[162] frei (gewesen) sei; Schelkle müsse für seinen Aufenthalt in Rom wohl andere Dispositionen treffen[163]. Möglicherweise war diese Absage eine Zurechtweisung Schelkles auf dessen »Erpressungsversuche« gegenüber dem Ordinariat. Dieser reagierte äußerst gereizt und forderte Hilfeleistung[164]. Es gelang offenbar eine gewisse Überbrückung; aus den geplanten zwei bis drei Jahren wurden aber schließlich doch nur 14 Monate.

160 Das Zeugnis des Tropengenesungsheims Tübingen vom 29. August 1936 findet sich in den Personalakten: DAR G 1.7.1, Nr. 445 (PA Schelkle). Schelkle mache »einen recht abgearbeiteten, abgespannten und nervösen Eindruck« und leide auch häufig an Darmstörungen. Vor seiner Reise nach Italien und dem Nahen Osten bedürfe er »unbedingt einer gründlichen Erholung und Ausspannung«.

161 31. August 1936, Dekan Nikolaus Steinhauser, Friedrichshafen, an Bischöfliches Ordinariat. DAR G 1.7.1, Nr. 445 (PA Schelkle).

162 Gemeint ist wohl 1936!

163 11. September 1936 Bischöfliches Ordinariat (GV Kottmann), Rottenburg, an Schelkle. DAR G 1.7.1, Nr. 445 (PA Schelkle).

164 »Nachdem mir durch das Ordinariat fernmündlich am 8. Juli und schriftlich am 12. Juli die Kaplanei zugesichert worden war, habe ich auf die mir im Deutschen Archäologischen Institut in Rom zustehende Freiwohnung verzichtet. Das läßt sich nicht mehr rückgängig machen, weil sie inzwischen anders vergeben wurde. Es wird sogar möglich sein, daß mir das gleiche in Athen begegnet, wenn ich jetzt dorthin schon nach etwa 3–4 Monaten, und nicht erst nach einem Jahr komme. In jedem Fall ist es für mich eine sehr bedeutende finanzielle Belastung und ein Verlust einer bedeutenden Förderung meiner Studien, wenn ich ganz privat wohnen muß. Ich habe ferner im vergangenen Sommer wiederholt um Urlaub gebeten, den ich benötigt hätte für die Drucklegung meiner Dissertation und die wissenschaftliche Vorbereitung meiner Reise. Bei einer Drucklegung im laufenden Jahr hatte mir die Philosophische Fakultät Tübingen einen Kostenzuschuß von 200 R[eichs]M[ark] in Aussicht gestellt. Eine gewissenhafte Vorbereitung in der Archäologiegeschichte und der Sprache der bereisenden Länder war mir vom Reich zur Pflicht gemacht worden. Von der Bitte um Urlaub glaubte ich schließlich abstehen zu können, weil mir ja durch das Ordinariat ein längerer Aufenthalt in Rom zugesichert war, in dem ich diese Arbeiten erledigen könne. Nunmehr wird das nicht möglich sein«. 12. September 1936 Schelkle, Ehingen, an Bischöfliches Ordinariat. DAR G 1.7.1, Nr. 445 (PA Schelkle).

Im Campo Santo[165] hielt sich Schelkle nur ein halbes Jahr auf, besuchte dann Anfang April 1937 für vier Wochen Griechenland, setzte Ende Juli nach Istanbul über, unternahm Ausflüge nach Anatolien, hielt sich fast zwei Wochen in Syrien auf, dann nahezu zwei Monate in Palästina, anschließend zwei Wochen in Ägypten. Rechtzeitig zu Weihnachten kehrte er über Triest und Salzburg nach Deutschland zurück[166].

Ende 1937 wieder in Deutschland, bereitete Schelkle zunächst seine philosophische Dissertation für den Druck vor[167]. In dieser Zeit starb seine Mutter, was ihn, da er mit ihr aufgrund der prekären familiären Situation besonders eng verbunden war, stark mitnahm[168].

Im April 1938 trat Schelkle dann an der Katholisch-Theologischen Fakultät die Stelle eines Hilfsassistenten an[169], die ihm weiterhin wissenschaftliches Arbeiten ermöglichte. Nach der Druckfertigmachung seiner Dissertation, die sich allerdings über Gebühr hinzog, begann Schelkle eine Arbeit fortzuführen, mit der er früher einen Preis der Theologischen Fakultät erhalten hatte. Er hoffte, wie er der kirchlichen Behörde mitteilte, sie in Jahresfrist unter dem Titel »Das Kerygma vom Tode Jesu im Neuen Testament« als theologische Dissertation zum Abschluss bringen zu können. Im Wintersemester 1938/1939 studierte er, um seine Kenntnisse in den orientalischen Sprachen zu vertiefen, bei Enno Littmann (1875–1958)[170] als Mitglied des Orientalischen Seminars syrische Sprache und Geschichte[171].

Wieder wohnte Schelkle in der Hügelei, in der damals auch Freund Hanssler als Studen-

165 Seine diesbezüglichen Erinnerungen schrieb Schelkle 1986 auf Veranlassung des damaligen Rektors des Campo Santo, Erwin GATZ (1933–2011) nieder. Sie wurden im Jubiläumsband des Römischen Instituts der Görresgesellschaft veröffentlicht: SCHELKLE, Lebenserinnerungen.

166 Vgl. den erhaltenen knappen Reisebericht (ohne Datum). DAR G 1.7.1, Nr. 445 (PA Schelkle).

167 Vgl. die Mitteilung vom 7. Januar 1938 Schelkle, Tübingen, an Bischöfliches Ordinariat. DAR G 1.7.1, Nr. 445 (PA Schelkle). – Schelkle bat um Druckgenehmigung nach CIC 1386 §1, ging aber davon aus, dass die keine theologische Fragestellungen enthaltende Arbeit keiner Vorzensur bedurfte.

168 Offenbar hatte er ursprünglich noch einmal nach Rom kommen wollen. Vgl. 29. Dezember 1937 Joachim Birkner, Würzburg, an Rektor Stöckle: »Beiliegend sende ich einen Brief des Herrn Schelkle, der dank seiner Umständlichkeit nun doch nicht mehr nach Rom gekommen ist. Der Brief wurde mir von dort nachgesandt«. ACST 13502.

169 Das Ordinariat hatte ihm bereits im Januar den erforderlichen Urlaub sowie eine spürbare finanzielle Unterstützung gewährt. Vgl. das Dankschreiben vom 25. Januar 1938 Schelkle an Bischöfliches Ordinariat. DAR G 1.7.1, Nr. 445 (PA Schelkle).

170 Gebürtig in Oldenburg, 1894 Studium der evangelischen Theologie, Orientalistik, Germanistik, Anglistik und Klassischen Philologie in Berlin und Halle, 1898 Examen als »Oberlehrer« für Religion und Hebräisch, Promotion in orientalischer Philologie, 1898–1900 weitere Studien in Straßburg, 1901–1904 Dozent in Princeton, verschiedene Expeditionen, 1906 o. Professor für Orientalistik in Straßburg, 1914 in Göttingen, 1917 in Bonn, 1921 in Tübingen, 1951 emeritiert. Littmann war ein Sprachengenie und gilt als der letzte »der großen europäischen Orientalisten«. Zu ihm: Axel KNAUF, Art. Littmann, in: BBKL 5 (1993), 134–136; Enno LITTMANN, Leben und Arbeit. Ein autobiographisches Fragment (1875–1904), hg. von Hans Hinrich BIESTERFELDT, Leiden 1986.

171 6. Dezember 1938 Schelkle, Tübingen, an Bischöfliches Ordinariat. DAR G 1.7.1, Nr. 445 (PA Schelkle). – In dem Schreiben, das offenkundig dafür gedacht war, die zeitlichen Verzögerungen zu rechtfertigen, wies Schelkle auch darauf hin, er arbeite außerdem an einigen Artikeln, die er als Mitarbeiter des von Hans Lietzmann (1875–1942) und Franz Dölger (1891–1968) herausgegebenen *Lexikons für Antike und Christentum* übernommen habe.

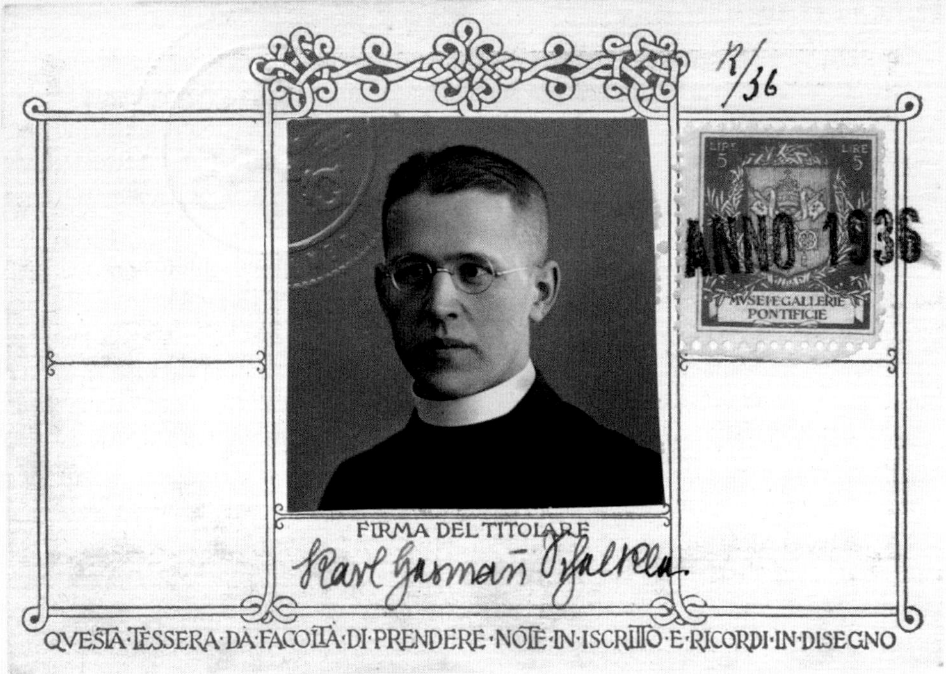
R/36

LIRE 5 LIRE 5

ANNO 1936

MVSEI E GALLERIE PONTIFICIE

FIRMA DEL TITOLARE

Karl Hermann Schelkle

QVESTA·TESSERA·DA·FACOLTÀ·DI·PRENDERE·NOTE·IN·ISCRITTO·E·RICORDI·IN·DISEGNO

Abb. 8: Eintrittskarte Schelkles für die Vatikanischen Museen (1936). UBT Mn 16 (NL Schelkle) Kaps. 113.

ΘΕΣΙΣ ΦΩΤΟΓΡΑΦΙΑΣ

ΒΑΣΙΛΕΙΟΝ ΤΗΣ ΕΛΛΑΔΟΣ
ΥΠΟΥΡΓΕΙΟΝ ΤΗΣ ΠΑΙΔΕΙΑΣ
ΔΙΕΥΘΥΝΣΙΣ
ΑΡΧΑΙΟΛΟΓΙΚΗΣ ΥΠΗΡΕΣΙΑΣ

ΑΡΙΘ. 1649

ΔΕΛΤΙΟΝ
ΕΛΕΥΘΕΡΑΣ ΕΙΣΟΔΟΥ

ΕΠΙΤΡΕΠΕΤΑΙ ΕΙΣ Τ. Dr. Karl Schelkle
Μέλος τοῦ Γερμανικοῦ
Ἀρχαιολ. Ἰνστιτούτου

ΝΑ ΕΙΣΕΡΧΕΤΑΙ ΕΛΕΥΘΕΡΩΣ ΣΥΜΦΩΝΩΣ ΠΡΟΣ ΤΟ ΑΡΘΡΟΝ 4 ΤΟΥ Ν. 4823 ΕΙΣ ΤΑ ΜΟΥΣΕΙΑ ΚΑΙ ΤΟΥΣ ΑΡΧΑΙΟΛΟΓΙΚΟΥΣ ΧΩΡΟΥΣ ΤΟΥ ΚΡΑΤΟΥΣ.

ΕΝ ΑΘΗΝΑΙΣ ΤΗ 23 Φεβρουαρίου 1937

Ο ΔΙΕΥΘΥΝΤΗΣ

Abb. 9: Archäologische Eintrittskarte Schelkles, Athen (1937). UBT Mn 16 (NL Schelkle) Kaps. 103.

tenpfarrer wirkte[172]. Wie vorsichtig man damals in Politica selbst Freunden gegenüber war, zeigt eine Begegnung, von der Schelkle später oft erzählte: Nach einer der Wahlen in der NS-Zeit begegneten sich Schelkle und Hanssler zufällig auf der Neckarbrücke. Auf Schelkles Äußerung »Tja, 3 Neinstimmen« sagte Hanssler nur »3 Neinstimmen«. So ging es eine Zeitlang hin und her, bis Schelkle sagte: »3 Neinstimmen. Eine kenne ich«, worauf Hanssler antwortete: »Eine kenne ich auch«, woraufhin man auseinanderging[173]. Schelkle war über die ausländische Sicht auf das nationalsozialistische Deutschland immer gut informiert, weil seine Schwester, die bei dem bekannten Luzerner Künstler Hans Erni (*1909)[174] angestellt war, bei Päckchen immer Zeitungsartikel aus Schweizer Zeitungen als Einwickelpapier verwendete[175].

Zum 1. April 1939 wurde Schelkle – auf Vorschlag des Rektors der Universität – vom Kultministerium zum außerordentlichen Assistenten an der Katholisch-Theologischen Fakultät ernannt. Anfang März hatte er sich in Ehingen jedoch einer Magen- und Darmoperation unterziehen müssen. Wahrscheinlich im Juni kehrte er nach Tübingen zurück, wurde aber Ende August bereits wieder mit Schmerzen ins Krankenhaus eingeliefert[176]. Es schloss sich eine Kur in Ditzenbach an, wo ihm bescheinigt wurde, er habe in absehbarer Zeit mit einer weiteren OP zu rechnen. Die Übernahme irgendeiner Pfarrei oder seelsorgerlichen

172 So dürfte knapp zwei Jahre lang, zwischen 1. Januar 1938 und 7. Oktober 1939 der Austausch zwischen den beiden Freunden besonders intensiv gewesen sein.

173 Freundliche Mitteilung von Frau Evita Koptschalitsch.

174 Gebürtig aus Luzern, nach der Schulzeit zunächst eine Lehre als Vermessungstechniker, dann eine zweite Lehre als Bauzeichner, anschließend Kunststudium in Luzern, 1928 in Paris Gewinner des Jahreswettbewerbs der Académie Julian, 1930–1933 abwechselnd in Luzern und Paris, im Auftrag des Kunstmuseums Luzern Organisation einer Ausstellung zeitgenössischer Werke, u. a. Picassos, 1937 Mitbegründer der Künstlervereinigung »allianz«, 1938 an der Gestaltung einer Banknoten-Serie beteiligt, die jedoch nicht in Umlauf kam, weil ein Luzerner Parlamentarier Einspruch erhob, dass »ausgerechnet ein Kommunist wie Erni« den Auftrag erhalten habe. Seit 1939 war Erni einer breiteren Öffentlichkeit bekannt, 1940–1945 als »Tarnungsmaler« beschäftigt, 1949, nach dem Unfalltod seiner Frau Gertrud Bohnert zweite Eheschließung mit Doris Kessler, 1950 und 1952 Einzelausstellungen in Amerika, für das Fürstentum Liechtenstein zwischen 1969 und 1972 Gestaltung dreier Briefmarkenserien, auch zahlreiche Briefmarkenserien für die UNO und die Schweiz, 1968 mit dem Luzerner Kunstpreis ausgezeichnet, obwohl die Schweizer Kunstmuseen ihn und seine Werke weiterhin boykottierten, 1979 Eröffnung des Hans Erni Museums im Luzerner Verkehrshaus, 1989 von der United States Sports Academy zum Sport-Künstler des Jahres 1989 gewählt, zum 100. Geburtstag wurde ihm für sein Lebenswerke der Schweizer Lifetime-Award 2008 verliehen. Zu ihm: Konrad FARNER, Hans Erni: Weg und Zielsetzung des Künstlers. Arbeiten aus den Jahren 1931 bis 1942, Zürich 1943; Konrad FARNER, Hans Erni. Ein Maler unserer Zeit. Mundus (Erbe und Gegenwart 48), Basel 1945; Karl BÜHLMANN, Geächtet – geachtet. Die Geschichte des Hans Erni-Museums im Verkehrshaus der Schweiz in Luzern. Eine Dokumentation, Luzern 1997.

175 Angela und Johanna Schelkle waren nicht verheiratet, aber eine Zeitlang in der Schweiz auf einer höheren Töchterschule. Angela blieb in der Schweiz; erst als Schelkle nach Wachendorf ging, kehrte sie nach Deutschland zurück und führte ihm – durch den Vater gezwungen – bis zu ihrem Tod den Haushalt. Die Beziehung zwischen Schelkle und seiner Schwester Angela blieb sehr schwierig. Freundliche Mitteilung von Frau Evita Koptschalitsch.

176 12. September 1939 Kreiskrankenhaus Ehingen: Ärztliches Zeugnis für Schelkle. DAR G 1.7.1, Nr. 445 (PA Schelkle).

Tätigkeit war damit »vorerst ganz ausgeschlossen«[177]. Nach späteren Mitteilungen Schelkles ging es ihm damals darum, die drohende Abberufung aus Tübingen zu verhindern, weil er um die Weiterführung seiner theologischen Dissertation fürchtete. Da sich damals aber bestätigte, dass keinerlei Aussicht auf eine weitere Verwendung im Staatsdienst bestand[178], blieb Schelkle schließlich nichts anderes übrig, als um eine kirchliche Stelle einzugeben. Am 24. Oktober bestellte ihn das Ordinariat zum Pfarrverweser von Mühlhausen im Dekanat Waldsee. Schelkle war entsetzt[179] und bemühte sich um eine Alternative. Er fürchtete, jetzt, da der Winter beginne, der weitverstreuten Gemeinde mit Filialschule nicht gewachsen zu sein, und bat um eine Stelle in einer Anstalt oder sonstige leichte Arbeit für die nächsten Monate. Der eigentliche Grund seiner Weigerung, nach Mühlhausen zu gehen, war jedoch, dass er dort keine Möglichkeiten zur weiteren wissenschaftlichen Betätigung sah[180]. Im November ließ er sich im Stuttgarter Marienhospital operieren und erhielt im Dezember die ersehnte Erlaubnis, vorläufig wieder nach Tübingen zurückkehren zu dürfen[181].

Die für Ende des ersten Trimesters 1940 geplante Ablegung des Rigorosums[182] verzögerte sich, nicht zuletzt aufgrund der gesundheitlichen Probleme. Das Tagebuch Schelkles, das er nur kurze Zeit führte, verzeichnet am 7. Februar 1940 die Notiz: »Ich verbrachte die Tage viel im Krankenhaus. Die Schwestern sind gut gegen mich gewesen«. Auch im Mai war Schelkle wieder im Ehinger Krankenhaus; desgleich im August, mit trüben Aussichten und in offenkundig depressiver Stimmung. Am 11. Dezember 1940 schrieb er rückblickend:

177 27. Oktober 1939 Sanatorium Ditzenbach (Dr. Jung): Ärztliches Zeugnis für Schelkle. DAR G 1.7.1, Nr. 445 (PA Schelkle).

178 Präsident Bracher, der frühere Präsident des Katholischen Kirchenrats, hatte Schelkle mitgeteilt, »daß der Vertrauensmann des Herrn Kultministers, Herr Oberregierungsrat Gschwend, aus grundsätzlichen Erwägungen« den ursprünglich erteilten ablehnenden Bescheid nicht ändern wolle. 20. Oktober 1939 Schelkle, Bad Ditzenbach, an Generalvikar Kottmann. DAR G 1.7.1, Nr. 445 (PA Schelkle).

179 28. Oktober 1939 Schelkle, Ditzenbach, an Bischöfliches Ordinariat. DAR G 1.7.1, Nr. 445 (PA Schelkle). – In der späteren Rückschau Schelkles verschwamm die Chronologie der Ereignisse etwas, auch wurde das Urteil ungerecht. Demnach wurde Schelkle in ein Dorf bei Bad Waldsee versetzt, was seine theologische Promotion (wegen der erschwerten Literaturbeschaffung) gefährdet hätte. Als er daraufhin in Rottenburg vorgebracht habe, er wolle in die Nähe von Tübingen kommen, habe es nur geheißen: »Was suchen Sie denn dort ...?«. Dem Rottenburger Unverständnis sei er dann mit einer ungewöhnlichen Maßnahme begegnet: Um die Stelle nicht antreten zu müssen, habe er sich ein Darmgeschwür entfernen und wegen Krankheit beurlauben lassen. So die Erinnerung von Frau Evita Koptschalitsch.

180 4. November 1939 Schelkle, Ditzenbach, an Bischöfliches Ordinariat. DAR G 1.7.1, Nr. 445 (PA Schelkle). – Schelkle hatte in der Zeitung gelesen, dass das Expositurvikariat Heiligenbronn bei Salzstetten (Dekanat Freudenstadt) frei geworden. In der Antwort des Ordinariats vom 10. November hieß es, die Arbeit dort sei zu umfangreich, er werde deshalb nicht berücksichtigt.

181 Mit der Auflage um Berichterstattung nach drei Monaten. Vgl. 6. Dezember 1939 Generalvikar Kottmann, Rottenburg, an Schelkle. – Zuvor hatte Schelkle um Übertragung der freien Stelle eines Hauskaplans im Kloster Siessen gebeten oder um die Erlaubnis, nach Tübingen zurückkehren zu dürfen, »da ich hoffen würde, eine größere, durch Jahre geförderte theologische Untersuchung in etwa drei Monaten zum endgültigen Abschluß bringen zu können«. 6. Dezember 1939 Schelkle, Ditzenbach, an Bischöfliches Ordinariat. Beides: DAR G 1.7.1, Nr. 445 (PA Schelkle).

182 21. April 1940 Schelkle, Tübingen (Neckarhalde 64), an Bischöfliches Ordinariat. DAR G 1.7.1, Nr. 445 (PA Schelkle). – Mit Bitte um weiteren Urlaub.

»Vom 30. Sept[ember]-26. Nov[ember] in Stuttgart im Marienhospital gewesen«. Dr. Reichle operierte am 11. Oktober. »Ich war froh, unendlich froh darüber. Nicht zum wenigsten deshalb, weil ich nun wieder für Wochen ein warmes Nest hatte, das mir die guten Schwestern Maria Lina und Alfonsa und Kallipa machten. Die Genesung ging langsamer voran als wir dachten [...]«[183].

Nach Abgabe seiner Dissertation wirkte Schelkle ab Juni 1940 für knapp sieben Monate als Vikar in Schwalldorf[184]. Hier traf ihn auch die niederschmetternde Nachricht, dass seine theologische Promotion gescheitert war[185]. Schelkles Doktorvater Lösch glaubte in der im März eingereichten Arbeit »Die Passion Jesu in der Glaubenspredigt des Neuen Testaments. Ein Beitrag zur biblischen Theologie« erhebliche Mängel feststellen zu müssen und stimmte gegen die Verleihung des akademischen Doktorgrads[186]. Es ging insbesondere um den Vorwurf, die Arbeit sei zu zwei Dritteln ein Plagiat. Eigentlicher Grund dürfte jedoch gewesen sein, dass Lösch, der zwar den neutestamentlichen Lehrstuhl innehatte, aber kein Exeget war sondern historisch arbeitete, mit der von Schelkle durchgeführten »Formgeschichtlichen Methode«, die damals neu war, nichts anfangen konnte. Der Fall führte zur völligen Überwerfung Schelkles mit Lösch und zu einer echten Krise. Wie vergiftet die Atmosphäre war, zeigen bereits die wenigen Zeilen Schusters, der – von Schelkle per Karte in kurzen Strichen in Kenntnis gesetzt – sich im August 1940 nach dem weiteren Verlauf erkundigte: »Wir konnten seitdem jedoch noch keine Todesanzeige von H[errn] Prof[essor] L[ösch] lesen? Die Sache muss jedoch gerochen werden. Was führst Du im Schilde? Kann man Dich nicht irgendwo treffen. Hättest Du Lust zu mir zu kommen auf ein paar Tage? Ich bin voraussichtlich ein paar Tage in diesem Monat (25.–30.) weg. Sonst immer da! Was meinst du dazu. Wenn du nicht kommen kannst, schlage für die Ferientage ein Treffen vor«[187].

183 Tagebuch Schelkle (im Privatbesitz). – Vgl. auch 8. Oktober 1940 Schelkle, Stuttgart (Marienhospital), an Bischöfliches Ordinariat. DAR G 1.7.1, Nr. 445 (PA Schelkle).

184 Vgl. Verzeichnis 1993, 56.

185 LIMBECK, Schelkle und KNOCH, Tod übergehen den »Fall Schelkle« mit Stillschweigen. – SCHWEIZER, Tod 179 spricht nur dunkel von vielen Widerständen, über die der Weg Schelkles führte, scheint diese aber weniger im universitären als im kirchlichen Bereich zu verorten: »Widerstände, die argumentativ bearbeitet werden können, die die Erkenntnis befördern, sind fruchtbar. Sich solchen Herausforderungen zu stellen, war Schelkle begierig. Es gibt jedoch unfruchtbare Widerstände, argumentativ nicht vermittelt, nur Unterwerfung fordernd. Auf sie reagierte er besonders wach. Sie verletzten ihn vielfach auch. Gegen sie suchte er sich – verständlicherweise – durch umso klarere Argumentation zu schützen«. – Bei LEROY, Schelkle 159 heißt es lediglich: »Entgegen der akademischen Gepflogenheit sah die Tübinger Fakultät sich außerstande, die preisgekrönte Arbeit als Dissertation anzunehmen. Rechtzeitig zurückgezogen, wurde sie von der Kath.-Theol. Fakultät Bonn ohne weiteres angenommen, wo 1941 dann die Promotion zum Dr. theol. erfolgte«. – Der Verfasser wird den »Fall« an anderer Stelle ausgiebig schildern. – Vermutlich hier, an der Jahreswende 1940/1941, einzuordnen ist eine undatierter Karte Hansslers an Schelkle: »Herzlichen Gruß zur heiligen Nacht, eine gute Wendung all Deiner Anliegen im neuen Jahr (für die öffentlichen [Nationalsozialismus und Krieg?] wollen wir uns nur wünschen, daß wir sie bestehen). – Du hast recht, es wird hohe Zeit, sich testamentarisch gegen Nekrologe zu sichern«. o. D. Hanssler an Schelkle. UBT Mn 16 (NL Schelkle) Kaps. 103.

186 18. Juni 1940 Lösch, Gutachten zu Schelkles Dissertation. UAT 184/486.

187 12. August 1940 Schuster, Härtsfeldhausen, an Schelkle. UBT Mn 16 (NL Schelkle) Kaps. 106.

Abb. 10: Karl Hermann Schelkle mit einer unbekannten Ordensschwester. UBT Mn 16 (NL Schelkle) Kaps. 103.

Durch Intervention des damaligen Dekans der Theologischen Fakultät, Geiselmann wurde Schelkle schließlich ein Ausweg gewiesen[188]. Geiselmann unterbrach das Verfahren, indem er Schelkle vorschlug, seine Arbeit zurückzuziehen, und wandte sich persönlich an Heinrich Vogels in Bonn, wo Schelkle 1941 dann mit »sehr gut« promoviert wurde. Die Drucklegung der Arbeit erfolgte erst 1949[189].

Wohl in diesen Kontext gehört ein Gedicht, das Hanssler für Schelkle verfasste[190]:

Doktor nimm den Spaten
Um gen West zu waten.
Mit Mut zieh ins Revier
Als tapfrer Musketier!

Es gilt den Idealen
mit denen alle prahlen
doch nur die NSV
verwirklicht sie genau.

Gewiß, an manchen Tagen,
wirst Du mit leerem Magen
dem Vaterlande frohnen
– doch ohne Schwielen keine Kronen.

Bedenk die hehren Ziele
(so hehre gibt's nicht viele!)
das wird den Mut dir stärken
zu unerhörten Werken.

Es winkt ja zähem Fleiß
Auch stets der rechte Preis
Du wirst bestimmt Professor
da geht's dann immer besser.

Du grabest unterm Motto:
»Es lebe Kaiser Otto!«
Dafür kriegst Du 'nen Orden
und brauchst nicht mal zu morden.

(Die Dichtung wird jetzt wilder):
Ich sah der Zukunft Bilder:
Du kommst, berauscht vom Siege
Herauf die Berghausstiege.

Wir alle im Spaliere,
vor uns ein Faß mit Biere
Empfangen dich begeistert
mit Rum und Ehr' bekleistert[191].

Du stiftest eine Runde
dem hehren Hügelbunde
Herr Konrad hält ne Rede
der Pater[192] *tanzt mit Grete*[193].

Kaplan mit den Geranien
serviert zahme Kastanien
Und ich will mich versöhnen
Mit facultatis edlen Söhnen.

188 Am 4. September 1940 setzte Schelkle auch das Ordinariat von den Schwierigkeiten in Kenntnis. DAR G 1.7.1, Nr. 445 (PA Schelkle).

189 Unter dem leicht veränderten Titel: Karl Hermann SCHELKLE, Die Passion Jesu in der Verkündigung des Neuen Testaments. Ein Beitrag zur Formgeschichte und zur Theologie des Neuen Testaments, Heidelberg 1949.

190 UBT Mn 16 (NL Schelkle) Kaps. 113.

191 Ursprünglich: »mit Wunden, Orden, Ehr' bekleistert«.

192 Unklar, wer gemeint ist.

193 Gemeint ist Gretel Rank, die Hauswirtschafterin der Hügelei.

Und unter unserm Tore
Ertönt in vollem Chore
Ein »Heil dem starken Recken
Mit Spaten und mit Stecken!«

Und durch das Haus der Ruf nun gellt:
Du zogst als Tapferster (der Stadt) zu Feld
das Vaterland zu retten, –
daß mehr wir solcher (Helden) hätten.

Du wankst zu Bett im Rausch des Sieges
Wie einst der alte König Gyges[194]
Auch wir im Rausch versinken
Vom vielen vielen Trinken.

Die Anspielungen lassen sich relativ einfach auflösen: Mit der Wanderung nach Westen dürfte die Versetzung Schelkles ins (von Tübingen gesehen westlich gelegene) Wachendorf gemeint sein, mit »Revier« die mühsame Arbeit des Pfarrverwesers[195]. Dazu passt die Aufforderung zur Verwirklichung der caritativen »Ideale«, die damals von der NS-Volkswohlfahrt gerne monopolisiert wurden. Das ganze Gedicht ist wohl als Trostbrief zu sehen für den »geknickten« Schelkle, der seine exegetischen Studien in Tübingen aufgeben und mit der dörflichen Seelsorgsarbeit tauschen musste. Dem Trost dient die Zukunftsvision, die Schelkle eine Professur verheißt. Ob die Hinweise auf den »Spaten« und das Graben eine Aufforderung zur (geheimen) Anfertigung der von der kirchlichen Obrigkeit und von Lösch verwehrten Habilitationsschrift ist (die Arbeit an »unerhörten Werken«)? Ob »Kaiser Otto« auf Otto Weinreich, den philosophischen Doktorvater Schelkles verweist, und das Motto somit auf eine in der Zukunft auch dort einzureichende Habilitationsschrift (oder – rückwärtsgewandt – auf ähnliche Entstehungsumstände der früheren philosophischen Disser-

194 Historisch belegter, sagenumwobener König in Lydien (um 680–644 v. Chr.), Begründer der Mermnaden-Dynastie, die später mit dem ebenfalls sagenumwobenen König Krösus unterging. Die mythenhafte Geschichte der Machtergreifung durch Gyges geschah nach Platon mit Hilfe eines magischen Ringes, durch den Gyges vom einfachen Hirten zum lydischen König aufstieg.

195 Schelkle hatte sich zunächst (erfolglos) um die Pfarrverwesung von Schwalldorf bemüht, da sein Pfarrer Franz Egger (1882–1945) am 7. November 1940 wegen Abhörens von ausländischen Sendern zu zwei Jahren und vier Monaten Zuchthaus verurteilt worden war. Vgl. 12. November 1940 Schelkle, Stuttgart (Marienhospital), an Bischöfliches Ordinariat. DAR G 1.7.1, Nr. 445 (PA Schelkle). Zu Egger vgl. HEHL, Priester 1328. – Am 11. Dezember 1940 notierte Schelkle deprimiert in sein Tagebuch: »Heute bin ich aber sehr müde und bedrängt. Aus meiner kleinen und doch großen Freude auf Schwalldorf wird nichts werden. Das Dekret hat mich heute mit 2. Januar als Antrittstag zum Pfarrverweser in Wachendorf ernannt. Ich frage mich mit Sorge, ob ich das schaffe: Die Gemeinde hat 700 Katholiken, zur Bahn sind es 4,3 km, also ist der Weg hierher nach Tübingen doch beträchtlich; dazu ist die Wohnung gewiß unterdurchschnittlich; und die Arbeit des Rigorosum bei meiner leider immer noch schlechten Gesundheit«. Tagebuch Schelkle (im Privatbesitz). – Der Versuch, das Ordinariat noch einmal umzustimmen – »Ob ich das alles mit Erfolg bei der fragwürdigen Gesundheit und der unvermeidlichen Belastung durch meine Promotionsangelegenheit schaffen werde, frage ich mich etwas mit Sorge« – blieb erfolglos. 10. Dezember 1940 Schelkle, Tübingen, an Bischöfliches Ordinariat. DAR G 1.7.1, Nr. 445 (PA Schelkle).

tation)? Unter solchen Umständen ist jedenfalls klar, dass das Ziel nicht »ohne Schwielen« erreicht wird. Doch wird ein »Morden« (an Lösch?[196]) vorerst überflüssig. Das übrige ist offenkundig: Die Rückkehr Schelkles als Professor nach Tübingen ins »Berghaus« – die Villa Hügel – wird eine triumphale sein.

Doch das alles war zunächst Zukunftsmusik. Im Januar 1941 trat Schelkle erst einmal seine Stelle als Pfarrverweser in Wachendorf bei Rottenburg an. Mit der ihm eigenen Zähigkeit sann er allerdings auf Rückkehr. Und es gelang ihm, von der Tübinger Universitätsbibliothek im Frühjahr 1942 eine Stelle im Bibliotheksdienst angeboten zu erhalten. Als er daraufhin das Bischöfliche Ordinariat informierte, gab er sich durch gekonntes Understatement alle Mühe, kein sofortiges »Nein« zu kassieren: »Würden Sie wohl geneigt sein« – so schrieb er dem zuständigen Domkapitular – »wie ich bis auf weiteres diesen Optimismus damit zu erklären, dass die Welt von einer Bibliothek aus, wo der Geist und das Recht unerschütterlich im Glauben festgehalten werden, sich wesentlich freundlicher ansieht als in der gewalttätigen Wirklichkeit«[197]! Aufgrund der »ehrende Anfrage« – so berichtete Schelkle im Mai – habe er zweimal mit Bibliotheksdirektor Professor Georg Leyh (1877–1968)[198] Rücksprache genommen, der ihm auf seine Bedenken und Zweifel (politischer Natur) hin erklärt habe, »dass die Bibliotheken, wie immer auch die Entwicklung wäre, Theologen brauchen würden, da Kirchen- und Religionsgeschichte ein Teil der deutschen Geistesgeschichte seien, und daher immer von den Bibliotheken gepflegt werden müssten«. Zur Zeit bestehe – aufgrund des Krieges – ein »spürbarer Mangel an Arbeitskräften«, so dass die Aussichten günstig seien. Schelkle seinerseits hatte seiner »grossen Freude an der wissenschaftlichen Arbeit« Ausdruck verliehen, aber offenbar auch Bedenken vorgetragen: Er sei bereit, die Opfer zu bringen, die ein solcher Übergang in den Bibliotheksdienst zweifelsohne mit sich brächten, allerdings nur, wenn von Seiten der Bibliothek Bedingungen geschaffen werden könnten, die seine Existenz sicherten und ihm Aufstiegsmöglich-

196 Vgl. Bild 19.

197 28. März 1942 Schelkle, Wachendorf, an Domkapitular [Sedlmeier?]. DAR G 1.7.1, Nr. 445 (PA Schelkle).

198 Gebürtig aus Ansbach, Besuch des dortigen Gymnasiums, 1896 Studium der Philologie und Geschichte in München, Straßburg und Tübingen, 1903 Promotion in Tübingen mit einer literaturwissenschaftlichen Arbeit, 1904 wissenschaftlicher Hilfsarbeiter an der Kaiser-Wilhelm-Bibliothek in Posen, 1906/1907 an der Universitätsbibliothek in Göttingen, 1907 in Königsberg, 1907–1909 in Berlin, 1909–1910 wiederum Göttingen, 1908–1910 kommissarischer Leiter der Bibliothek des Preußischen Historischen Instituts in Rom, 1913 an der Königlichen Bibliothek in Berlin, 1915 Oberbibliothekar der Universitätsbibliothek Breslau, 1914–1917 Militärdienst, 1920 Direktor der Universitätsbibliothek Halle, ab 1921 der Universitätsbibliothek Tübingen, 1922–1944 auch Herausgeber des *Zentralblatts für Bibliothekswesen* seit 1928 Honorarprofessor für Bibliothekswissenschaft, 1934 scheiterte eine Rückkehr an die Berliner Staatsbibliothek, vermutlich aus politischen Gründen, 1937 musste er auch als Vorsitzender des Vereins Deutscher Bibliothekare zurücktreten, weil er für dessen Eigenständigkeit eingetreten war, 1947 pensioniert. Er verfasste u. a. die Schrift *Die Bildung des Bibliothekars*, Kopenhagen 1952. Zu ihm: Paul HADLER, Weltanschauung und Bibliotheksgeschichte bei Georg Leyh, in: Zentralblatt für Bibliothekswesen 82 (1968), 196–213; Walther GEBHARDT, Georg Leyh 1877–1977, in: Zeitschrift für Bibliothekswesen und Bibliographie 24 (1977), 209–223; Hannsjörg KOWARK, Georg Leyh und die Universitätsbibliothek Tübingen (1921–1947), Tübingen 1981.

keiten garantierten. Denn das Ordinariat werde wohl nur dann sein Einverständnis geben, wenn die Übernahme »auf Dauer« erfolge. Inzwischen hatte Leyh mit dem Reichsbeirat für Bibliothekswesen Fühlung genommen und dessen Vorsitzenden wohl für seinen Plan gewonnen. Die Entscheidung aber lag beim Reichswissenschaftsminister[199].

Schelkle bat also um Genehmigung einer formalen Bewerbung und um die schriftliche Versicherung, dass man ihn »nur entlassen könne«, wenn seine »Uebernahme auf Dauer« erfolge[200]. In Rottenburg zeigte man sich einverstanden[201] und auch der im Exil weilende Bischof, den Schelkle am 26. August 1942 aufsuchte, gab »seine vollste Zustimmung«[202]. Letztlich verhinderten allerdings »Parteistellen« einen Abschluss der Verhandlungen[203].

Schelkle blieb also in Wachendorf, wo er 1943 schließlich Pfarrer wurde. Hatte er auch mit einer Stelle im Kreis Göppingen geliebäugelt? Jedenfalls schrieb ihm Freund Hanssler damals – auf offener Karte und in gewohnt anspielend-verschleiernder Weise: »Meine Skepsis gegenüber den Kaiserbergen bleibt, umso mehr als bei den Hispani ein König im Anzug sein soll, wie ich aus guten Quellen höre. Ich muß Dich übrigens der Inkonsequenz bezichtigen: Du habest die sakramentale μίμησις und huldigest theoretisch, also unverbindlich dem Lebensideal der Fron, vor einem Thron. Da lob ich mir *Gregory*, einen offensichtlichen Gegner Deiner These (s[iehe] LThK. s[iehe] v[erso]). Er steht nahe bei Lösch«[204]. Was war damit gemeint? Als »Kaiserberge« werden üblicherweise die drei Stauferberge Hohenstaufen, Rechberg und Stuifen bezeichnet. Hatte Schelkle also die Absicht geäußert, sich um eine dortige Pfarrei zu bewerben, während Hanssler schon von einem potenten Bewerber wusste, gegen den eine Bewerbung Schelkles aussichtslos war? Oder waren die »Kaiserberge« ein Deckname für die Tübinger Höhenlagen, auf denen die dortigen Professoren siedelten – was zu Hansslers obiger Anspielung auf »Kaiser Otto« passen würde?

Mit der »Mimesis« – der kunstgerechten Nachahmung älterer Vorbilder – und der »unverbindlichen Fron vor einem Thron« ist wohl Schelkles Promotionsversuch (oder aber sein Habilitationsvorhaben) in Tübingen gemeint, was ihm eine Anwartschaft auf den von Lösch besetzten Tübinger Lehrstuhl für Neues Testament verschaffen sollte. Denn nach altem Brauch waren auf die Tübinger Professuren in der Regel stets eigene Schüler nachgerückt[205]. Der Verweis auf »Gregory«, dem Hanssler ein von Schelkle sich unterscheidendes Handeln unterstellt, ist schwieriger zu deuten. Man könnte in diesem Zusammenhang an Gregor VII. denken. Kritisierte Hanssler das geduldige Ausharren Schelkles? Empfahl er ihm stattdessen die Gewalttätigkeit eines Gregors' VII., die dem Handeln Löschs näher stehe und demzufolge angemessener sei? Die zweite Seite der Karte, auf die in die-

199 9. Mai 1942 Schelkle, Wachendorf, an Bischöfliches Ordinariat. DAR G 1.7.1, Nr. 445 (PA Schelkle).

200 9. Mai 1942 Schelkle, Wachendorf, an Bischöfliches Ordinariat. DAR G 1.7.1, Nr. 445 (PA Schelkle).

201 Der Erlass erfolgte am 15. Mai 1942.

202 So im Rückblick: 30. Juli 1945 Schelkle, Wachendorf, an Bischöfliches Ordinariat. DAR G 1.7.1, Nr. 445 (PA Schelkle).

203 Ebd.

204 o. D. Hanssler an Schelkle (in Wachendorf). UBT Mn 16 (NL Schelkle) Kaps. 106.

205 Dazu vgl. die Hinweise bei Dominik BURKARD, Theologie und Gesellschaft im Umbruch. Die Katholisch-Theologische Fakultät Tübingen in der Weimarer Republik, in: RJKG 24 (2005), 51–85, hier 74–77.

sem Zusammenhang verwiesen wird, zeigt das hier abgebildete nationalsozialistische Propagandamotiv. Das Ganze könnte man also als wenig dezente Anspielung auf Lösch zu verstehen haben, der Schelkle im Rahmen seines (geplatzten) theologischen Promotionsverfahrens beim Rektor der Universität »politisch« denunziert hatte. War es die indirekte Aufforderung Hansslers, selbst zur »Waffe« zu greifen? Diese naheliegende Vermutung wird durch den Hinweis auf den Artikel »Gregory« im *Lexikon für Theologie und Kirche* etwas gestört. Gemeint war der protestantische Exeget Caspar René Gregory (1846–1917)[206], der als Schüler Konstantin von Tischendorfs (1815–1874) dessen Erforschung der Textgeschichte des Neuen Testaments (Textkritik) fortsetzte. Eine Anspielung also in einem anderen Sinn auf Lösch, der sich als Schüler seines Vorgängers Ignaz Rohr (1866–1944)[207] gerierte?[208] Oder nahm Hanssler schlicht auf eine exegetische Detailfrage Bezug, in der Schelkle gegen Gregory (und Lösch) Position bezog?

Hanssler erteilte Freund Schelkle nicht nur politisch-taktische Ratschläge. Er erwies sich vielmehr als kompetenter Gesprächspartner, vor allem in exegetischen Fragen. Zu Hilfe kamen ihm hierbei seine ausgezeichneten sprachlich-philologischen Kenntnisse und überhaupt sein intellektuelles Niveau[209]. So wurden zwischen den beiden immer wie-

206 Gebürtig aus Philadelphia (USA), Studium am presbyterianischen Seminar in Princeton, 1884 Privatdozent, 1889 a. o. Professor und 1891 o. Professor in Leipzig, als 68jähriger für Deutschland Teilnahme am 1. Weltkrieg, in dem er den Tod fand. Zu ihm: Joseph SCHMID, Art. Gregory, in: LThK 4 (1932), 690.

207 Gebürtig aus Hochmössingen, nach dem frühen Tod seiner Eltern bei Pflegeeltern aufgewachsen, die ihn tatkräftig förderten, Schulbildung in Horb und Rottweil, 1887 Studium der Philosophie und Theologie in Tübingen, außerdem kunstgeschichtliche und philologische Studien, 1889/90 Lösung einer akademischen Preisaufgabe über *Die Zustände der Gemeinde von Korinth zur Zeit des 1. und 2. Korintherbriefes* (1899 gedruckt) und zugleich Dissertation, ebenfalls Lösung der Preisaufgabe des Studienjahres 1891/92, 1892 Priesterweihe, Vikar in St. Moritz Rottenburg, Ehingen und Gundelsheim, 1893 Repetent in Ellwangen, 1894 Repetent in Tübingen, 1894 Promotion zum Dr. phil. mit einer historischen Untersuchung über die Schrift *De eversione Europae prognosticon anno Christi 1480* von Antonius Torquato, 1899 Promotion zum Dr. theol., Dezember 1899 gemeinsam mit Hugo Koch Reise zu deutschsprachigen Universitäten und Bibliotheken (Würzburg, Jena, Halle, Leipzig, Breslau, Berlin, Göttingen, Bonn, Marburg, Gießen, Heidelberg, Freiburg/Br., Straßburg, München), 1900 Stadtpfarrer in Geislingen, 1903 o. ö. Professor für Neues Testament in Breslau, 1906 in Straßburg, August bis Oktober 1914 Lazarettgeistlicher in Stuttgart, 1917 Professor für Neues Testament in Tübingen, 1922/1923 Rektor der Universität, bis 1927 Vorstand des Christlichen Kunstvereins der Diözese Rottenburg, 1932 emeritiert, Ruhestand in seiner Heimat. Zu ihm: Verzeichnis 1984, 64; Hans-Werner SEIDEL, Bibelwissenschaftliche Arbeit und Forschung an der Katholisch-Theologischen Fakultät der Universität Breslau, in: Jahrbuch der Schlesischen Friedrich-Wilhelms-Universität zu Breslau 10 (1965), 7–45; Christoph SCHMITT, Art. Rohr, in: BBKL 8 (1994), 585–590. Dominik BURKARD, Art. Rohr, in: Württembergische Biographien 2 (2011), 230–233.

208 Lösch widmete Rohr – wenige Jahre später – dann auch einen außergewöhnlich umfangreichen Nachruf: Stefan LÖSCH, In memoriam Professor D. Dr. Ignaz Rohr (1866–1944), in: ThQ 126 (1946), 131–193.

209 Diesbezüglich haben sich im Nachlass Schelkles etliche, meist undatierte Karten und Briefe mit exegetischen, grammatikalischen oder begrifflichen Anmerkungen erhalten. Vgl. UBT Mn 16 (NL Schelkle) Kaps. 103. – Von Hansslers exegetischen Interessen zeugt auch sein Beitrag zur FS Schelkles: Zu Satzkonstruktion und Aussage in Kol 2,23, in: FELD (Hg.), Wort Gottes 143–148.

Abb. 11:
Postkarte o. D. Bernhard Hanssler an Karl Hermann Schelkle. UBT Mn 16 (NL Schelkle) Kaps. 106.

der philologische und damit exegetische Sachprobleme diskutiert. Aber auch über andere Themen tauschte man sich – durchaus kontrovers – aus[210].

210 Ein Beispiel: Im November 1942 waren Schelkle und Hanssler in Stuttgart zusammengetroffen, an einer sich anschließenden Veranstaltung hatte Schelkle jedoch nicht mehr teilgenommen. Hanssler schickte ihm daraufhin »Geschuldetes« und »Versprochenes«, berichtete über die Veranstaltung und griff dann die Diskussion mit Schelkle wieder auf: »Wir wollen doch noch ein wenig über die in Stuttgart stehen gebliebenen Fragen nachdenken. Mir ist es sehr wichtig, daß es Abstufungen im Christlichen gibt, weil eine solche Voraussetzung im Denken Jesu beweist, daß er die *Wirklichkeit* sah und nicht wie ein objektiver Idealist den abstrakten Menschen an sich. Eine Ethik, die ethische Begabungsunterschiede realistisch sieht und ihnen gerecht wird, ist himmelhoch überlegen der Ethik Kants, die an ein Ideal appelliert und kategorisch imperiert. Und mein alter Einwand gegen den Protestantismus ist es, daß er vornehm nur mit dem apriorischen Menschen verkehrt, so recht einem homunculus, der in der Mönchszelle einem Hirn entsprang, und daß er dabei den realen armseligen Menschen ignoriert. Du wirst protestieren, aber solche »Einstellungen« sind vorzügliche selektorische und heuristische Arbeitsprinzipien«. 17. November 1942 Hanssler an Schelkle. Hervorhebung durch den Verfasser. UBT Mn 16 (NL Schelkle) Kaps. 103.

In Wachendorf erlebte Schelkle auch das Ende des Krieges[211]. Im Oktober 1945 kehrte er nach Tübingen zurück, zunächst als Assessor an der Universitätsbibliothek[212], legte 1946 seine Fachprüfung für den wissenschaftlichen Bibliotheksdienst ab und wurde zum 1. März 1947 zum Bibliotheksrat auf Lebenszeit ernannt[213]. Schelkle betrachtete dies als Wiedergutmachung für erlittenes nationalsozialistisches Unrecht[214], arbeitete damals aber

211 Offenbar hatte Schelkle zu Beginn seiner Tätigkeit in Wachendorf mit Diebstählen zu tun. Hanssler schrieb ihm: »Das mit den Dieben ist schlimm. Ich weiß keine Abhilfe ausser dem jedoch rohen Verfahren der Russen, die dem Apfeldieb mit Salz (nach Freilegung der Schießscheibe) hintendraufschiessen«. 6. Oktober 1942 Hanssler, Tübingen, an Schelkle. UBT Mn 16 (NL Schelkle) Kaps. 103.

212 Im Juli 1945 hatte Schelkle die früher erfolglosen Verhandlungen wieder aufgenommen. Vgl. 30. Juli 1945 Schelkle, Krankenhaus Rottenburg, an Bischöfliches Ordinariat. DAR G 1.7.1, Nr. 445 (PA Schelkle). – Bischof Sproll gab seine Einwilligung: »Der Absicht Euer Hochwürden, in den Bibliotheksdienst überzutreten, wollen wir nicht nur nicht entgegensein, sondern Ihnen alle Förderung unsererseits angedeihen lassen, um Ihnen die Möglichkeit zu geben, Ihre reichen Kenntnisse auf diesem Gebiete zu verwerten, so ungern wir Sie aus der Seelsorge scheiden sehen, andererseits im Blick auf den Priestermangel in unserer Diözese«. 2. August 1945 Bischöfliches Ordinariat (Sproll), Rottenburg, an Schelkle. DAR G 1.7.1, Nr. 445 (PA Schelkle). – Vermutlich ebneten auch Hanssler und Domkapitular Sedlmeier die Wege unter den neuen Verhältnissen. Hanssler berichtete am 1. September 1945: »Lieber Karl, leider gelang es mir nicht, Dr. Rupp zu erreichen, und als ich letzte Woche zweimal mit ihm auf dem Ministerium zusammensaß, vergaß ich doch wahrhaftig inmitten der turbulenten Ereignisse, ihn auf meinen früheren Brief anzusprechen [...]. Die Hügelei wird Dich sicher als alten Kunden vorläufig in 1 Zimmer beherbergen«. 1. September 1945 Hanssler, Tübingen, an Schelkle. UBT Mn 16 (NL Schelkle) Kaps. 103. – Rupp setzte sich dann dafür ein, dass Schelkle, der noch keine Bibliotheksausbildung hatte, höhergruppiert wurde: »Da Herrn Dr. Schelkle seiner Zeit die Zulassung zum Bibliotheksdienst aus politischen Gründen verweigert worden ist, bin ich damit einverstanden, dass er im Wege der Wiedergutmachung vom Tage des Dienstantritts an der Universitätsbibliothek an, in die Bezüge eines Bibliotheksassessors eingewiesen wird«. 3. Oktober 1945 Landesverwaltung für Kultus, Erziehung und Kunst in Württemberg (i. A. Ministerialrat Rupp), Stuttgart, an den Rektor der Universität. UAT 351/365. – Am 3. April 1946 notierte Schelkle in sein Tagebuch: »Der Bibliothekar hat viele Verwaltungsarbeit zu tun. Aber es muss und wird auch Zeit zu eigener wissenschaftlicher Arbeit bleiben. Erst vor einigen Tagen habe ich mit dem Direktor der Bibliothek eine Unterredung darüber gehabt, zu deren Schluß er mich aufforderte, meine theologische Arbeit neben dem bibliothekarischen Dienst fortzusetzen. Und das will ich tun. Und wenn ich erst einmal meinen beständigen Teil der Arbeit habe – der Direktor sagt mir, daß ich das Referat Theologie und Archäologie erhalten solle –, dann wird das sich zu einem schönen Auftrag und Dienst fügen. Aber ist das nicht die Frage: Wird für mich Platz sein an der hiesigen Universitätsbibliothek?«. Tagebuch Schelkle (im Privatbesitz). – Als Bibliothekar wohnte Schelkle in der Uhlandstraße, in einer Wohnung, die einst Bonhoeffer bewohnt hatte. Schelkles Vater, der frühpensioniert worden war, weil er sich geweigert hatte, das Horst-Wessel-Lied zu singen, lebte seit 1941 im Haushalt Schelkles in Wachendorf. Als dieser nach dem Krieg die Tübinger Stelle angeboten bekam, protestierte der expulsive Vater, der um nichts in der Welt nach Tübingen gehen wollte. Es gab einen Riesenkonflikt. Schelkle ging dennoch nach Tübingen, wohin ihm Vater und Schwester schließlich folgten. Der Vater lebte in Tübingen noch ca. 20 Jahre und starb erst mit 93 Jahren. Freundliche Mitteilung von Frau Evita Koptschalitsch.

213 24. März 1947 Staatssekretariat für das französisch besetzte Gebiet Württembergs und Hohenzollerns/Landesdirektion für Kultus, Erziehung und Kunst (Ministerialrat Rupp), Tübingen, an Schelkle. UBT Mn 16 (NL Schelkle) Kaps. 95.

214 »1945 wurde ich im Wege der Wiedergutmachung zum Bibliotheksassessor und bald darauf zum Bibliotheksrat an der Universitätsbibliothek Tübingen ernannt«. o. D. [1984?] Schelkle an Kultusministerium (Entwurf). Im Privatbesitz.

Abb. 12: Karl Hermann Schelkle, wahrscheinlich als Pfarrer in Wachendorf. Privatbesitz.

schon längst auch an einer Habilitationsschrift. Von anderer Seite mühte man sich, dieses Unterfangen zu hintertreiben. Hanssler, von Schelkle informiert, versuchte zu beschwichtigen: »Du hast ja reichlich alarmierende Nachrichten übermittelt! Ich bin übrigens der Meinung, daß es ein leichtes sein würde, die Täter zu ermitteln und fast wollte ich mir zutrauen, sie von hier aus zu finden, obwohl ich weder ein Sherlock Holmes bin, noch das veränderte Kräftefeld Tübingens kenne. – Kann auch ein roher Spaß kein schlechter Spaß sein? Immerhin, die Zeit scheint noch nicht vorbei zu sein, da man in der Theologie Heiterkeitserfolge erreicht (vgl. ThQ CXXVI, 2, 141[215] u[nd] 290, A[nmerkung] 2[216] – ich bitte die Zensur an sich und in ihrer geistesgeschichtlichen Bedeutung an sich wirken zu lassen!). Möge Dir im übrigen Dein einstiger Nekrolog jegliches Böse nachsagen, nur das eine nicht, Du habest Deinen Lebtag im Wesentlichen αλλότρια gerieben! […] Leb wohl, sei herzlich gegrüßt und grüße alle Göckel auf dem Mist und alle Schnapsleichen unter ihm!«[217] Zielte diese Abgrenzung tatsächlich auf Lösch, der in »seinem« Fach – der neutestamentlichen Exegese – zeitlebens nichts Wesentliches leistete[218], oder nicht doch (auch) auf andere?

215 Hanssler spielt hier an auf eine Passage in: Stefan Lösch, In Memoriam Prof. D. Dr. Ignaz Rohr (1866–1944), in: ThQ 126 (1946), 131–193.

216 Hanssler spielt hier an auf eine Stelle in: Arthur Allgeier, Alttestamentliche Beiträge zum neutestamentlichen Ehescheidungsverbot, in: ThQ 126 (1946), 290–299.

217 Vgl. 2. November 1946 Hanssler an Schelkle. UBT Mn 16 (NL Schelkle) Kaps. 103.

218 Löschs Interessen waren historisch-philologisch orientiert. Ihn beschäftigte vor allem die Geschichte der Tübinger Katholisch-Theologischen Fakultät, für die er u. a. Auszüge aus den Akten des Stuttgarter Kultministeriums erstellte. Sie gelten heute – nach Vernichtung der Akten selbst im 2. Weltkrieg – als wichtige Quelle. Vgl. Reinhardt, Quellen 369–388.

Schelkles Versuch, die Annahme seiner Habilitationsschrift in Tübingen zu erzwingen, misslang, da Lösch brüsk ablehnte[219]. Im August 1948 schrieb Hanssler an Schelkle: »Lieber Karl, ›zwei Zeiten und eine halbe Zeit‹ habe ich Dir nicht mehr geschrieben. Nur gelegentlich höre ich von Deinem Kampf mit dem Drachen. Es ist eine Schande und ein Elend, was sich da alles tut. Aber was ›will‹ das alles von Dir, welchen Auftrag hat dieses Geschehen an Dich? Unter Gottes Instrumenten ist die Borniertheit und die Malice der Menschen immer eines der bevorzugten, – das ist Trost und Geheimnis in einem, und wahrscheinlich die manifesteste Form der Kenose. Wir wären schlechte Leser der Schrift, wenn wir an diesen Erlebnissen nur bitter würden und nicht auch die samuelische Feinhörigkeit an ihnen lernten«. Das war die alte, aufbauende Art, in der die Freunde Schelkle begleiteten[220].

Dieser wurde durch Löschs Ablehnung freilich gezwungen, sich anderweitig umzusehen. Zunächst sagte 1948 der Freiburger Neutestamentler Alfred Wikenhauser (1883–1960)[221] zu, die Habilitation anzunehmen. Doch er erkrankte wenig später, und so wandte sich Schelkle auf Anraten von Generalvikar August Hagen (1889–1963)[222] nach Würzburg,

219 Das Verhältnis zwischen Lösch und Schelkle wurde damals noch durch einen weiteren Umstand belastet: Lösch wohnte im Haus Österberg 11 zur Miete, das zunächst der Diözese Rottenburg gehörte. Als die Neckarbrücke gesprengt wurde, erhielt das Haus schwere Risse. Die Diözese beschloss, sich davon zu trennen und schrieb es öffentlich aus. Schelkle erwarb das Haus. Lösch musste monatlich die Miete an Schelkle überweisen – angesichts der Spannungen zwischen den beiden eine besondere Art der Demütigung. Wenn Lösch die Miete überwies, soll er immer mit »Ihr Untertan« unterschrieben haben. Bald nach seiner Emeritierung zog Lösch aus, sodass Schelkle einziehen konnte. In Untermiete wohnte eine Zeitlang ein verheirateter Bruder von Stadtpfarrer Fridolin Laupheimer (1921–2005). Freundliche Mitteilung von Frau Evita Koptschalitsch.

220 Hanssler verfolgte stets freilich auch eigene Ziele. Offenbar hatte Schelkle – aus Trotz – seine Teilnahme bei einer Zusammenkunft oder Tagung abgesagt, denn Hanssler schrieb: »Sag, war das Dein letztes Wort, dass Du nicht auf die Comburg kommen willst im September? Ich würde es tief bedauern und ich bitte Dich abermals herzlich und dringend, lass uns nicht im Stiche. Die sachliche Arbeit und die grosse Aufgabe sei uns allezeit wichtiger als die Rücksicht auf die kleinen und grossen Bosheiten der Offiziellen, die dem Menschen in allen Bereichen, in denen sie vorkommen, auferlegt sind als Züchtigung. Bitte, lass Dich umstimmen, Du wirst an der Arbeit selber Freude haben und selber an ihr wachsen«. 11. August 1948 Hanssler, Schwäbisch Hall, an Schelkle. UBT Mn 16 (NL Schelkle) Kaps. 103.

221 Gebürtig aus Welschingen (Baden), Studium der Philosophie und Theologie in Freiburg i. Br., 1907 Priesterweihe, zunächst in der Seelsorge tätig, 1010–1912 Studienaufenthalt in Rom, dann in Freiburg, 1913 in Freiburg Promotion zum Dr. theol., danach wieder in der Seelsorge, 1922 Habilitation, 1926 Professor für Neues Testament in Würzburg, 1929–1950 in Freiburg. Zu ihm: Josef SCHMID, In memoriam Alfred Wikenhauser, in: BZ 5 (1961), 92 f.; Christoph SCHMITT, Art. Wikenhauser, in: BBKL 13 (1998), 1110–1113.

222 Gebürtig aus Spaichingen, Studium der Philosophie und Theologie in Tübingen, 1914 Priesterweihe, Vikar in Esslingen, 1922 Repetent am Wilhelmsstift in Tübingen, Promotion zum Dr. theol. und Dr. sc. pol., 1928 Pfarrer in Poltringen, 1930 zugleich Privatdozent für Kirchenrecht in Tübingen, 1935 Professor für Kirchenrecht in Würzburg, 1947 Domkapitular in Rottenburg, 1948 Generalvikar von Bischof Sproll, 1949 Kapitularvikar und Generalvikar von Bischof Leiprecht, 1952 Verleihung des Titels Apostolischer Protonotar, 1960 im Ruhestand (Spaichingen). Zu ihm: Max MILLER, Nachruf August Hagen 10.2.1889 – 27.1.1963, in: ZWLG 22 (1963), 186 f.; Hubert WOLF, Art. Hagen, in: GATZ (Hg.), Bischöfe 481 f.; Stephan HAERING, August Hagen (1889–1963) als Professor des Kirchenrechts in Würzburg (1935–1947). Ein Schwabe an der Alma Julia, in: WDGBl 69 (2007), 175–204.

wo Hagen bis 1945 Professor für Kirchenrecht gewesen war und wo er deshalb Wege bereiten konnte. Tatsächlich wurde Schelkle hier im April 1949 bei Karl Staab (1892–1974)[223] habilitiert, mit seiner Studie *Paulus, Lehrer der Väter*[224] – einer Darstellung der Römerbrief-Exegese der Kirchenväter. Damit wurde Schelkle in Würzburg auch Privatdozent, pendelte aber, um seiner Lehrverpflichtung nachzukommen, zwischen Würzburg und Tübingen, wo er seine Lebensstellung an der Universitätsbibliothek freilich beibehielt.

Nach der Emeritierung Löschs bewarb sich Schelkle 1950 um die Tübinger Professur für Neues Testament, wurde von der Fakultät aber auf einen völlig aussichtslosen Listenplatz gesetzt. Nachdem der Erstplatzierte[225] jedoch Bischof geworden und sodann der Zweitplatzierte gestorben war, griff offenbar Ministerpräsident Gebhard

Abb. 13: Schelke, wohl um 1950. Privatbesitz.

223 Gebürtig aus Zellingen am Main, Studium der Theologie in Würzburg, 1914 Priesterweihe, 1920–1923 Kaplan im Juliusspital, 1922 Promotion zum Dr. theol. in Würzburg, 1922–1925 Studium am päpstlichen Bibelinstitut in Rom, 1925 Habilitation für Neues Testament in München, 1926 Privatdozent in München, 1926–1929 Universitätsprediger, 1929 o. Professor für Neues Testament in Würzburg, 1950 Dr. h.c. der Rechts- und Staatswissenschaftlichen Fakultät in Würzburg, 1957 emeritiert. Zu ihm: Wolfgang WEISS, Modernismuskontroverse und Theologenstreit. Die Katholisch-Theologische Fakultät Würzburg in den kirchenpolitischen und theologischen Auseinandersetzungen zu Beginn des 20. Jahrhunderts (QFW 55), Würzburg 2000, 467–482; Ludwig K. WALTER, Dozenten und Graduierte der Theologischen Fakultät Würzburg 1402 bis 2002 (QFW 63), Würzburg 2010, 148 f.

224 Karl Hermann SCHELKLE, Paulus, Lehrer der Väter. Die altkirchliche Auslegung von Römer 1–11, Düsseldorf 1956, ²1959.

225 Joseph Freundorfer (1894–1963), gebürtig aus Bischofsmais, 1920 Priesterweihe in Passau, 1926 Promotion in München mit einer Studie über Erbsünde und Erbtod beim Apostel Paulus, 1928 ebenfalls in München Habilitation für Neues Testament, anschließend Studien in Rom am Päpstlichen Bibelinstitut und an der Vatikanischen Bibliothek, Mitglied der Anima, dann Lehrstuhlvertreter in Dillingen, 1930 a. o. Professor für Neues Testament in Passau und bis 1939 Hauptherausgeber der *Biblischen Zeitschrift*, 1933 Unterzeichner des »Bekenntnis der Professoren an den deutschen Universitäten und Hochschulen zu Adolf Hitler«, 1940 Mitglied der Päpstlichen Bibelkommission, 1945 Ordinarius in Passau, 1949 Bischof von Augsburg. Zu ihm: Engelbert Maximilian BUXBAUM (Hg.), Dr. Joseph Freundorfer, Bischof von Augsburg (1949–1963). Sein Leben und Wirken nach eigenen und zeitgenössischen Dokumenten. Vom »Waldler-Buben« zum Hochschulprofessor und regierenden Bischof. Studien und Dokumente, Regensburg 2004.

Müller (1900–1990)[226] persönlich ein und berief Schelkle[227]. Schelkle wirkte in Tübingen 26 Jahre lang bis zu seiner Emeritierung im September 1976. Große Beachtung fand seine *Theologie des Neuen Testaments*[228], mit der er neue Wege beschritt, und die auch ins Englische, Französische, Spanische, Italienische, Polnische und Portugiesische übersetzt wurde.

In einer Zeit, in der die katholische Exegese lehramtlich allgemein an der kurzen Leine geführt wurde, fanden seine Publikationen mehrfach Kritik von oben. Als es 1948/1949 um die Veröffentlichung seiner von Lösch verworfenen, von Vogels in Bonn jedoch angenommenen Dissertation *Die Passion Jesu in der Verkündigung des Neuen Testaments* ging, verweigerte ihm der bischöfliche Zensor im Rottenburger Ordinariat, Domkapitular Rupert Storr

226 Gebürtig aus Füramoos (bei Waldsee), fünftes Kind einer Lehrerfamilie, ab 1906 in Ludwigsburg, Besuch der katholischen Volksschule, dann des humanistischen Gymnasiums in Ludwigsburg, 1919 zunächst Studium der Philosophie, Theologie und Geschichte, dann der Rechts- und Staatswissenschaft in Tübingen, 1923 in Berlin, Mitglied katholischer Studentenverbindungen, Referendariat beim Amtsgericht Ludwigsburg, beim Landgericht und bei der Staatsanwaltschaft Stuttgart, beim Oberamt Ludwigsburg und in einer Rechtsanwaltskanzlei, 1929 Promotion zum Dr. jur., danach zunächst stellvertretender Amtsrichter in Stuttgart und Tübingen, ab Herbst 1930 Steuerreferent bei der Diözese Rottenburg, bis 1933 Mitglied der Zentrumspartei, Orts- und Bezirksvorsitzender in Rottenburg, 1933 Rückkehr in den Staatsdienst, zunächst stellvertretender Amtsrichter in Göppingen und Waiblingen, 1934 Amtsgerichtsrat in Göppingen, Beitritt zum BNSDJ und zur NSV, auch Förderndes Mitglied der SS, bei der Volksabstimmung über den Anschluss Österreichs Abstimmung mit Nein, bei der Reichspogromnacht 1938 Anzeige gegen einen Landrat, der den Einsatz der Feuerwehr gegen den Brand der Göppinger Synagoge ablehnte, daraufhin Versetzung als Landgerichtsrat an das Landgericht Stuttgart, 1939 zur Wehrmacht eingezogen, nach dem Frankreichfeldzug Rückkehr und Heirat, 1944 abermals zur Wehrmacht eingezogen, 1945 in Kriegsgefangenschaft, aber nach wenigen Tagen aufgrund seiner Bekanntschaft mit dem hingerichteten württembergischen Staatspräsidenten Eugen Bolz Freilassung, von den Besatzungsmächten als Oberstaatsanwalt und Ministerialdirektor des Justizministeriums eingesetzt, 1947 Landesvorsitzender der CDU Württemberg-Hohenzollern, 1947–1952 Mitglied des Landtags, Staatspräsident des Landes Württemberg-Hohenzollern, 1953 Bundestagsabgeordneter, dann aber bis 1958 Ministerpräsident von Baden-Württemberg, 1958 Bundesverfassungsrichter und Präsident des Bundesverfassungsgerichts, 1971 im Ruhestand. Zu ihm: Paul-Ludwig WEINACHT, Art. Müller, in: NDB 18 (1997), 389–391; Gerhard THADDEY (Hg.), Gebhard Müller. Ein Leben für das Recht und die Politik. Symposium anläßlich seines 100. Geburtstages am 17. April 2000 in Stuttgart (Veröffentlichung der Kommission für geschichtliche Landeskunde in Baden-Württemberg. B 148), Stuttgart 2000.

227 Angeblich, weil man auf seiner Bibliothekarsstelle eine Frau unterbringen wollte. Im Berufungsausschuss saß auch Weinreich, Schelkles philologischer Doktorvater, der gesagt haben soll: »Der beste Mann ist der auf Platz 6. Er ist nur dort, weil er noch so jung ist«. Daraufhin sei Schelkle berufen worden. Frdl. Mitteilung von Frau Koptschalitsch.

228 Karl Hermann SCHELKLE, Theologie des Neuen Testaments, 5 Bde., Düsseldorf 1968–1976 (auch Übersetzungen in mehrere Sprachen). – Die Pläne dazu hatte Schelkle schon früh; vgl. 31. Oktober 1942 Hanssler an Schelke. UBT Mn 16 (NL Schelkle) Kaps. 103.

229 Gebürtig aus Schwäbisch Gmünd, Studium der Theologie und Philosophie in Tübingen, Vikar in Spaichingen, Heilbronn und Stuttgart-St. Elisabeth, 1914 Verweser der Dompräbende ad S. Brigitta in Rottenburg, Promotion zum Dr. phil., 1916 Hilfsfeldgeistlicher, 1917 Dompräbendar, 1925 Stadtpfarrer in Rottenburg-St. Moriz, 1925 Bischöflicher Kommissär, Ehrenpromotion zum Dr. theol h.c., 1937 Domkapitular in Rottenburg, 1946 mit dem Titel Päpstlicher Hausprälat, 1948 Domdekan, 1955 im Ruhestand in Stuttgart. Zu ihm: Verzeichnis 1984, 143. – Ein Ereignis war 1934 das Erscheinen der »Riessler-Storr-Bibel« – seit 30 Jahren die erste deutsche katholische Bibelübersetzung.

(1883–1957)[229], selbst Neutestamentler, das Imprimatur. Generalvikar Hagen ließ Schelkle daraufhin kommen und erklärte ihm, die Druckerlaubnis nicht geben zu können, weil er vom Kirchenrecht an das Gutachten des Zensors gebunden sei; auch könne er ihm den Namen des Zensors nicht nennen. Hagen legte den Akt jedoch so offen-demonstrativ vor Schelkle hin, dass dieser den Namen lesen konnte. Hagen soll ihm auch gesagt haben: »Herr Professor, Sie bekommen das Imprimatur nicht. Aber Sie können Ihre Dissertation trotzdem drucken. Wir werden dagegen nichts unternehmen«[230].

Von römischer Seite beanstandet wurde sodann die Studie *Jüngerschaft und Apostelamt*[231], die Schelkle zu seinem 25. Weihejubiläum herausgab und die von priesterlicher Seite zunächst ausgesprochen positiv aufgenommen worden war[232]. Freund Hanssler kommentierte die römische Beanstandung mit einem Dolschütz-Zitat: »In Griechenland fallen Götterbilder, in Rom kirchliche Dekretalien vom Himmel«[233]. Der Rottenburger Bischof Karl Joseph Leiprecht (1903–1981)[234] bog die Kritik ab. Als Augustin Bea SJ (1881–1968)[235], der

230 Für diese Information danke ich freundlich Herrn Prof. Dr. Klaus Ganzer (München).

231 Karl Hermann SCHELKLE, Jüngerschaft und Apostelamt. Eine biblische Auslegung des priesterlichen Dienstes, Freiburg i. Br. 1957, ³1965. – Ausgehend von dem Ergebnis vor allem evangelischer Studien, das Neue Testament kenne kein eigenes priesterliches Amt oder einen priesterlichen Stand, stellte Schelkle die Frage nach der biblischen Begründung und dem biblischen Verständnis des kirchlichen Amtes neu. – Die Schrift war mit mehreren 10.000 Exemplaren ein großer Erfolg. Sie erschien (für die DDR) auch im St. Benno-Verlag, außerdem in einer niederländischen Übersetzung im Verlag Romen & Zonen (Roermond) sowie in einer französischen Übersetzung, verantwortet vom Centre international d'Études de la formation religieuse (G. Delcuve SJ, Brüssel). Herder ließ auch eine spanische Übersetzung fertigen.

232 Berthold Altaner (1885–1964) bezeichnete sie als »eine ebenso gelehrte wie religiös wertvolle Gabe für alle Priester«: »Sie haben es verstanden, die Hl. Schrift ohne alle frömmelnde[n] Übertreibungen zu erklären und damit den Priestern eine kerngesunde Kost bereitgestellt. Wahrheit, Wahrhaftigkeit und Frömmigkeit haben in Ihrem Büchlein einen segenbringenden Bund geschlossen zur Freude und zum Segen für alle jene, die Interesse und Sehnsucht nach einer nüchternen und doch tiefen an Worten der Hl. Schrift orientierten Frömmigkeit haben«. 18. März 1957 Altaner, Würzburg, an Schelkle. – Der Würzburger Neutestamentler Karl Staab (1892–1974), bei dem Schelkle habilitiert hatte, meinte: »Es dürfte selten vorkommen, daß jemand seinen ›fratribus symmystis‹ eine so sinnvolle Festgabe bietet – sie ist auch für uns Ältere sinnvoll. Das Büchlein […] zeigt Dich von einer Seite, von der ich Dich bisher noch gar nicht kannte. Umso mehr freue ich mich darüber und sage Dir meinen innigen Dank«. 19. März 1957 Karl Staab, Würzburg, an Schelkle. – Ähnlich äußerte sich auch Domkapitular Alfons Hufnagel (1899–1976): »Letzten Dienstag wollte ich Sie mal wieder besuchen. Anlass und Grund war allein die literarische Gabe, sie Sie mir haben zukommen lassen. Dafür wollte ich Ihnen recht innig die Hand schütteln, da ich mit Worten doch nicht recht auszudrücken vermag, was Sie mir und all unsern Mitbrüdern in Ihrem Büchlein ›Jüngerschaft und Apostelamt‹ geschenkt haben. Ich habe das Ganze gelesen und habe mich nicht bloss über Ihre stets edle Sprache besonders gefreut, sondern noch mehr über die in den ganzen Geist des N.T. so trefflich einführende Exegese. So darf ich Ihnen für dieses Geschenk von ganzem Herzen ein schlichtes ›Vergelts Gott‹ sagen«. 6. April 1957 Hufnagel, Rottenburg, an Schelkle. Teil-NL Schelkle (im Privatbesitz).

233 o. D. Hanssler an Schelkle. UBT Mn 16 (NL Schelkle) Kaps. 103. – Zit. nachgewiesen bei: Carl SCHNEIDER, Geistesgeschichte des antiken Christentums, 2 Bde., München 1954, hier II, 241.

234 Gebürtig aus Hauerz, 1928 Priesterweihe, Vikar in Schwäbisch Gmünd Hl. Kreuz und Stuttgart St. Georg, 1932 Repetent im Konvikt Ehingen, 1936 Konviktsvorsteher, 1942 Stadtpfarrer in Rottweil Hl. Kreuz, 1947 Domkapitular, 1948 Weihbischof von Rottenburg (Titularbischof von Scyrus), 1949 Bischof von Rottenburg, 1974 Verzicht auf das

offenbar das römische Gutachten verfasst hatte, später in Tübingen auftrat und sich positiv über das Buch äußerte, war Leiprecht sehr verstimmt[236].

1976 erhielt Schelkle – gewissermaßen als eine Art kirchliche Wiedergutmachung – den Titel eines päpstlichen Prälaten[237], 1985 auch das Bundesverdienstkreuz. Zeitlebens war und blieb Schelkle jedoch nach allen möglichen Richtungen misstrauisch und ängstlich, trat auch keineswegs mit dem üblichen Selbstbewusstsein eines Tübinger Ordinarius auf und hielt sich gegenüber der eigenen Fakultät auf deutlich erkennbare Distanz. Er starb im März 1988.

Bischofsamt, 1978 Päpstlicher Thronassistent. Vgl. Verzeichnis 1993, 33; WOLF, Art. Leiprecht, in: GATZ (Hg.), Bischöfe 470–473.

235 Gebürtig aus Riedböhringen (Südbaden), Theologiestudium in Freiburg i. Br. und in Valkenburg, 1902 Eintritt in den Jesuitenorden, 1912 Priesterweihe, 1913 Abschluss der theologischen Studien mit dem Dr. theol., 1917 Professor für alttestamentliche Exegese in Valkenburg, 1924 Übersiedlung nach Rom und Professor an der Gregoriana, dort vor allem Verfechter der historisch-kritischen Disziplinen, weshalb er von den protestantischen Göttinger Professoren Paul Volz und Johannes Hempel 1935 zu einem internationalen Kongress für alttestamentliche Exegese eingeladen wurde, 1930–1949 Rektor des Päpstlichen Bibelinstitutes, 1945 Psalmenübersetzung, 1959 durch Johannes XXIII. Ernennung zum Kardinal, Mitglied der Ritenkongregation, der Studienkongregation und der Päpstlichen Kommission für die biblischen Studien, 1960 Präsident des Sekretariats für die Förderung der Einheit der Christen, seitdem sehr viele ökumenische Reisen, 1962 Bischofsweihe, Konzilsvater im II. Vatikanum. Zu ihm: Werner BECKER, Augustin Bea. Kardinal der Einheit, in: Günther GLOEDE (Hg.), Ökumenische Profile II: 1910–1989, Stuttgart 1963, 167–179; Heinrich FRIES, Ein Friedenspreis für ökumenische Arbeit. Zur Verleihung des Friedenspreises des deutschen Buchhandels an Augustin Kardinal Bea und Willem Visser't Hooft in: StZ 91 (1966), 161–170; Maria BUCHMÜLLER (Hg.), Augustin Kardinal Bea, Wegbereiter der Einheit. Gestalt, Weg und Wirken in Wort, Bild und Dokument aus Zeugnissen von Mitarbeitern und Weggenossen. Veröffentlicht unter dem Protektorat von Lorenz Jaeger, Augsburg 1972; Dietmar BADER (Hg.), Kardinal Augustin Bea. Die Hinwendung der Kirche zu Bibelwissenschaft und Ökumene. München u. a. 1981; Heinrich BACHT, Kardinal Bea. Wegbereiter der Einheit, in: Catholica 25 (1981) 173–188; Stjepan SCHMIDT, Augustin Bea. Der Kardinal der Einheit, Graz u. a. 1989; Im Dienst der Einheit. Zum 25. Todestag von Augustin Kardinal Bea und zur Einweihung des Museums in Riedböhringen. Freiburg i. Br. 1994; Hans HEID (Hg.), Augustin Bea (1881–1968). Über Leben, Person und Werk eines badischen Kardinals. Eine Ausstellung, 2 Bde., Rastatt 1999–2000.

236 Freundliche Mitteilung von Prof. Dr. Klaus Ganzer (München).

237 In den Presseberichten hieß es, Bischof Georg Moser (1923–1988) habe Schelkle »für sein unentwegtes Eintreten für den Glauben der Kirche bei seinen Hörern und für eine Schriftauslegung im Einklang mit dem kirchlichen Lehramt« sowie nicht zuletzt »für seine stete Treue zum Bischof« gedankt. Schelkle sei »einer der angesehensten und verdientesten katholischen Exegeten Deutschlands«, seine Publikationen zeichneten sich aus »durch Ehrfurcht vor dem Wort Gottes, Gewichtigkeit der Themen, unüberbietbare und doch behutsame Gründlichkeit sowie durch die Klarheit und sachliche Angemessenheit seiner Sprache«. Vgl. etwa: Professor Schelkle geehrt. Papst Paul VI. ernannte ihn zum Päpstlichen Ehrenprälaten, in: Katholisches Sonntagsblatt (für die Diözese Rottenburg-Stuttgart) 4/1977, 14.

II. ZUR EMBLEMATIK DER »MALBRIEFE«

Im Folgenden kommen die Malbriefe Schusters zur Darstellung. Vielleicht am schwierigsten ist die Entschlüsselung der von ihrem Schöpfer in auffallender Weise verwendeten, immer wiederkehrenden Embleme. Es handelt sich im Wesentlichen um sechs Embleme: Schaufel, Sterne, Herz, Rettich, Kopf und Sporen. Sie dienen Schuster teils zur Charakterisierung des »Triumvirats« an sich – am eindeutigsten in der Verwendung der Schaufel – teils zur Darstellung (und Identifizierung) der einzelnen Personen in ihrer Differenz zu den anderen.

Schwierig und damit problematisch ist die Dechiffrierung vor allem deshalb, weil sie sich ex post nicht eindeutig als »korrekt« verifizieren lässt. Möglicherweise gehört das ja generell zu den Kennzeichen von Emblemen, garantieren diese doch in ihrer Uneindeutigkeit auch eine interpretationsoffene Vielfalt. Gleichwohl sucht der Historiker nach der mit ihnen intendierten Aussageabsicht. Prinzipiell scheint mir zunächst die vordergründigste Interpretation die naheliegendste zu sein und erst von da her lässt sich auch nach hintergründigen Aussageabsichten fragen.

Das in den vorliegenden Skizzen auffallendste Emblem ist das der Schaufel, des Spatens. Es taucht in den hier vorliegenden Skizzen Schusters am häufigsten auf, und zwar in verschiedensten Variationen: Schelkle hält die Schaufel in der Hand (Bild 2), Schuster benutzt sie als Wimpelmast, bei Schelkle ist sie am Bett angebracht (Bild 4), Schuster hat sei in die Tasche gesteckt (Bild 5), sie ist auf einem Wimpel Schusters dargestellt (Bild 6), sie dient als Werkzeug der Rache Schusters und Hansslers an einem Konkurrenten Schelkles sowie zur Heilmachung des verwundeten Herzens Schusters (Bild 7), Schuster hat sie an einen Baum gelehnt (Bild 9), Schelkle hat sie an einer Säule abgestellt beziehungsweise weggeworfen (Bild 19), Schuster wirft sie wie die sprichwörtliche Flinte ins Korn (Bild 24). Dabei steht die Schaufel offenbar für die Gruppe an sich; »Schauffler« ist eine Selbstbezeichnung.

Auf der ersten Interpretationsebene und damit am naheliegendsten ist die Deutung im Sinne einer hohen Gewissenhaftigkeit. Allen dreien, Schuster, Schelkle und Hanssler, eignete das Bestreben, den Dingen auf den Grund zu gehen, sich nicht mit dem oberflächlichen Schein zu begnügen, also »tiefschürfender« vorzugehen. Zieht man das Diktum »tiefer graben, emsiger, rastloser prüfen ...«[238] des einstigen Münchener Kirchenhistorikers

238 So in dem programmatischen Vortrag: Ignaz Döllinger, Die Vergangenheit und Gegenwart der katholischen Theologie. Eine Rede, gehalten am 28. September vor der Gelehrten-Versammlung zu München, Regensburg 1863.

Ignaz Döllinger (1799–1890) mit ein, so könnte dies – zumindest in der Frühzeit seiner Verwendung und mit aller Vorsicht – zusätzlich auf theologisch-kritische (»aufklärerische«) Intentionen des Dreiblatts hinweisen, wäre also Ausdruck einer gewissen Programmatik[239].

Bei Schelkle ist das offensichtlich. Seine exegetischen Studien, denen er sich früh zuwandte, zwangen geradezu, die Kärrnerarbeit des »Tiefergrabens« auf sich zu nehmen. Sie nahm Schelkle so in Beschlag, dass sie bei ihm zu einer gewissen Alltagsunfähigkeit führte (oder diese auch schon voraussetzte). Zahllos sind die Anekdoten, die bei den späteren Studenten über die »Vertrottelung« des Professors umgingen. Aber auch Schuster zeichnet Schelkle als in praktischen Dingen durchaus hilflosen Freund. Diese Hilflosigkeit begegnet als Folge und Gegenstück zur Tiefgründigkeit des »Schaufflers«.

Hanssler plagten zwar nicht die Skrupel Schelkles, die diesen vom schnellen Zugriff abhielten, aber auch er suchte den Dingen auf den Grund zu gehen. Die Briefe Hansslers im Nachlass Schelkles dokumentieren dieses Suchen nach dem philologisch (und exegetisch) Korrekten sehr eindringlich[240]. Im Grunde werden hier Fachdiskussionen auf hohem Niveau geführt.

Bleibt noch Schuster selbst. Er ist literarisch nicht hervorgetreten, war aber ein theologisch und politisch interessierter Mann, auch sehr reflektiert, intelligent, im Denken selbständig. Das hohe Reflexionsvermögen Schusters lässt sich auch aus den hier vorgelegten Skizzen und Bildern deutlich ersehen. Allerdings hatte er – entgegen dem ausgesprochenen Karrierebewusstsein Schelkles und Hansslers – keine höheren Ambitionen, sah sich selbst als »einfachen« Pfarrer und Seelsorger. Dass er sich auf einer der Karikaturen – und in Gegensatz zu dem »feinen« Stadtvikar Schelkle – als völlig verschlampten »Landvikar« darstellt (Bild 1), könnte eine bewusste Überzeichnung sein. Der tiefgründig-hintersinnige Charakter des Künstlers, auch seine psychologische Sensibilität, bleibt festzuhalten. Hinter dem derben Äußeren verbarg sich eine Natur, die nach Wesentlichem Ausschau hielt. Auch hier also ein »Schauffler«. Allerdings war Schuster wohl auch ein gewisser Eigensinn und möglicherweise eine Art Umständlichkeit zueigen. Im November 1942 berichtet Hanssler von einem Vorfall, der sich auf Joseph Schuster (»Jos«) bezieht und diesen in seinem »tiefschürfenden« Charakter trefflich darstellt: »Ich habe einen organisatorischen Fehler in Unterboihingen begangen. Auf der Bahn hatte mir einmal jemand Josens Konferenzaufsatz ›Das Ringen der Kirche in der Zeit‹ sehr gelobt. Er hatte ihn denn auch prompt bei sich. Da ich mir ohnehin ungebührlich an der Rampe stehend vorkam, bat ich Jos, das letzte Referat nach seinem Aufsatz zu halten und sagte das etlichen Leuten, die alle entschieden ablehnten. So sah ich mich genötigt, in einer Pause Jos zu hören, was er sagen werde. Er eröffnete mir, daß er *einmal den Dingen auf den Grund gehen wolle*, und daß er darum der Reihe nach untersuche: was ist Ringen, was ist Kirche in ihrem Begriff, was ist Zeit im tiefsten Grunde. Daraus sollten sich angeblich sehr klare Auskünfte ergeben. – Nach dieser Mitteilung zog

239 Herrn Dr. Abraham P. Kustermann danke ich herzlich für diesen interessanten Hinweis.

240 UBT Mn 16 (NL Schelkle) Kaps. 103. – Hanssler berichtet selbst, dass zu den Zusammenkünften mit Schelkle immer auch die Erörterung biblischer Fragen gehörte. HANSSLER, Bischof 107.

ich es vor, selbst zu sprechen, und zwar so lange, daß er auch als Korreferent nicht mehr auftreten konnte«[241].

Das Bestreben, »den Dingen auf den Grund zu gehen«, dürfte also die wesentlichste Aussage im Selbstverständnis der »Schauffler« gewesen sein – neben der Aussage, etwas »umzutreiben«, »Hand anzulegen« im Garten Gottes[242]. Von dieser Interpretationsebene ausgehend ist allerdings nach weiteren möglichen Deutungsebenen zu fragen. Für den nicht informierten Betrachter ex post ergibt sich eine solche wohl am ehesten in den konkreten historischen Kontexten der vorliegenden Skizzen. Zwei seien hier hervorgehoben:

1. Eine gewisse Distanz der Hausleitung des Tübinger Wilhelmsstifts gegenüber den drei Freunden. Dabei mag mehreres eine Rolle gespielt haben, insbesondere die »Extrawurst«, die alle für sich in Anspruch nahmen: Schuster als Quickborner und in seiner Kränklichkeit, Schelkle in seinen exegetischen Avancen und Hanssler durch seine exaltierte Intellektualität[243]. Überliefert ist immerhin, dass die physische Größe von Hanssler und Schelkle den Funktionsträgern des Wilhelmsstifts, Direktor und Spiritual, Anlass zu Spott und Verunglimpfung bot. So wurde ihnen mehr als einmal coram publico gesagt: »So lang wie dumm«. Auch im Priesterseminar wurden die drei kühl behandelt. So durfte Schelkle beispielsweise nie bei einem Pontifikalamt ministrieren oder singen, lediglich einmal die Lesung vortragen. Und über Hansslers Probepredigt erregte sich der Regens, weil dieser einen griechischen Philosophen zitiert hatte[244]. Das heißt: man ging auf »Tauchstation«. In diesem Kontext könnte das Emblem der Schaufel für das unausgesprochene Ziel stehen, die Autorität der Vorgesetzten zu untergraben, das heißt nicht anzuerkennen. Dazu passt auch gut der später in Bezug auf diese Zeit von Schelkle gebrauchte Ausspruch, man sei eben »auf Tauchstation gegangen«. Dem Emblem könnte von daher auch etwas »Revolutionäres«, zumindest »Widerständiges« eignen.

241 17. November 1942 Hanssler an Schelkle. Hervorhebung durch den Verfasser. UBT Mn 16 (NL Schelkle) Kaps. 103.

242 Als Hermann Geyer Jahrzehnte später in Baindt im Eingangsbereich des Pfarrhauses ein Bild Johannes des Täufers malte, erzählte ihm Schuster, er habe während seiner Studienzeit mit zwei Kommilitonen den Spatenklub gegründet. »Er, Schuster, sei der Einzige, der noch realiter umgräbt in seinem Baindt, dem unfruchtbaren Garten«. 30. Juli 2014 Hermann Geyer, Ulm, an Dominik Burkard. – Damals hatten sich Hanssler und Schelkle längst von der harten seelsorgerlichen Arbeit verabschiedet, gruben nicht mehr »realiter«, sondern auf der theoretisch-reflektiven Ebene.

243 Zudem soll er bei der Ausleihe von »S-Literatur« aus der Universitätsbibliothek (Literatur über Sexualität/Aufklärung) – dies war den Stiftlern verboten – von einer Bibliothekarin an die Hausleitung »verpfiffen« worden sein. Freundliche Mitteilung von Frau Evita Koptschalitsch.

244 Schelkle stellte im Rückblick eine Verbindung zu dem freilich schon zwei Jahrzehnte zurückliegenden Antimodernismus her. »Zwischen dem Rottenburger Bischof Paul Wilhelm von Keppler und Mitgliedern der Katholisch-Theologischen Fakultät Tübingen war es aus Anlaß des Antimodernisteneides nach 1910 zu Auseinandersetzungen gekommen. Diese Vorgänge wirkten wohl auch in Leitung und Geist des Priesterseminars nach. Mir schien, daß man die Verbindung der künftigen Priester zur Theologie abbrechen wollte, während diese doch im Interesse der Priester wie der Seelsorge möglichst gepflegt bleiben sollte«. SCHELKLE, Lebenserinnerungen 67.

2. Der explizite – auch verbale – Einsatz der »Schaufel« im Zusammenhang mit dem Jahr 1933 führt die eben angeklungene Konnotation in einem völlig anderen Kontext weiter und lässt die Interpretation als chiffrierte Meinungsäußerung über den Nationalsozialismus zu. Die sekundäre Bedeutung des Zeichens wäre wohl auch hier gleichbedeutend mit »untergraben«, »Maulwurf spielen«, vielleicht auch »in Deckung« gehen, jedenfalls (inneren) »Widerstand« leisten.

Höchst interessant ist in diesem Zusammenhang, dass das Emblem der Schaufel einige Jahre später auch in Ulm beim widerständigen Tappklub »Deutsche Eiche« auftaucht, dem zeitweise zumindest Hanssler, möglicherweise aber auch Schuster angehörte. Jedenfalls verwendete Wilhelm Geyer die Schaufel – völlig unauffällig, für Eingeweihte aber doch deutlich erkennbar – auf einer Einladungskarte zur Jahresfeier des Tappklubs im Dezember 1938. Hanssler war damals bereits seit zwei Jahren nicht mehr in Ulm, Schuster erst seit wenigen Monaten[245]. Damit scheint sich das Netzwerk des Ulmer Widerstandskreises deutlicher abzuzeichnen.

Auffallend ist – neben der Schaufel – auch das immer wiederkehrende Emblem der Sterne. Es sind exakt drei Sterne – und eben diese Anzahl verweist wohl auf die ursprüngliche, offensichtliche Bedeutung des Emblems: Es steht wiederum für die kleine Gruppe der drei Freunde, die hier als »Dreigestirn«, als »Konstellation«, identifizierbar werden. Möglicherweise weist dieses Dreigestirn auch auf den Dreierbund als »Seilschaft« hin: ein Zusammenschluss, der weiterbringen soll, ein durchaus zweckorientiertes Bündnis.

Das Bild der Sterne verweist in gewisser Weise auch in die Zukunft. Zumindest Schelkles und Hansslers Ambitionen sind Hoffnungen und Wunschvorstellungen für die Zukunft. Die Ziele sind noch nicht erreicht. Sie »greifen nach den Sternen«, die ihnen (noch) unerreichbar sind.

Diese Interpretation legt möglicherweise auch Bild 13 nahe: Dargestellt ist eine »Vision«, gewissermaßen eine irdisch entrückte Szene. Das Fernrohr zeigt im nächtlichen Himmel das Dreigestirn, Schuster und Hanssler deutlich identifizierbar, wobei Schelkle zum »Mann im Mond« (vielleicht auch mit dem angedeuteten Sinngehalt: hinter dem Mond) mutiert ist. Bild 4 verbindet die drei Sterne mit Zukünftigem: Fortuna – Schicksal und Glück.

Als Emblemata der Differenz dienen Schuster – für sich selbst – (Barbaren- oder Toten-?) Kopf, Luftballon und Rettich. Ersterer ist schwierig zu deuten. Barbarisch könnte so viel bedeuten wie hoffnungslos, peinlich. In diesem Zusammenhang taucht bei Bild 5 der Vers auf: »ego tertius gaudens, primus lugens, nolens volens J[osephus] Sch[uster]«. Ob der Kopf ein Sinnbild für eine gewisse manisch-depressive Verstimmung oder Veranlagung Schusters ist? Die Bedeutung des Luftballons ist konkreter fassbar, zumal er mit der Selbstbezeichnung als »Nebulo« zu korrespondieren scheint: Schuster ist – im Vergleich zu seinen Mitstreitern –

245 Auch sonst schickten sich die Tappfreunde »Briefe, oft im Stil von Bildrätseln oder mit Skizzen und Zeichnungen versehen«. Man sprach sich Mut zu, tauschte Informationen über den persönlichen Alltag aus«. REINHARD, Kunst 173.

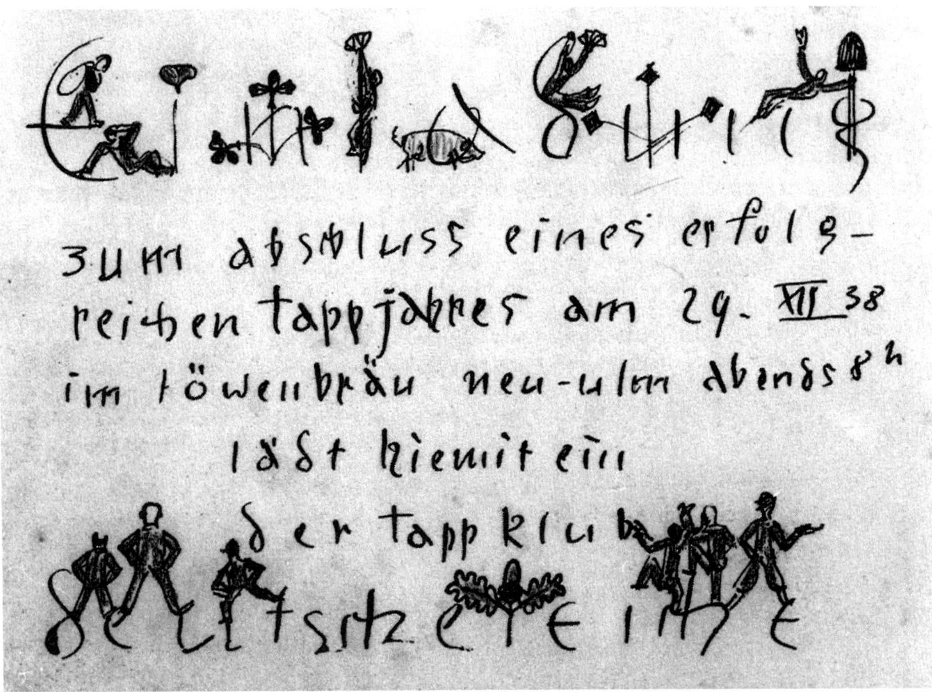

Abb. 14: Einladungskarte zur Jahresfeier des Tappklubs »Deutsche Eiche« am 29.12.1938. Mit Buntstift kolorierte Lithographie von Wilhelm Geyer. Die Schaufel ist rechts im »g« zu sehen.

schwankend, ziellos, »nebulös«. Auch das dritte Emblem Schusters, der Rettich, ist vor allem in der Differenz zu sehen und wird entschlüsselt durch Bild 1 der Bilderfolge: Schuster sieht an der Stelle des Herzens bei sich selbst einen Rettich, ein »Knollengewächs« – offenbar eine Deformierung, eine Abweichung vom »Normalen«. Eine gewisse Nähe zum Bedeutungsgehalt des (Barbaren- oder Toten-) Kopfs scheint erkennbar. Doch lässt sich auch eine etwas anders geartete Konnotation vermuten: In den 1930er Jahren war »Knollengewächs« eine offenbar verbreitete Bezeichnung für einen bestimmten urig-derben Menschentyp[246].

Demgegenüber wird Schelkle öfter mit dem Emblem des (verwundbaren) Herzens dargestellt und so wohl als fühlend, liebend und (weh-) leidend charakterisiert.

Am eindeutigsten ist in allen Karikaturen Hanssler zu erkennen, der stets nicht nur mit straff nach hinten gekämmten Haaren und markanter Nase, sondern auch immer mit Sporen an den Fersen dargestellt wird. Die Sporen wurden zu seinem Kennzeichen schlecht-

246 Vgl. etwa auch die Charakterisierung von Professor Anton Mayer-Pfannholz (Passau) als »Bayer von der urgemütlichen Sorte, Marke Knollengewächs, mit entzückendem schmunzelnden, behäbigen und dabei sehr treffsichere Humor«. 19. Januar 1942 Ida Friederike Görres, [Stuttgart-Degerloch], an Albert Görres. Abgedruckt in: Dominik BURKARD, Ida Friederike Görres – privat. Briefe aus vier Jahrzehnten (in Vorbereitung).

hin. Vordergründig wird man sie als Ausdruck des ihm eigenen Charakters, als Sinnbild seiner Energie und seines Vorwärtsdrängens, vielleicht auch einer karrieristischen Einstellung werten können. Angesichts dessen wundert es nicht, dass im Eifer des Gefechts oft nicht die Muße blieb, tiefschürfender zu werden. Tatsächlich fehlt bei Hanssler der Spaten als Erkennungszeichen durchgängig[247]. Hinter dem Emblem der Sporen verbirgt sich jedoch mehr. Es fällt auf, dass noch viele Jahrzehnte später, 1996, der alternde Hanssler in seinen Gesprächen mit dem Journalisten Rainer Hank das Wort Sporen selbst in den Mund nahm – und zum Bild seiner Erziehungsvorstellungen machte, die er während seiner Zeit als geistlicher Leiter der Cusanusstiftung umzusetzen suchte. Hank berichtet darüber: »Hanssler ist ein geistlicher Vater. Nicht gütig, nicht verstehend, sondern anspornend, herausfordernd. Nicht warmherzig, sondern eiskalt. Jedenfalls gefällt er sich in dieser Rolle. ›Man muß immer den Leuten die Sporen geben, wenn man anspruchsvoll ist, die Sporen geben, bis das Blut spritzt, wenn der Gaul über die Hürden gehen soll‹. Das sagt er und freut sich mit einem abgründigen Lachen am Reiz der Grausamkeit. Das ist seine Pädagogik der Kälte, die eine geheime Freude am Quälen nicht verbergen kann. Es liegt eine gewisse Wucht in diesem Gestus. Harmonie ist Hansslers Sache nicht. Und es liegt ein Anspruch unbequemer Unerbittlichkeit in dieser Haltung. Der Partner ist immer der Unterlegene (wenngleich nicht der Dumme). Der Prälat weiß es immer besser, belehrt, macht klein. Das kann entmutigen. Die Haltung kann aber auch herausfordern, wenn sie gepaart ist mit den Versprechungen des Erfolgs. Der verführerisch-lockende Ruf heißt: Seid wie ich, folgt mir, dann wird der Erfolg sich einstellen und Macht euch zuteil werden. Der elitäre Gestus einer neuen Geistesaristokratie schmeichelt dem Hochmut der Wenigen«[248]. Wird Hanssler von Schuster mit Sporen dargestellt, so mag diese Lebenseinstellung des Freundes mitspielen, vielleicht auch die Unerbittlichkeit sich selbst gegenüber.

Bleibt zuletzt noch auf das Signet Schusters hinzuweisen, ein in sich verschlungenes »J« mit einem »S«. Es taucht auf den Bildern 1, 9, 11, 14, 17, 20, 22[v], 23 auf.

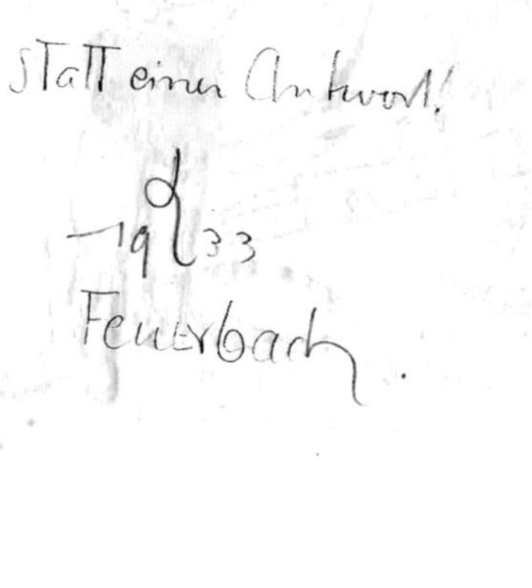

Abb. 15 Signet Schusters auf der Rückseite von Malbrief 22.

247 Mit Ausnahme von Bild 7, doch agieren hier alle drei gemeinsam.

248 HANK, Der Geistliche 48 f.

III. DIE EINZELNEN BILDSZENEN

Nach diesen grundsätzlichen Überlegungen zu der von Schuster immer wieder und in auffallender Weise verwendeten Emblematik lohnt sich der konzentrierte Blick auf die einzelnen Szenen und Bildfrequenzen. Die Darstellung folgt einer – rekonstruierten – chronologischen Reihenfolge; die erste Schwierigkeit bestand nämlich darin, die einzelnen Bilder zu datieren und in eine chronologische Ordnung zu bringen[249].

249 Nur ein Teil der Bilder weist eine Folierung auf. Bei der chronologischen Ordnung zeigte sich, dass diese (nachträglich angebrachten?) Folierung keiner einsichtigen Kriteriologie folgt.

1. BILD

FORMALE BESCHREIBUNG:

Blatt, einseitig benutzt, hochkant. Nachträglich foliert als fol. 13.

THEMATIK:

Das Bild ist zweigeteilt. Thematisiert wird der Gegensatz zwischen Schuster, auf der linken Bildseite dargestellt, und Schelkle, dem die rechte Bildseite eingeräumt ist. Der Gegensatz ist bis in die Details ausgeführt: Dem »verlotterten«, heruntergekommenen, gerade noch auf beiden Beinen sich haltenden schwitzenden Landpfarrer Schuster wird ein gestriegelter Stadtvikar Schelkle gegenübergestellt, der kerzengerade und unangefochten, geradezu soldatisch dasteht. Während auf dem von Schuster bearbeiteten Acker nur Disteln und Dornen wachsen, blühen auf Schelkles Boden Blumen. Wird Schelkle mit Herz dargestellt, so findet sich bei Schuster anstelle des Herzens nur ein Rettich oder ein anderes Knollengewächs.

TRANSKRIPTION DER TEXTE:

Linke Seite:
»Viator! hic vides stantem
ruraliter pastorantem
Josephum illum sudorEm
habentem nullum humorEm«.

Rechte Seite:
»Du siehst auf diesem Bilde
in seiner Wundermilde
den Herren Stadtvikar.
Er stehet auf zwei Beinen,
man könnt es fast nicht meinen,
doch ist dies wirklich wahr«.

ZEITLICHE EINORDNUNG:

Die erste Stelle nach der Priesterweihe führte Schelkle am 2. Mai 1932 als Vikar nach Saulgau, das bereits als Kleinstadt galt. Schuster wurde am 20. Mai als Vikar nach Fulgenstadt, unweit Saulgau, geschickt. Beide verbrachten also ihre erste Zeit der praktischen Seelsorge in unmittelbarer Nähe, aber eben doch unter ganz unterschiedlich gelagerten Bedingungen. Am 1. November 1932 wurde Schuster in Fulgenstadt Pfarrverweser, einen Monat später kam er als Vikar nach Langenargen am Bodensee. Das Bild muss in Schusters Fulgenstädter Zeit entstanden sein, also zwischen 20. Mai und 2. Dezember 1932 datiert werden.

ERKLÄRUNG:

Schuster reagiert mit diesem Bild offenkundig auf Klagen des sensiblen, sich selbst gerne bemitleidenden, mimosenhaften Schelkle. Er spielt an auf dessen ausgeprägte Psychosomatik – wenn Schelkle etwas belastete, konnte er tagelang im Bett verbringen (»Er stehet

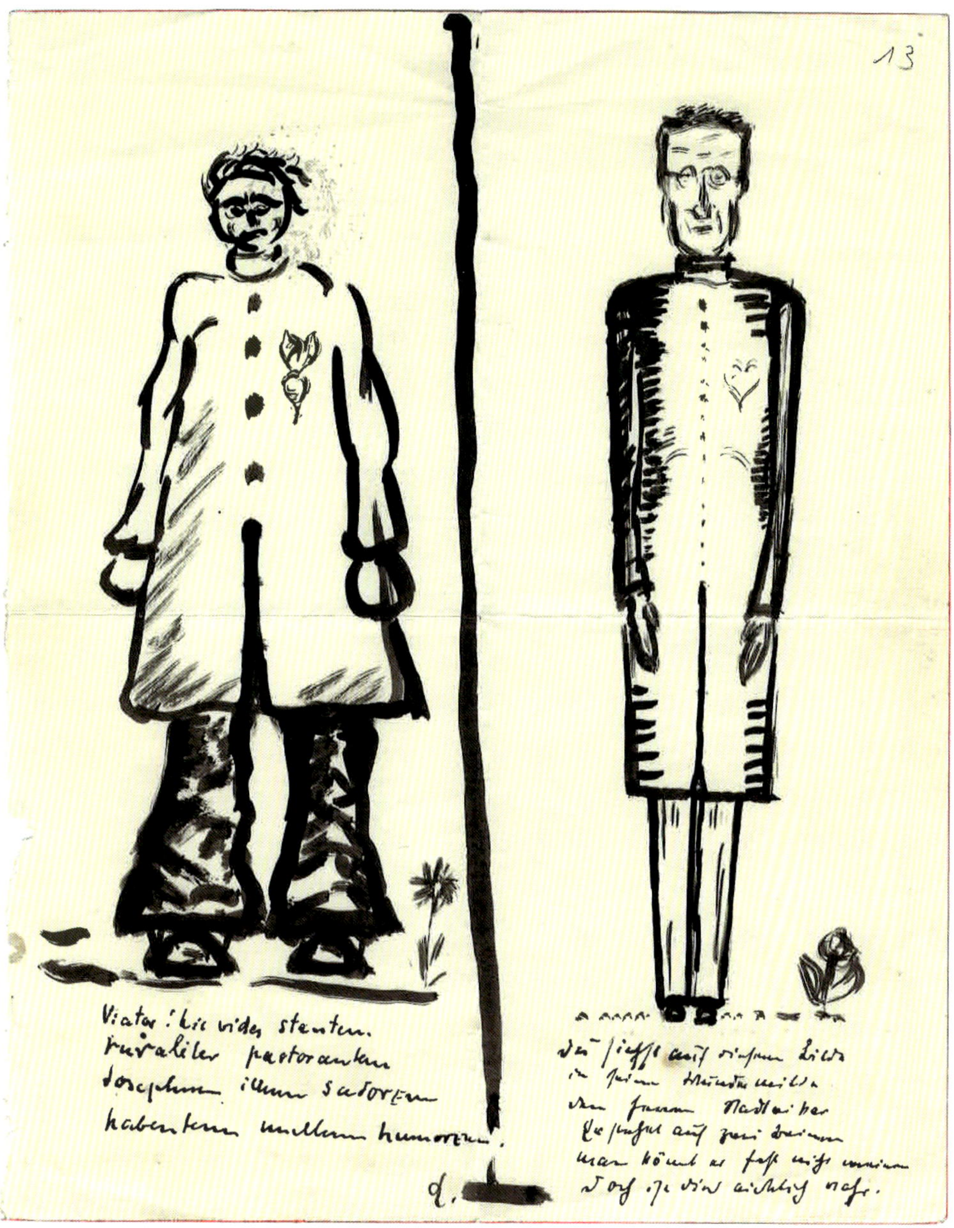

auf zwei Beinen, man könnt es fast nicht meinen ...«). Schuster versucht hier wohl, Schelkle aufzumuntern, indem er sich selbst in Gegensatz zu diesem karikiert: als Seelsorger auf dem Dorf, ungepflegt, mit wirrem Haar, dessen Mühen nicht Blumen sondern Disteln hervorbringen, dessen Herz zur Knolle wird (oder vielleicht auch schon vorher eine solche ist), im Gegensatz zu dem empfindsamen Herzen des Freundes.

2. BILD

FORMALE BESCHREIBUNG:

Blatt, beidseitig benutzt, querkant. Nachträglich foliert als fol. 10^{v}.

THEMATIK:

Die obere Bildseite zeigt, auf einer Mischung aus Steckenpferd und fliegendem Besen sitzend, die drei Freunde: vorne Hanssler mit Sporen und Trompete, in der Mitte Schelkle mit Schaufel, hinten Schuster – erkennbar an übergroßen Schuhen – mit einem zerknautschten Luftballon oder einer Wolke (»Nebulo«) in der Hand. Die untere Bildhälfte zeigt links eine idyllische Landschaft: See, Berge sowie ein Ort am Seeufer – gemeint ist Langenargen. Rechts ist das prächtige Ulmer Münster dargestellt.

TRANSKRIPTION DER TEXTE:

Überschrift:
»Es ritten drei Reiter zum Tore hinaus«.
Untere Bildhälfte (anstelle eines Bildes von Saulgau):
»in der Mitte liegt holdes Bescheiden«.

ZEITLICHE EINORDNUNG:

Das Bild muss kurz nach dem Wechsel Schusters am 2. Dezember 1932 von Fulgenstadt nach Langenargen entstanden sein.

ERKLÄRUNG:

Auch durch dieses Bild versucht Schuster Freund Schelkle mit seinem »Schicksal« Saulgau zu versöhnen. Mit dem »Tor« ist wohl das Tor des Rottenburger Priesterseminars gemeint. Hanssler hat es mit seinem Einsatzort Ulm-Söflingen gut getroffen – das (evangelische) Ulmer Münster ist zwar nicht »seine« Kirche, aber es steht pars pro toto für die prächtige, kulturträchtige Stadt. Hanssler kann seine Freude wohlgemut »hinausschmettern«. Auch Schuster könnte zufrieden sein: Langenargen liegt zwar im »letzten Zipfel« der Diözese, hat aber mit seiner herrlichen Lage am Bodensee und den Kurgästen einiges zu bieten. Dennoch sitzt Schuster – als letzter – eher phlegmatisch da. Der Luftballon in seiner Hand mit der Aufschrift »Nebulo« weist vordergründig auf die Herbstnebel am Bodensee hin und mag damit sagen: Ich sitze hier monatelang im Trüben. Doch steckt dahinter wohl auch ein hintersinniger Aussagegehalt: Ich weiß nicht, was ich hier soll, und überhaupt, wo die Reise für mich hingeht. Schelkle in der Mitte ist wie auf dem ersten Bild in kerzengerader Haltung gezeichnet, in der Hand die Schaufel. Ist das ein Hinweis darauf, dass er – obwohl

(oder gerade weil) weder ins prächtige Ulm, noch ins mediterrane Langenargen geschickt – mit seinem Schicksal ganz zufrieden ist, weil er in Saulgau zu »seiner« Arbeit kommt: dem tiefschürfenden Studieren?

Auch mit diesem Bildblatt scheint Schuster seinen Freund unter Hinweis auf sein eigenes Schicksal und Befinden psychisch aufrichten zu wollen. Dem dient auch die Rückseite des Blattes (3. Bild).

3. BILD

FORMALE BESCHREIBUNG:

Blatt, beidseitig benutzt, querkant. Nachträglich foliert als fol. 10^{r}.

THEMATIK:

»Bei Tisch«. Das Bild zeigt Schuster, wie er mit seinem Pfarrherrn[250] in Langenargen beim Essen sitzt und über sein Schicksal sinniert, das ihm offenbar nicht behagt. Mit am Tisch der auf den Namen Marko hörende Hund des Pfarrherrn, von diesem liebevoll »Markolö« genannt, während der Vikar den »Sauhund« böse anblickt.

TRANSKRIPTION DER TEXTE:

»Während in F[ulgenstadt] gewisse Leute Haare auf den Zähnen hatten, findet man sie hier nur in häuslicher Speise!«

ZEITLICHE EINORDNUNG:

Vgl. Bild 2.

ERKLÄRUNG:

Das Bild ist auch eine letzte Reflexion auf Fulgenstadt, wo sich Schuster vermutlich mit der Haushälterin des Pfarrers, – eines Kurskollegen seines neuen Prinzipals[251] in Langenargen – die »Haare auf den Zähnen« hatte, schwer tat. Schuster schildert die Zustände in seinem neuen Pfarrhaus. Schuster glaubt, dass er sich mit seinem Wechsel nach Langenargen kaum verbessert hat. Der Hund ist seinem Pfarrer wichtiger als der Vikar, der eben auch noch am Tisch sitzt. Auch hier mag im Hintergrund die Botschaft an Schelkle stehen: Sei zufrieden damit, wie es Dir in Saulgau geht!

250 Hermann Eggart (1866-1948), gebürtig aus Friedrichshafen, Studium in Tübingen, 1890 Priesterweihe, anschließend Vikar in Wiblingen, dann in Schwäbisch Gmünd und danach in Tiefenbach, 1892 Pfarrverweser in Hausen (Dekanat Hofen), 1896 in Ennetach, 1897 in Schloss Neresheim, 1898 Pfarrer in Elchingen und seit 1916 in Langenargen, 1935 Ruhestand in Friedrichshafen. Zu ihm: Verzeichnis 1984, 54.

251 Josef Ruckgaber (1866-1933), gebürtig aus Rottenburg, Studium in Tübingen, 1890 Priesterweihe, nacheinander Vikar in Hausen (Dekanat Hofen), Pfauhausen, Laupertshausen und Ottenbach, 1892 Pfarrer in Ottenbach, doch noch im selben

Jahr Stadtpfarrverweser in Weißenstein, 1893 Kaplaneiverweser in Donzdorf, wenige Monate später Pfarrverweser in Unterböbingen, 1894 in Kupferzell, 1896 ebendort Pfarrer, 1902 Pfarrer in Wellendingen, seit 1920 in Fulgenstadt. Seinen Ruhestand verbrachte Ruckgaber ab 1. November 1932 in Saulgau - also in der Pfarrei von Schelkle. Auch durch ihre Prinzipale waren Schuster und Schelkle also eng vernetzt und wussten sich entsprechend auszutauschen. Zu Ruckgaber: Verzeichnis 1984, 56.

4. BILD

FORMALE BESCHREIBUNG:

Blatt, einseitig benutzt, hochkant. Auf der Rückseite nur Text. Nachträglich foliert als fol. 17[r].

THEMATIK UND TRANSKRIPTION DER TEXTE:

Es handelt sich um ein »Neujahrsblatt«. Das Bild zeigt in seiner unteren Hälfte Schelkle in der Silvesternacht um 12 Uhr im Bett liegend, um sich herum – wie immer – seine Bücher (also arbeitend), über ihm das neue Kalenderblatt »1933«, rechts einen fahrenden Zug »nach Ravensburg« und die Frage: »Ach was wird das Jahr wohl bringen??????«

Der (Wunsch-) Traum Schelkles wird in der größeren oberen Bildhälfte dargestellt: Von oben (dem Sternenhimmel) herab ergießt sich ein Füllhorn mit der Aufschrift »Fortuna«. Es bringt Schelkle die begehrte »Verlängerung des Vikariats in Saulgau« – eine zentrale Voraussetzung, um an seiner exegetischen Dissertation weiterarbeiten und so den Doktorhut, im Bild von Engeln präsentiert, erlangen zu können. Dieser wiederum führt Schelkle zum eigentlichen Ziel seiner Träume: dem »Lehrstuhl für Exegese«. Der Katheder, die Cathedra, wird von drei Engeln präsentiert.

Das Dreigestirn am Himmel deutet es bereits an: Es geht in dem Bild zwar vor allem um Schelkles Hoffnungen für das neue Jahr, aber auch die beiden (höchst verschiedenen) Freunde sind nicht vergessen. Während Hanssler – seinen Stern (»Bernhards Stern«) sowohl am Zügel führend, ihm zielstrebig Sporen gebend, als auch ihm sporenbewehrt hinterdreinjagend – drängende Dynamik ausstrahlt, sitzt Schuster als »der Nebelkapitän« in einem den Winden ausgelieferten Fesselballon (mit »Nebulo« beschriftet). Wieder taucht das Emblem des Spatens – als Fahnenstange missbraucht – auf. Der Ausruf »Achtung. Bahn frei!« (auch er will vielleicht, aber kann nicht), verbunden mit dem eher statischen Eindruck, verweist die Aussage ins (Selbst)Ironische. Und auch der Text unter dem Sternschweif-reitenden Hanssler deutet Schusters skeptisch-pessimistische Zurückhaltung an: »Bernhard und sein Glück. Wohin das führt?«

ZEITLICHE EINORDNUNG:

Das Bild weist eindeutig auf die Jahreswende 1932/1933 hin.

ERKLÄRUNG:

Das »Neujahrsblatt« bietet eine einfühlsame Momentaufnahme Schusters, die zugleich sehr treffend die charakterlichen Eigenarten der drei Freunde einfängt.

Im Zentrum steht Schelkle und dessen Traum auf einen Lehrstuhl für neutestamentliche Exegese. Die Fertigstellung seiner Dissertation ist dadurch behindert, dass er als Vikar in Saulgau doch relativ weit weg ist von Tübingen, und das heißt: von den benötigten

EBULO
Verlängerung des Vicariats in Saulgau.
Achtung. Bahn frei!
Nebelkapitän
1933

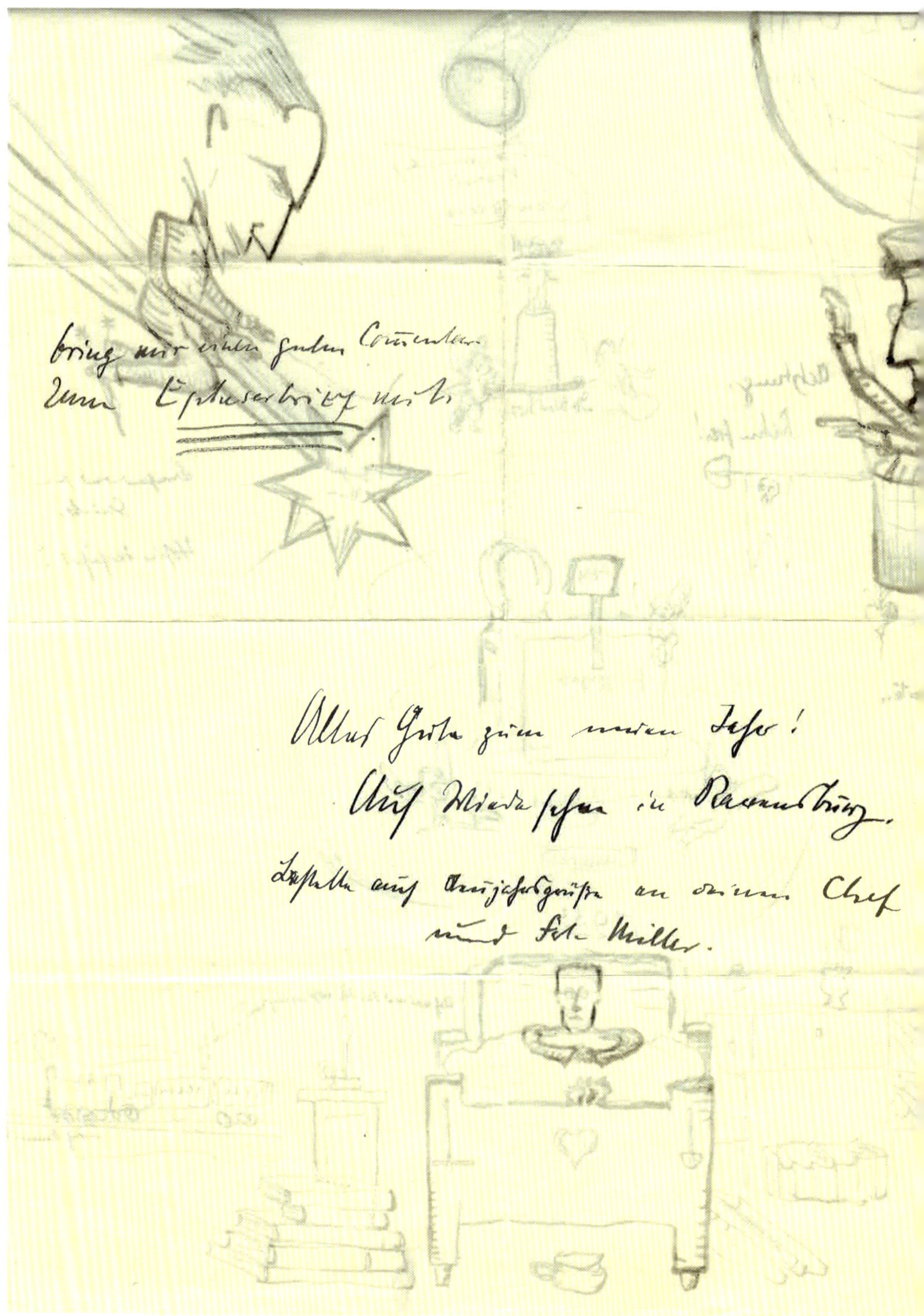
bring mir einen guten Commentar
zum Epheserbrief mit.
Alles Gute zum neuen Jahre!
Auf Wiedersehen in Ravensburg.
Desgleichen auch Neujahrsgrüße an deinen Chef
und Frl. Müller.

Büchern. Andererseits bietet ihm die Vikarsstelle in Saulgau offenbar in zufriedenstellendem Maße Zeit zum Studium, was nicht zuletzt an seinem verständigen Pfarrer liegt: Alfons Müller[252] – genannt »Campo Santo«[253], der, mit nachhaltiger Begeisterung, einst als Kaplan des Kollegs in Rom studiert hatte. So hofft Schelkle auf eine Verlängerung seiner Stelle in Saulgau, um in dieser günstigen Atmosphäre seinem Ziel näher zu kommen.

Hanssler hat offenkundig sein »Glück« gefunden und strahlt höchste Aktivität aus, auch wenn Schuster nicht weiß, wohin Hansslers Reise geht. Schuster hängt demgegenüber »in den Seilen«, scheint kein ausgemachtes Ziel zu kennen und wünscht sich für das neue Jahr 1933 nur eine freie Bahn, das heißt: keine Hindernisse.

Das Bild präsentiert alle bekannten Embleme, die auch in anderen Bildern immer wieder auftauchen: Die drei Sterne (»Stars«?). Schelkles Bettgestell zieren Schaufel, Nägel und Herz. An Schusters Ballon hängen drei Knollen, die Schaufel ist zum Wimpelmast umfunktioniert, den Wimpel ziert der Barbaren-/Totenkopf. Hanssler hat keine Schaufel bei sich, aber wie stets seine Sporen an den Schuhen.

Der dampfende Zug auf der rechten unteren Bildseite fährt »nach Ravensburg«. Avisiert wird hier ein Treffen der Freunde im neuen Jahr. Dies unterstreicht die Beschriftung auf der Rückseite: »Alles Gute zum neuen Jahr! Auf Wiedersehen in Ravensburg. Bestelle auch Neujahrsgrüße an Deinen Chef[254] und [die Haushälterin] Fr[äu]l[ein] Miller[255]«. Nachträglich wurde noch die Aufforderung notiert: »bring mir einen guten Commentar zum Epheserbrief mit«.

252 Zu ihm vgl. Anm. 133.

253 Vgl. 14. Dezember 1931 Eugen Bolz an Müller. HStAS Q 1/25 Nr. 41.

254 Alfons Müller. Zu ihm vgl. Anm. 133.

255 Frl. Miller war die Tochter des aus Mühlheim a.d.D. stammenden Lehrers Franz Miller in Langenargen, sie führte später dem geistlichen Oberstudienrat Dr. phil. Dr. theol. Leopold Kurz (1909–1994) am Gymnasium in Ravensburg den Haushalt. Freundliche Auskunft von Herrn Pirmin Ragg (Ludwigsburg). – Kurz stammte aus Ellwangen, Studium der Philosophie und Theologie zunächst in Tübingen, dann als Germaniker in Rom, 1935 Priesterweihe in Rom und Fortsetzung des Studiums, 1937 Vikar in Stuttgart (St. Fidelis), 1946 Studienrat an der Oberschule in Ravensburg, 1959 Oberstudienrat, 1960 Stadtpfarrer in Bad Cannstatt (Liebfrauen), 1964–1974 auch Dekan, 1977 Geistlicher Rat, 1980 Päpstlicher Hauskaplan, 1982 im Ruhestand (Ellwangen). Zu ihm vgl. Verzeichnis 1993, 80. – Kurz und Schelkle dürften sich eventuell noch aus Tübingen gekannt, jedenfalls aber 1936 in Rom begegnet sein.

5. BILD

FORMALE BESCHREIBUNG:

Blatt, beidseitig benutzt, querkant. Nachträglich foliert als fol. 12r.

THEMATIK:

Schuster sitzt – den Spaten in die Tasche gesteckt – auf dem Turm von Schloss Montfort, dem Wahrzeichen von Langenargen, und »bläst« über den See nach Freund »!!!Bernhard!«.

TRANSKRIPTION DER TEXTE:

Bildtitel am unteren Bildrand:
»Der Nebelhornbläser auf Schloß Montfort«.
Erläuterung:
»Er blaset auf ʻnem Nebelhorn
Und alles was er blies
das war verlorn«.

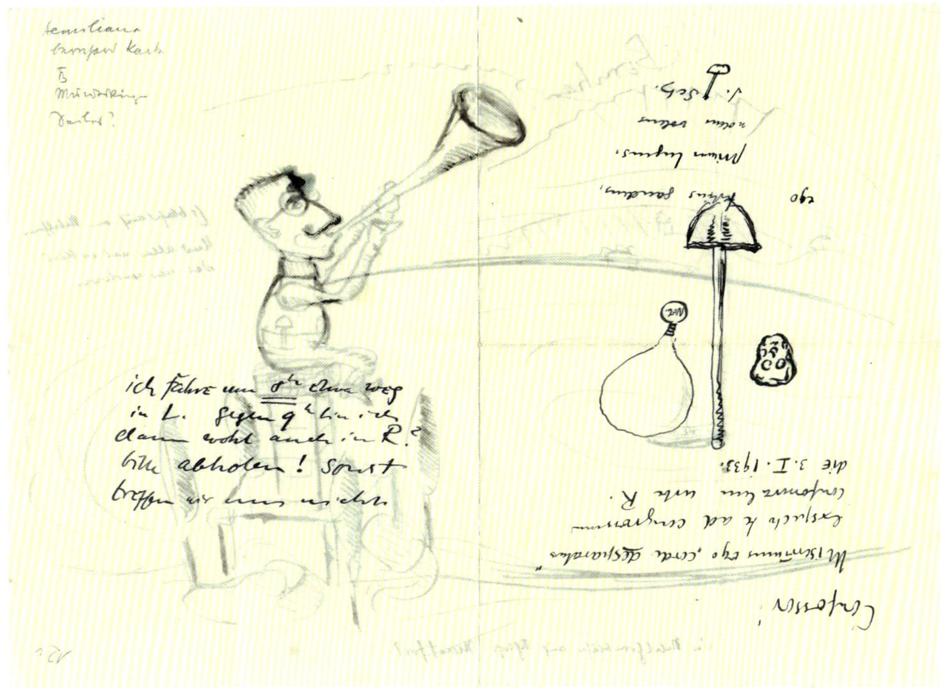

Rückseite:
»ich fahre um 8^h etwa weg in L[angenargen]. Gegen 9^h bin ich dann wohl auch in R[avensburg]? bitte abholen! sonst treffen wir uns nicht«.
Rückseite (auf dem Kopf) über der Zeichnung:
»Confessor!
Miserrimus ego »corde desparatus«
exspecto te ad congressum
confessoralem urbe R[avensburga].
die 3.I.1933".

Unter der Zeichnung:
»ego
tertius gaudens,
primus lugens,
nolens volens
J[osephus] Sch[uster]«.
Nachträglich mit Bleistift am linken Rand:
»Aemiliano
Bernhard Karte
Munderkingen
Sailer?«

ZEITLICHE EINORDNUNG:

Um die Jahreswende 1932/1933.

ERKLÄRUNG:

Schuster zeigt eine ans Depressive grenzende Verstimmung an. Grund dafür ist offenbar Hanssler, dem er mit dem Nebelhorn eine Warnung signalisiert; doch Hanssler ist »verloren«. Worauf Schuster hier anspielt, bleibt undeutlich. Offenbar schlitterte Hanssler in Ulm jedoch wenig später in politische Probleme hinein (vgl. Bilder 9, 10, 24). Er stand dort als Kaplan im Wengerten-Pfarrhaus, und dann noch mehr als Jugendkaplan, unter ständiger Observation, weil er die ganze Zeit für die Aktionsfreiheit der katholischen Jugend, die vom NS-Staat systematisch zunichte gemacht wurde, kämpfte. Im HJ-Organ, der »Reichssturmfahne«, erschien ein gehässiger Artikel, der sich mit der Person Hansslers beschäftigte[256]. Es kam zu unzähligen Zusammenstößen mit der örtlichen Gestapostelle, auch weil Hanssler nicht klein beigab; mehrfach stand er – so zumindest die Selbstdarstellung ex post – bereits mit zwei Beinen im Gefängnis, konnte sich aber durch eine kluge Taktik aus der Schlinge ziehen[257]. Die politische Auseinandersetzung verfolgte Hanssler offenbar bis hinein in seine Träume[258]. Wiederholt wurde er von einem Polizeioberwachtmeister gewarnt, wenn eine Hausdurchsuchung anstand, sodass die Polizei bei ihm nie etwas finden konnte[259], außer einer Abzugsmatrize, die seine Jugendlichen in den Papierkorb geworfen hatten.

Ob die Notiz auf der Rückseite »Aemiliano. Bernhard Karte« auf den ermordeten mexikanischen Revolutionsführer Emiliano Zapata Salazar (1879–1919) und dessen Guerillakrieg gegen das herrschende Regime anspielt, und ein Hinweis auf die Gefahr sein soll, in der Hanssler, den Schuster mit seinem Nebelhorn zu warnen sucht, schwebt, kann nicht mehr als eine Vermutung sein. – Die Erklärung kann freilich auch sehr viel einfacher sein. Denn

256 Vgl. HANSSLER, Bischof 91.

257 Vgl. die zwar anekdotenhafte, aber eindringliche Schilderung von Zusammenstößen mit Polizei und Gestapo aus der Ulmer Zeit bei HANSSLER, Bischof 90–92, 96–100, 117–123, 124–128, 132–134.

258 Einen dieser Träume – allerdings in den 1940er Jahren verankert – beschreibt Hanssler ausführlich: »Ich träumte also, ich sei unterwegs zu meinem Freund K.H. Schelkle, damals Pfarrer in der Nähe von Rottenburg, später Professor für Neues Testament in Tübingen. Da zu unseren Zusammenkünften immer auch die Erörterung biblischer Fragen gehörte, hatte ich ein griechisches Neues Testament dabei. In Bieringen stieg ich aus, um den Rest des Weges zu Fuß zu machen. Plötzlich stand mitten im Bahnhof der Führer neben mir. Wortlos brachte er mich zum Kiosk in der Ecke (der Traum hatte den armseligen Bahnhof wahrhaftig mit einem richtigen Kiosk ausgestattet) und sagte zu der Verkäuferin: ›Geben Sie dem Herrn zwei Zigarren!‹ Meine schon wieder leere Raucherkarte hatte also einen generösen Hitler hervorgezaubert. Wir verließen nun den Bahnhof und gingen des Wegs, schön geradeaus. Der Führer schwieg. Ich meinerseits durfte ihn ja nach dem Comment nicht ansprechen, solange er nicht die Huld besäße, sich an mich zu wenden. Die Situation begann peinlich zu werden. Schließlich sagte ich mir, er kennt si-

das Bild steht – wie die Texte der Rückseite deutlich machen – in engem Zusammenhang mit Bild 4 und dem dort angekündigten Treffen der Freunde in Ravensburg. Auf der Rückseite ist mit dem 3. Januar 1933 der Tag des Treffens genau angegeben. Es handelt sich in Ravensburg um einen »Bekennerkongress«. Was damit gemeint ist, bleibt offen. Es kann sich ebenso um ein Treffen der beiden Freunde handeln, wie um ein Kurstreffen oder gemeinsame Exerzitien. In diesen Rahmen wären dann die Namen und Orte einzuordnen.[260] Der Terminus »Bekenner« könnte freilich ebenfalls auf einen politischen Hintergrund hinweisen.

Auf der Rückseite »unterzeichnet« Schuster auch symbolisch: mit dem obligatorischen Spaten, seinem »Nebulo« und dem (Barbaren- oder Toten-) Kopf – vielleicht ist es auch der Kopf des trauernden (»lugens«) Schuster.

cher diese Regeln der feineren Etikette nicht, also werde ich jetzt entschlossen selbst das Gespräch eröffnen. Aber, um Himmels willen, was gab es für ein Thema zwischen uns beiden? Zufällig griff ich an meine linke äußere Rocktasche, in der die Bibel stak. Oh, ich weiß, was ich tu, ich werde den Künstler im Führer ansprechen. So zog ich also die Bibel aus der Tasche, schlug sie irgendwo auf, zeigte die Seite dem Führer und sagte: ›Mein Führer, hat diese Bibel nicht einen wunderbaren Satzspiegel und ganz besonders schöne griechische Typen? Das ist nämlich eine alte englische Ausgabe, die ich gerade wegen ihrer ästhetischen Qualitäten besonders liebe.‹ Jäh blieb er stehen, wandte sich zu mir, blitzte mich feindselig an und brüllte: ›Was, Sie haben eine Plutokratenbibel? Wir sind geschiedene Leute!‹ Er stramm rechts ab, bergan, ich, vernichtet, links weg, bergab«. HANSSLER, Bischof 107 f. – HANK, Der Geistliche 112–114 sieht darin eine (unbewusste) Identifikation mit dem Vorbild Haecker und beurteilt die retrospektive Selbstdarstellung Hansslers in der NS-Zeit kritisch.

259 Es handelte sich um Anton Rechtsteiner, der öfter im Pfarrhaus anrief und durchgab: »Fräulein sagen Sie auch dem Herrn Hanssler, dass er Besuch bekommt«.

260 Mit Sailer kann wohl nur gemeint sein: Karl Sailer (1893–1983), seit 1930 Pfarrer in Allmendingen – wie Munderkingen im Dekanat Ehingen. Zu ihm vgl. Verzeichnis 1984, 192.

6. BILD

FORMALE BESCHREIBUNG:

Blatt, einseitig benutzt, querkant. Nachträglich foliert als fol. 15.

THEMATIK:

Schuster sitzt mit einer Gitarre in einem Kahn und singt ein Lied mit dem Anfang: »Zogen einst ...«. Die Überschrift »Verstimmungsbild« deutet die Gemütsverfassung Schusters an.

TRANSKRIPTION DER TEXTE:

Der beigegebene Text, ein gereimter Dreizeiler, erläutert das »Verstimmungsbild« noch einmal:

»Es sitzt in einem Kahne
ein wilder Monomane
und singt das Lied
vom Schwane«.

ZEITLICHE EINORDNUNG:

Klar ist vom Motiv her, dass das Bild in die Zeit Schusters in Langenargen fällt, also zwischen 2. Dezember 1932 und 19. August 1933 entstanden ist. Anzunehmen ist ein enger zeitlicher Konnex zu Bild 5.

ERKLÄRUNG:

Schuster bezeichnet sich selbst als »Monomane«, leidet an »Monomanie«, an Vereinzelung und Alleinsein, sehnt sich – wie Bild 5 schon zeigte – die beiden Freunde herbei[261]. Ob der »Schwanengesang« wieder auf die (Todes-) Gefahr von Hanssler anspielt, darf immerhin gefragt werden.

261 Möglicherweise verweist die »Monomanie« auf das Zitat (Anm. 299) aus Haeckers Artikel *Was ist der Mensch?*

7. BILD

FORMALE BESCHREIBUNG:

Blatt, einseitig benutzt, querkant. Ohne nachträgliche Folierung.

THEMATIK UND TRANSKRIPTION DER TEXTE:

Dargestellt ist eine »Moritat« mit sechs Miniaturen. Es geht um die zerstörte Hoffnung Schelkles auf die Stelle eines Studienrats in Munderkingen. Die Überschrift lautet: »Eine ganz traurige, zu Herzen gehende Moritat in mehreren Auf- und Abtritten, welche aber noch ein gutes Ende nimmt.«

Miniatur 1 zeigt Schelkle im Bett liegend. Über ihm steht Munderkingen und im Traum erscheinen ihm Tintenfass mit Federkiel (als Zeichen des Lehrers) sowie eine Lehrkanzel und ein Rohrstock, über dem »ultima ratio« zu lesen ist. Die Bildlegende lautet: »Es träumet und es hofft der Mensch in seinem Leben, doch geht es meist damit daneben«. Der Satz ist mit Asteriskus versehen und wird folgendermaßen erläutert: »Aus den Axiomen der Schauffelbrüder«.

Miniatur 2 zeigt einen auf einem Hügel mit drei Lilien, unter einer Trauerweide, einen Grabstein, auf dem zu lesen ist:

»Hier liegt begraben,
was wir nicht haben,
Hoffnung.
und gerne wollen,
und doch nicht sollen«.
Die Bildlegende lautet:
»Die Hoffnung liegt begraben hier,
drei Lilien sind des Grabes Zier«.

Nach Hoffnung steht wiederum ein Asteriskus, diesmal wohl von der Hand Schelkles. Die Erläuterung, mit Bleistift angebracht, heißt: »nämlich die Hoffnung, Professor Prof[essor] des Neuen Testamentes zu werden; zum Trost seien aufs Grab gepflanzt 3 Lilien = d[as] h[eisst] wenigstens Studienrat in Munderkingen«.

Miniatur 3 zeigt – auf einem Esel reitend – einen Lehrer mit Brille sowie Tintenfass und Federkiel in der einen Hand, unter den anderen Arm einen Rohrstock geklemmt. An einem Stab flackert eine Fahne, auf der zu lesen steht: »Ordre nach Munderkingen«. Die Bildlegende lautet: Das ist der stolze Reiter, der brach sie [die Lilien, d. h. die Hoffnung]

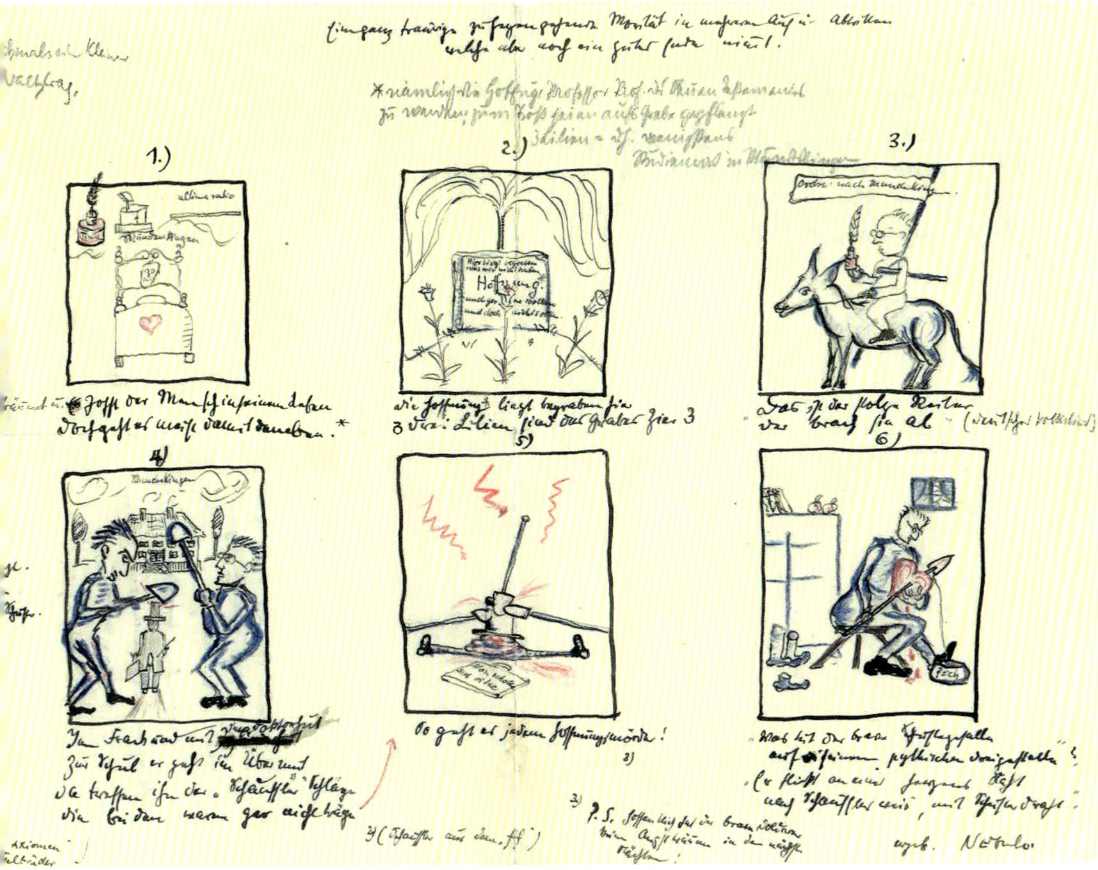

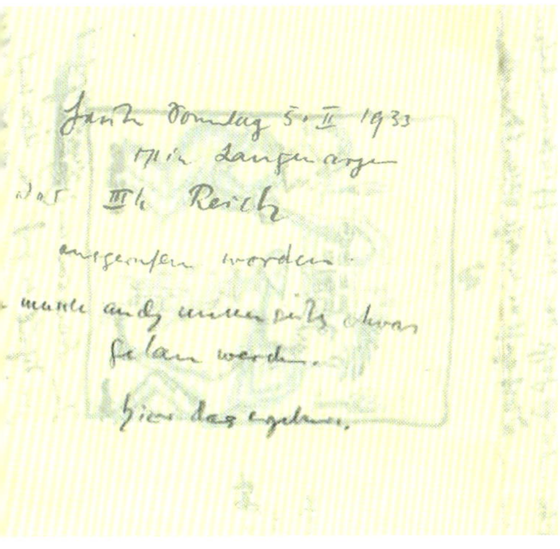

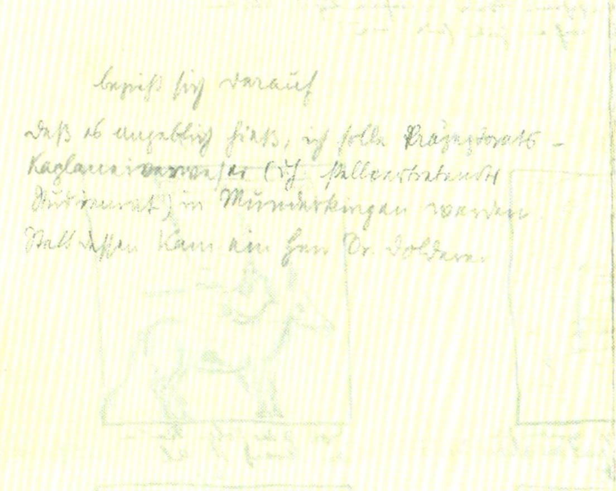

ab«. Nachträglich wurde in Klammern hinzugefügt: »Deutsches Volkslied«[262] – wohl mit der doppelsinnigen Betonung auf »deutsch« = nationalsozialistisch.

Miniatur 4 zeigt das Munderkinger Schulhaus, auf das offensichtlich der Lehrer in Frack und Hut, mit Stock und Aktentasche in der Hand, zugeht. Ihm folgen – blau gezeichnet – Hanssler und Schuster, jeder mit einer Schaufel bewaffnet. Die Text links der Miniatur lautet:

»Der Bannstrahl. Ausführende: Hanssler und Schuster«. Die Bildlegende lautet:
»Im Frack und mit dem Doktorhut
zur Schul er geht im Übermut.
Da treffen ihn der »Schauffler« Schläge
die beiden waren gar nicht träge«

Eine nachträgliche Anmerkung hielt fest: »(Schauffler aus dem »ff«)«

Miniatur 5 zeigt das Ergebnis der Schaufelschläge, die am Boden liegende Aktentasche. Die ironisch gemeinte Aufschrift: »Non scholae sed vitae [discimus]«, die Bildlegende besteht aus dem schlichten Satz: »So geht es jedem Hoffnungsmörder!« Und ein angefügtes Postskriptum setzt noch nach: »P. S. Hoffentlich hat der braune Dolderer keine Angstträume in den nächsten Nächten!«

Die Postskripta der Miniaturen 3 und 5 weisen auf den Grund hin, weshalb Schelkle die Munderkinger Stelle nicht erhielt: Der inzwischen eingetretene Regimewechsel hat sich auch sofort auf die Besetzung der Stelle niedergeschlagen: der ursprünglich vorgesehene Priester wurde durch einen Nationalsozialisten ersetzt.

Miniatur 6 schließlich zeigt Schelkle auf einem Hocker sitzend und sein verwundetes Herz mit »Pech« (für den Schusterdraht) »flickend«. Gemeint ist die Verarbeitung der Enttäuschung, die Schelkle mit der entgangenen Munderkinger Schulstelle erlebt hat. Die Bildlegende lautet:

»Was tut der brave Schustergeselle
auf seinem pythischen Dreigestelle?«
Antwort:
»Er flickt an einer Herzens Naht,
nach Schaufflerweis, mit Schusterdraht«.
»ergeb[enst] Nebulo«

262 Wohl eine Anspielung auf Goethes Heidenröslein (»Sah ein Knab ein Röslein steh ...«), wo es in der dritten Strophe heißt: »Und der wilde Knabe brach/ s'Röslein auf der Heiden«.

ZEITLICHE EINORDNUNG:

Das Bild hat Schuster auf der Rückseite selbst datiert: »Heute Sonntag 5.II[I].1933 ist in Langenargen das IIIte Reich ausgerufen worden. da musste auch meinerseits etwas getan werden. Hier das Ergebnis.«

ERKLÄRUNG:

Von Schelkle wurde auf der Rückseite folgende Erklärung festgehalten: »Bezieht sich darauf, daß es angeblich hieß, ich solle Präzeptoratskaplaneiverweser (d[as]h[eißt] stellvertretender Studienrat) in Munderkingen werden. Stattdessen kam ein Herr Dr. Dolderer«[263].

Offenbar gab es dazu ein weiteres Bild, das sich nicht erhalten hat, denn auf der Bildseite hielt Schuster – gewissermaßen als Einleitung – fest: »Nochmals ein kleiner Nachtrag.«

Die Moritat bereitet folgendes Problem: Nach der Chronologie der Bilder träumt Schelkle zunächst (Miniatur 1) von Munderkingen, wo er hofft Studienrat zu werden. Schuster kommentiert: »doch es geht meist daneben«. Miniatur 2 ist als Rückblende zu verstehen: Anstelle der begrabenen Hoffnung auf eine Exegese-Professur trat die (abgespeckte) Existenz eines Studienrats ins Blickfeld (Lilien). Das ist die aktuelle Hoffnung des in Bild 1 im Bett träumenden Schelkle. Doch dann (Miniatur 3) wird auch diese Ersatzhoffnung zunichte: Dolderer tauchte auf und bricht die Lilien. Die Kernaussage hinsichtlich der Lebensplanung Schelkles ist: Er will eigentlich Professor werden. Das gelingt nicht, weshalb er hofft, wenigstens Geistlicher Studienrat zu werden. – Damit kontrastiert die später immer wieder von Schelkle aufgestellte Behauptung, er habe zunächst nicht Professor, sondern Studienrat werden wollen; dies sei aber durch den Nationalsozialismus verunmöglicht worden. Die göttliche »Fügung« habe ihn dann Professor werden lassen. – Folgende Lösungen bieten sich an: 1. Was Schuster malte, war nicht die damalige Realität, sondern originär Schuster, der hellsichtiger war als Schelkles Selbstwahrnehmung. 2. Die (mündliche) Erinnerung Schelkles ist in eine andere Zeit zu transportieren, etwa in seine Tübinger Stiftszeit (also früher, als er noch stark von seinem Vater, selbst Lehrer, geprägt war). 3. Schuster hält die richtige Chronologie fest: Zunächst (während des Theologiestudiums) träumte Schelkle von einer Exegese-Professur. Diese zerschlug sich, da er nach seiner Weihe nicht als Repetent nach Tübingen kam. Daraufhin trat die Vision eines Geistlichen Studienrats ins Blickfeld, mit der Stelle in Munderkingen, die nach der Machtübernahme sich aber ebenfalls in Nichts auflöste. Gleichwohl machte das Ministerium Schelkle 1933 bestimmte Zusagen, ihn

263 Es handelt sich wohl nicht um den Lehrer Paul Dolderer (*1899), gebürtig aus Ennabeuren, bei Kriegsende in Oberstotzingen wohnend. Dessen Spruchkammerakte befindet sich in: StA Ludwigsburg EL 902/10 Bü 2731. – Möglicherweise verwandt war ein ehemaliger Kurs- und Studienkollege Schelkles, Erich Dolderer (1908–1986), gebürtig aus Dischingen, der zu allem Überfluss im Oktober 1933 auch noch Repetent des Wilhelmsstifts wurde. Zu diesem vgl. Anm. 295.

nach einem philologischen Studium in den Staatsdienst zu übernehmen, die aber nicht gehalten wurden[264]. Erst danach (nach 1937) bemühte sich Schelkle dann um eine theologisch-akademische Laufbahn, die allerdings durch das Zerwürfnis mit Lösch in weite Ferne rückte und sich erst 1950 verwirklichte.

264 Vgl. 12. Juni 1936 Schelkle, Friedrichshafen, an Ministerialabteilung für das höhere Schulwesen. DAR G 1.7.1 Nr. 445 (PA Schelkle). Danach hatte die Ministerialabteilung Schelkle im Frühjahr 1933, zu Beginn seiner philologischen Studien, bestätigt, er sei für eine Verwendung auf staatlichen Lehrstellen altsprachlichen Unterrichts, die mit Kaplaneistellen verbunden seien, vorgesehen. Im Juni 1936 wurde ihm jedoch mitgeteilt, seinem Gesuch um Aufnahme in den Vorbereitungsdienst könne nicht entsprochen werden, und zwar unter Bezug auf § 5 der Verordnung des Kultministeriums vom 20. Dezember 1930, wonach Bewerber zurückgewiesen werden könnten, wenn sie in der ersten Dienstprüfung das Gesamtzeugnis »befriedigend« nicht erreicht hätten. Schelkle: »Die neue Prüfungsordnung kennt das Zeugnis ›befriedigend‹ nicht mehr, aber ich darf wohl annehmen, dass das Zeugnis ›gut‹, mit dem ich abgeschlossen habe, dem früheren ›befriedigend‹ entspricht«. Auch verwies Schelkle in seinem Protestschreiben darauf, er habe drei Jahre lang ein Stipendium des Kultministeriums »zum Studium der alten Sprachen als Vorbereitung auf die erste Dienstprüfung für das höhere Lehramt« erhalten. – Möglicherweise verhielt es sich aber doch nicht ganz so. Im April 1933 hatte Schelkle dem Ordinariat jedenfalls lediglich berichtet, die Ministerialabteilung für höhere Schulen habe ihm durch Erlass vom 27. März die mündlich gegebene Zusicherung des Herrn Präsidenten Bracher bestätigt, dass er »schon nach dreijährigem Studium zur ersten Dienstprüfung [!] zugelassen werde«. 1. April 1933 Schelkle, Saulgau, an Bischöfliches Ordinariat. DAR G 1.7.1, Nr. 445 (PA Schelkle). – Ganz offenkundig rechnete Schelkle 1934 – nach den Munderkinger Erfahrungen – durchaus damit, im nationalsozialistischen Staat keine Anstellung als Lehrer zu erhalten. »Da es sich bei der heutigen Lage wohl kaum voraussehen läßt, ob es noch irgendeinen Wert hat, wenn ich in zwei oder drei Jahren ein philologisches Staatsexamen ablege, möchte ich es für das Beste halten, wenn ich zunächst einmal, um möglichst schnell irgend einen Abschluß zu haben, das Ziel zu erreichen suche, das am schnellsten erreicht werden kann, eine Promotion«. Wenn die Aussichten dann noch gut seien, könne er nach 1–2 weiteren Jahren das Staatsexamen ablegen und die Dissertation als Examensarbeit einreichen. 20. Juni 1934 Schelkle, Tübingen, an Bischof Sproll. DAR G 1.7.1, Nr. 445 (PA Schelkle).

8. BILD

FORMALE BESCHREIBUNG:

Blatt, einseitig benutzt, querkant. Nachträglich foliert als fol. 18r.

THEMATIK:

Schuster sitzt auf einem Turm (Schloss Montfort) und bläst ein mehrfaches »SOS« – »morgen R[eligions]U[nterrichts-]Prüfung« gen Saulgau.

TRANSKRIPTION DER TEXTE:

Auf der Rückseite schreibt Schuster:

»Wann treffen wir uns in Ravensburg?
bald.
ich habe bei Sedelmay[er]
u[nd] Kästle
ein wenig zu besorgen!
bitte um allenfalsssige [sic!] Vorschläge.
S.O.S.
Wie geht es dir?
mir »SOSO«
bitte lass von dir hören!«

Und als doppeltes Postskriptum:

»Existiert Rache[gefühl][265] noch?
Sollte das [Herz] noch nach Sch[uster]Pech riechen, dann fleissig Terpentin einnehmen!«

ZEITLICHE EINORDNUNG:

Durch die direkte Bezugnahme auf Bild 7 muss Februar 1933 angenommen werden.

265 Es könnte eventuell auch Kurskollege Wilhelm Rach (1909–1978) gemeint sein: gebürtig aus Biberach, Vikar in Tuttlingen, wurde er am 1. Mai 1933 »krankheitshalber« beurlaubt und erst ab Januar 1936 wieder eingesetzt. Vgl. Verzeichnis 1984, 243.

ERKLÄRUNG:

Der rückseitige Text verweist offenbar wieder auf die früheren (Bild 4 und 5) Treffen in Ravensburg. Es scheint hier, als hätte zu der Gruppe Vertrauter noch Pfarrer Johann Georg Sedelmayer (1858–1934)[266] gehört, der damals in Laimnau (ebenfalls im Dekanat Tettnang) als Pensionär lebte, außerdem Jugendkaplan Karl Kästle (1893–1970)[267] in Ravensburg.

266 Gebürtig aus Unterweiler (Kreis Saulgau), zuletzt Pfarrer in Rottum. Zu ihm vgl. Allgemeiner Personalkatalog der seit 1880 (1845) ordinierten geistlichen Kurse des Bistums Rottenburg, hg. vom Bischöflichen Ordinariat, Rottenburg 1938, 51. – Der Kontakt könnte über Saulgau (Vikariat Schelkles) oder Rottum (Nachbarort von Schelkles Geburtsort Steinhausen) zustande gekommen sein.

267 Gebürtig aus Bühl bei Laupheim, Studium der Philosophie und Theologie in Tübingen, 1917 Priesterweihe, zunächst mehrere Jahre Vikar in Schramberg, 1921 Jugendsekretär in Stuttgart, 1923 Aushilfe in St. Maria in Stuttgart, 1924 dort Vikar, 1926 Jugendkaplan in Ravensburg, 1937 Stadtpfarrer in Leutkirch, 1951 auch Dekan, 1958 zum Geistlichen Rat ernannt, 1962 in Laupheim im Ruhestand. Zu ihm vgl. Verzeichnis 1984, 187.

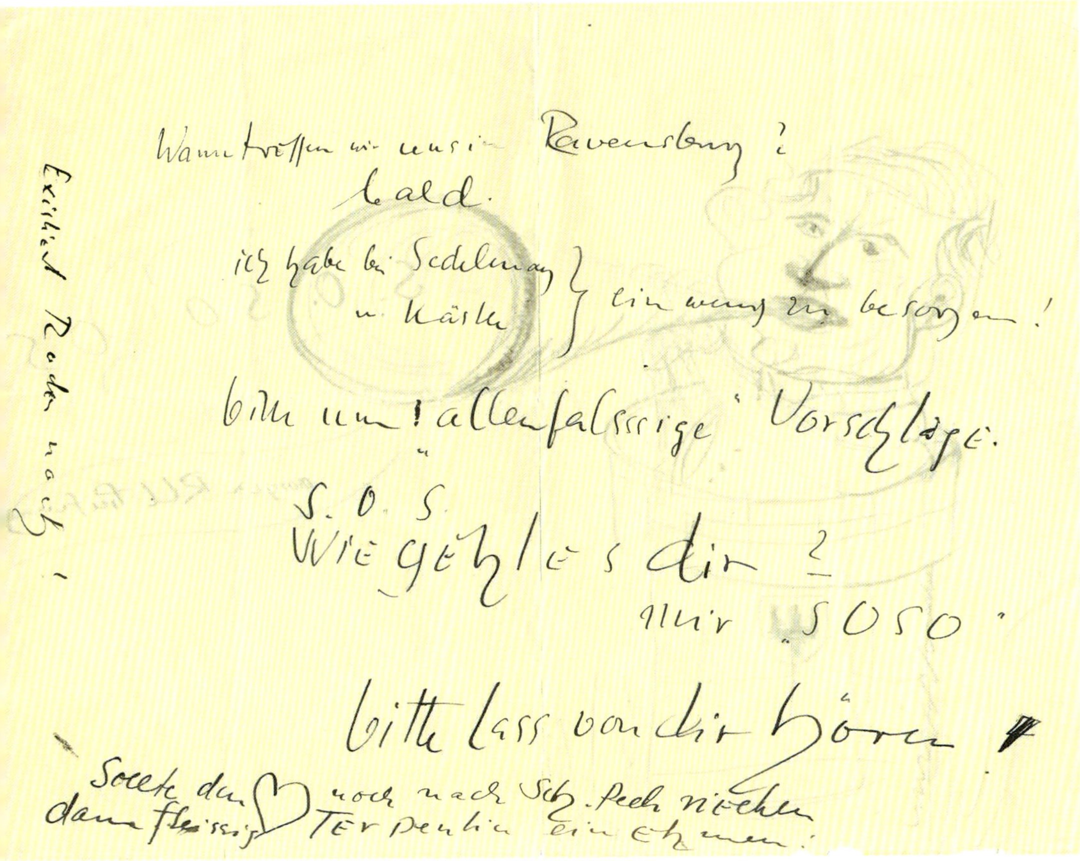

Wann treffen wir uns in Ravensburg?
bald.
ich habe bei Sedelmayr u. Kästle } ein wenig zu besorgen!
bitte um „allenfallsige" Vorschläge.
S. O. S.
Wie geht es dir?
mir „soso"
bitte lass von dir hören!
Sollte du noch nach Sch.-Pech riechen dann fleissig Terpentin einnehmen!
Erzähl Roda noch!

Das Postskriptum spielt direkt an auf Bild 7 und insbesondere die letzte Miniatur, auf der Schelkle beschäftigt ist, sein Herz, das durch die Munderkinger Erfahrung einen Riss bekommen hat, nach Schuster-Art zu flicken, d. h. wie von Schuster geraten zu bearbeiten.

9. BILD

FORMALE BESCHREIBUNG:

Blatt, zweiseitig benutzt, querkant. Ohne Folierung.

THEMATIK, TRANSKRIPTION DER TEXTE, DATIERUNG UND ERKLÄRUNG:

Zu sehen ist Bernhard Hanssler, auf einem klapprigen Gaul oder Esel reitend, mit Speer bewaffnet, wie er einem feuerfauchenden Fabelwesen – das den evangelischen Kirchenpräsidenten Theophil Wurm (1868–1953)[268] darstellen soll – einen Stich in den Hals versetzt. Der »Hintergrund« Hansslers zeigt einen starken, wohlgewachsenen Baum mit ausladender Krone, an dem sich das Reittier offenbar gestärkt (oder überfressen?) hat, denn es *scheißt* noch im Kampfesgeschehen Äpfel, während der Tatzel-Wurm versucht, sich mit seinem langen Schwanz an einem schwächlichen, weitgehend entlaubten Bäuchen festzuhalten. Der erschließende Text lautet:

»Herr ChefRetacke B[ernhard] H[anssler] bekam
die Tatze des Kirchenpräsidenten »Wurm« zu spüren.«

Schuster entlehnte den Begriff »Retacke« wohl aus dem Englischen und deutet ihn im Sinne von Eroberung oder Gegenattacke. Was genau gemeint ist, bleibt unklar. Möglicherweise hilft hier die Beobachtung weiter, dass der Speer Hansslers wie eine stählerne Schreibfeder

268 Gebürtig aus Basel, Studium der evangelischen Theologie, 1899 Pfarrer bei der Evangelischen Gesellschaft und der Stadtmission in Stuttgart, 1901 deren geschäftsführender Sekretär an der Stiftskirche in Tübingen, 1913 Pfarrer in Ravensburg, 1920 Dekan in Reutlingen, 1920 für die nationalkonservative Württembergische Bürgerpartei (DNVP) im Württembergischen Landtag, 1927 Prälat (Regionalbischof) in Heilbronn, 1929 Kirchenpräsident der württembergischen Landeskirche (dann Landesbischof). Zunächst Unterstützer des von Hitler zum evangelischen Reichsbischof ernannten Ludwig Müller. Wurm widersetzte sich jedoch der Eingliederung der Württembergischen Landeskirche in die Reichskirche und hielt am 22. April 1934 jenen Gottesdienst im Ulmer Münster, der als Auftakt des Widerstands der »Bekennenden Kirche« gilt. Im Oktober 1934 unter Hausarrest gestellt, wurde Wurm, nach Demonstrationen und einem Gerichtsurteil, jedoch wieder in seine Rechte als Bischof eingesetzt. 1937 Unterzeichner der »Erklärung der 96 evangelischen Kirchenführer gegen Alfred Rosenberg« wegen dessen Schrift *Protestantische Rompilger*, im März 1938 Begrüßung des Anschlusses Österreichs als »göttliche Fügung« mit einem einstündigen Glockenläuten, gemäßigt antisemitische Äußerungen, im Juli 1940 Protestschreiben gegen das »Euthanasieprogramm«, 1943 auch öffentlicher Protest gegen die Judenverfolgung, 1944 mit einem Schreib- und Redeverbot belegt. 1945 Mitunterzeichner des »Stuttgarter Schuldbekenntnisses«, scharfer Kritiker der Entnazifizierungspraxis, 1951 Gründungsvorstand der »Stillen Hilfe«, die sich für flüchtige, inhaftierte und verurteilte NS-Täter einsetzte, 1949 Rücktritt von seinen Ämtern. Zu ihm: Theophil WURM, Erinnerungen aus meinem Leben, Stuttgart 1953; Jörg THIERFELDER, Theophil Wurm, in: Wolf-Dieter HAUSCHILD (Hg.), Profile des Luthertums. Biographien zum 20. Jahrhundert, Gütersloh 1998, 743–758.

aussieht. Agierte der junge Ulmer Vikar damals etwa publizistisch gegen den evangelischen Kirchenpräsidenten? Dann ergäbe »Retacke« unter Umständen einen zusätzlichen Sinn als Verballhornung von *Redakteur* oder *Redaktion*, die Entlehnung aus dem Englischen erhielte also gewissermaßen eine Doppelsinnigkeit[269].

Die Bezeichnung Wurms als Kirchenpräsident legt eine zeitliche Einordnung des Bildes vor Juni 1933 nahe, weil Wurm von da an den Titel »Landesbischof« führte. Da die Rückseite des Blattes (Bild 10) auf alle Fälle nach dem März 1933 entstanden ist, bleibt der zeitliche Korridor relativ schmal.

269 Dazu passt das Zeugnis, das Hanssler 1933 von Stadtpfarrer Oskar Gageur ausgestellt bekam: »Ein durchaus zuverlässiger Charakter, agil, temperamentvoll, gut talentiert, die Arbeit geht ihm leicht von der Hand, Pressedienst liegt ihm besonders«. 17. März 1933 Gageur: Zeugnis für Hanssler. DAR G.1.7 (PA Hanssler).

Möglicherweise fand die Auseinandersetzung, auf die in Schusters Zeichnung angespielt wird, im Kontext des fulminanten Treffens des Katholischen Jungmännerverbandes in Ulm am 27. und 28. Mai[270]. An diesen beiden Tagen versammelten sich 20.000 Jugendliche um Bischof Sproll. Am Samstagabend fand – nach einer kirchlichen Eröffnungsfeier (20 Uhr) – ein »Flammenmarsch« durch Ulm statt (20.45–21.30 Uhr), gefolgt von einer einstündigen Abendfeier auf dem Münsterplatz unter dem Motto »Katholische Jugend im Dunkel der Zeit«, an deren Ende Sproll vor dem verschlossenen Portal des (evangelischen) Münsters den »heiligen Feuerbrand« segnete. Der Abend klang mit einer religiösen »Stunde« in den Zeltlagern von Jungschar und Pfadfindern aus. Am Sonntag folgten eine Gemeinschaftsmesse für Sturmschar und Pfadfinderschaft in St. Georg (6.30 Uhr) und – nach dem Eintreffen der Jungmänner – der Festgottesdienst (9.00 Uhr) im überfüllten Sportstadion mit Predigt des Bischofs zum Thema »Katholische Jugend im Kampfe für Christus!«. An eine Feierstunde im Saalbau der Stadt (11.15 Uhr) schloss sich nach dem Mittagessen ein – von der Hitlerjugend gestörter – großer »Bekenntnismarsch« durch die Straßen Ulms (14.15 Uhr) an[271], der wieder im Stadion mündete, wo die Abschlusskundgebung zum Thema »Katholische Jugend und Deutsche Zu-

270 Es sollte »das größte katholische Jugendtreffen werden, das je im Württemberger Lande abgehalten wurde«. Vgl. (mit mehreren Fotos) dazu: Paul KOPF, Joannes Baptista Sproll. Leben und Wirken. Zum 50. Jahrestag der Vertreibung des Rottenburger Bischofs am 24. August 1938, Sigmaringen 1988 (Text zu Abb. 92). – Keinerlei Hinweise gibt leider die Aktenedition: Gerhard SCHÄFER (Hg.), Die Evangelische Landeskirche in Württemberg und der Nationalsozialismus. Eine Dokumentation zum Kirchenkampf, 6 Bde., Stuttgart 1971–1986. Ebensowenig: Dieter VON LERSNER, Die Evangelischen Jugendverbände Württembergs und die Hitler-Jugend 1933/1934 (Akten zur Geschichte des Kirchenkampfes 4), Göttingen 1958.

271 Die Inszenierung des Tages darf wohl auch als bewusste Antwort auf die Provokationen durch die Hitlerjugend verstanden werden. So hatte es am »Tag von Potsdam« einen großen Fackelzug der Hitlerjugend durch die Stadt zum Münster gegeben, an dem auch die evangelische Jugend teilgenommen hatte. MAYER, Die evangelische Kirche 218 f. – Wie stark damals der Kampf um die Jugend tobte, zeigte sich daran, dass die Ulmer HJ nicht nur Anfang Mai versuchte, unter Drohungen und Schaffung von Fakten eine Gleichschaltung der konfessionellen Jugend zu erzwingen (ebd. 228–230), sondern für das Wochenende vor dem Diözesantreffen der katholischen Jugend (und einem gleichzeitig stattfindenden Jugendtag der evangelischen Jugend Ulms) ein Treffen der württembergischen HJ ebenfalls ausgerechnet nach Ulm einberief (mit Aufmärschen, Feldgottesdienst im Stadion – den sicher kein *katholischer* Geistlicher feierte – Fahnenweihe, Geländesportübungen und einem »Deutschen Abend« im Saalbau der Stadt). Auf diesem Treffen fielen scharfe Worte gegen die konfessionellen Jugendverbände: Diese müssten »zerschlagen werden«, und: »Auf eigensüchtige Loyalitätserklärungen kann man kein neues Reich aufbauen; es gibt für jeden, dem es ernst ist um die deutsche Sache, nur einen Weg: Das braune Hemd anzulegen und in unseren Reihen mitzukämpfen [...]. Es kommt nicht auf hundertjährige Verpflichtung an, auf die sich andere Bünde so gern berufen [...]. Auch das Christentum darf nicht ein Mittel dazu werden, neue Spaltung ins Volk zu tragen. Nicht umsonst haben wir geschworen, nicht nachzulassen, bis das Programm Adolf Hitlers restlos erfüllt ist, dieses aber enthält nichts von konfessionellen Verbänden. Wir wollen [...] die *ganze* deutsche Jugend«. Ulmer Tagblatt vom 18. und 22. Mai 1933. Zit. nach MAYER, Die evangelische Kirche 231. – Da die HJ während des Diözesanjugendtreffens eine Diffamierungskampagne mit Flugblättern startete, ließ Hanssler als Antwort auf die Verteilung der Flugblätter dem Bekenntnismarsch der katholischen Jugend eine Hakenkreuzfahne voraustragen – als »überdeutliche Zurückweisung der Behauptung, nur denen sei es ernst um die deutsche Sache, die bereit wären, das braune Hemd anzulegen. Die HJ verstand dies sofort: Sie forderte die Entfernung der Fahne ›mit allem Nachdruck‹; es kam dabei anscheinend sogar zu Handgreiflichkeiten«. So MAYER, Die evangelische Kirche 231 f.

kunft!« (15.30 Uhr) stattfand[272]. Der Tag endete mit einem Volksfest im Lager und Spielen im Stadion[273]. Es ist durchaus möglich, dass Wurm, der damals noch keineswegs auf Konfrontationskurs mit dem Regime stand[274], schlecht mit diesem »katholischen Aufmarsch« – sozusagen vor der eigenen Haustür – umgehen konnte. Und vielleicht gehörte der Ulmer Jugendtag mit zu den auslösenden Momenten, die auf evangelischer Seite zu der Ansicht führten, es sei die Zeit gekommen, »in der auch in der Kirche eine starke und verantwortungsbewußte Führung nötig sei«[275], woraufhin Wurm den Titel »Landesbischof« annahm.

Über die in dem Malbrief thematisierte Auseinandersetzung ist bislang allerdings nichts bekannt. Um hier Klarheit zu schaffen, müsste vermutlich die lokale oder regionale Presse durchforstet werden. Jedenfalls scheinen die Bäume im Hintergrund die beiden konfessionellen Jugendorganisationen darzustellen: die starke, früchtetragende katholische Jugend auf der einen, die zerzauste, halbentlaubte und schwächlich erscheinende evangelische Jugend auf der anderen Seite.

Tatsächlich ließ die Eindeutigkeit auf evangelischer Seite zu wünschen übrig. Am »Tag von Potsdam« hatte die evangelische Jugend am Ulmer Fackelzug teilgenommen. Auch gab es bei manchen evangelischen Pfarrern Ulms Bereitschaft, ihre Jugend in die HJ zu überführen – so bei Pfarrer Klein von Ulm-Söflingen, der Nachbarpfarrei Hansslers[276]. Zwar protestierte der Stuttgarter Oberkirchenrat im Juni und Juli 1933 in zwei Erlassen gegen Auswüchse des von der HJ angemaßten Führungsanspruchs, trug aber keine Bedenken eines »Miteinanders« mit der HJ, schlug sogar vor, dass die evangelischen Verbände den Führungsanspruch der HJ anerkennen sollten[277]. Auf Reichsebene berief Baldur von Schirach am 22. Juni 1933 den Führer

272 Am 14. Februar 1935 fand in Ulm-Wiblingen ein weiterer Jugendtag mit 12.000 Teilnehmern statt, den Hanssler als Jugendpfarrer organisiert hatte. Vgl. oben sowie HANSSLER, Bischof 25 f.

273 Vgl. Einladung und Programm in: Jung Schwaben 5 (März 1933), 1 f. – Der Entschluss zu diesem ersten Diözesantreffen der katholischen Jugend war den Verantwortlichen nicht leicht gefallen, aufgrund der »Unsicherheit der Zeit« und der hohen Arbeitslosigkeit vieler Mitglieder. Doch siegte letztlich der im Vorjahr geäußerte Wunsch der Jungführer nach einem Diözesantreffen. In der ersten Ankündigung hieß es: »So soll es dann ein großes Treffen werden! Dem Wachsen unserer Bewegung soll weiterer Auftrieb gegeben werden. Unser Wollen tragen wir in die Öffentlichkeit! In jugendtümlicher Form und kraftvollem Elan soll die Gestaltung des Treffens Volk und Behörden von unserer katholischen schwäbischen Jungmannschaft künden! Es soll das größte katholische Jugendtreffen werden, das je im Württemberger Lande abgehalten wurde. Wir sind an Zahl weitaus der größte Jugendverband unserer Diözese! Also sind wir auch zu dieser machtvollen Kundgebung berufen! In der alten Reichsstadt, die an der Donau Jahrhunderte gesehen hat, in der der höchste Kirchturm der Welt zum Himmel ragt, wo schwäbisches Volksbewusstsein und Geschichte herrscht, das soll der Geist der fortschrittlichen katholischen Jugend ihren Einzug halten! […] Die Niedergeschlagenheit unserer Tage fordert trotz der wirtschaftlichen Not dieses Fest! Es soll einfach, aber in der Aufmachung und Gestaltung schneidig und kraftvoll sein! […] Unter dem Christusbanner werden wir dann in Tagen des Mai in Ulm einziehen als beherrschte freudige Christusjugend! Ulm wird ein Erlebnis, ein Bekenntnis werden!« Art. *Wir rufen zum 1. Diözesantreffen!*, in: Jung Schwaben 5 (Februar 1933), 1 f.

274 Vgl. selbst die weitgehend panegyrische Literatur zu Wurm, etwa Reinhold SAUTTER, Theophil Wurm. Sein Leben und sein Kampf. Mit einer Auswahl von Zeugnissen aus seinem Wirken, Stuttgart 1960, 26, 28, 32.

275 Theophil WURM, Erinnerungen aus meinem Leben, Stuttgart 1953, 87.

276 Vgl. MAYER, Die evangelische Kirche 234.

277 Vgl. LERSNER, Die Evangelischen Jugendverbände 26 f.

der evangelischen Jugend, Reichswart D. Stange, in den Reichsführerrat. Der Druck wurde später noch stärker: Im September 1933 vertrat Wurm beim Bundesfest beim Württ. Ev. Jungmännerbund in Stuttgart die Auffassung, der evangelischen Jugend müsse es gelingen, »die Eingliederung in die große Jugendfront mit der Erhaltung einer besonderen Tradition und einer besonderen Aufgabe zu vereinigen«. Im Dezember 1933 wurde dann die Meldung verbreitet, die evangelische Jugend sei aufgelöst und in die HJ eingegliedert worden. Auch wenn ein Dementi des Stuttgarter Oberkirchenrats folgte, so war im Januar 1934 klar, dass die Reichsleitung des evangelischen Jugendwerks inzwischen den Vertrag mit Schirach als endgültig anerkannte. Danach stellte sich auch der Stuttgarter Oberkirchenrat auf den Boden der Tatsachen[278]. In einem Aufruf der »Führerschaft des Evangelischen Jugendwerks« wurde betont, man sei »von jeher der Ansicht [gewesen], daß im nationalsozialistischen Staat eine Einheit der gesamten deutschen Jugend hergestellt werden« müsse. Und in einem in Ulm verteilten Flugblatt hieß es: »Das Evangelische Jugendwerk stellt fortan in seiner Formgebung alles zurück, was die vom Führer gewollte Einheit stört. Ein Volk – Ein Führer – Eine Jugend«[279]. Im Februar 1934 nahm Wurm selbst an einer Großkundgebung des Evangelischen Jugendwerks und der HJ in der Stuttgarter Stadthalle teil[280]. Die Eingliederung der evangelischen Jugend Ulms in die HJ wurde schließlich am 4. März 1934 nach einem gemeinsamen Gottesdienst im Münster auf dem Münsterplatz öffentlich vorgenommen. Damit waren Tatsachen geschaffen, die den Druck[281] auf die katholische Jugend enorm erhöhten. Dies zeigt nicht zuletzt ein von Rektor Albert Spieler in der *Nationalsozialistischen Rundschau* am 2. März, also zwei Tage vor der großen Eingliederungsfeier, veröffentlichter Artikel *Wohin geht die katholische Jugend?* Es ist wahrscheinlich, dass diese Entwicklungen der konkrete Anlass für die Attacken Hansslers gegen Wurm waren. In diesem Fall hätte Schuster die Bezeichnung »Kirchenpräsident« für Wurm, der inzwischen ja den Titel »Landesbischof« angenommen hatte, irrtümlich weiterverwendet – oder aber bewusst, in polemischer Zurückweisung der katholisch »reservierten« Amtsbezeichnung »Bischof«.

Die Baum-Symbolik assoziiert freilich noch etwas anderes: Der Tatzel-Wurm windet seinen Schwanz um den Baum wie die Versucher-Schlange im Paradies – möglicherweise ein Hinweis auf die *Falschheit* oder die *Anmaßung* Wurms, der glaubt, die »Weisheit (mit Löffeln) gefressen« zu haben.

Das Geschehen wird von Schuster aus seiner Nebelwolke heraus (»Nebulo«) beobachtet. Im Hintergrund ist ein Ufer angedeutet, mit Wegweiser »China«. Wahrscheinlich bezieht Schuster den Text »Ins Land der Weisen will er verreisen« auf sich. Das »Land der Weisen« stünde dann wohl für das Umfeld der Freunde, zunächst für Hanssler, der auf dem Bild ja als »Schriftgelehrter«, als »Weiser« – oder (ironisierend?) als »Klugscheißer«? – dargestellt wird.

Am rechten Seitenrand notierte Schuster: »ad acta C. C. C.« – eine Aufforderung, das Bild im sichersten »Carcer« abzulegen, d. h. aufs strengste geheim zu halten. Dies könnte einmal mehr das kritische Potential gegenüber Hansslers waghalsigem Agieren unterstreichen.

278 Vgl. MAYER, Die evangelische Kirche 224 f., 248–251.

279 Zit. nach ebd. 253.

280 Ebd. 254.

281 Vgl. auch die oben genannten heftigen Presseattacken gegen Hanssler.

10. BILD

FORMALE BESCHREIBUNG:

Blatt, zweiseitig benutzt, querkant. Ohne Folierung. Rückseite zu Bild 9.

THEMATIK:

Das im Bild Festgehaltene schmerzt Schuster. Die Überschrift gibt das Thema des Bildes an: »Schauderhafter Bericht wie sie ›an Marterpfählen mein Herz zu Tote [sic] quälen‹« – »nach einem mittelalterlichen Holzschnitte«. Dargestellt sind – tatsächlich in enger Anlehnung an den Holzschnitt von Meister Casper (Abb. 16) – die verschiedenen Foltermethoden: wie das Herz auf einen Holzpfahl aufgespießt und über Feuer geschmort wird, wie das Herz zersägt und gepresst bzw. mit glühenden Zangen gezwickt wird.

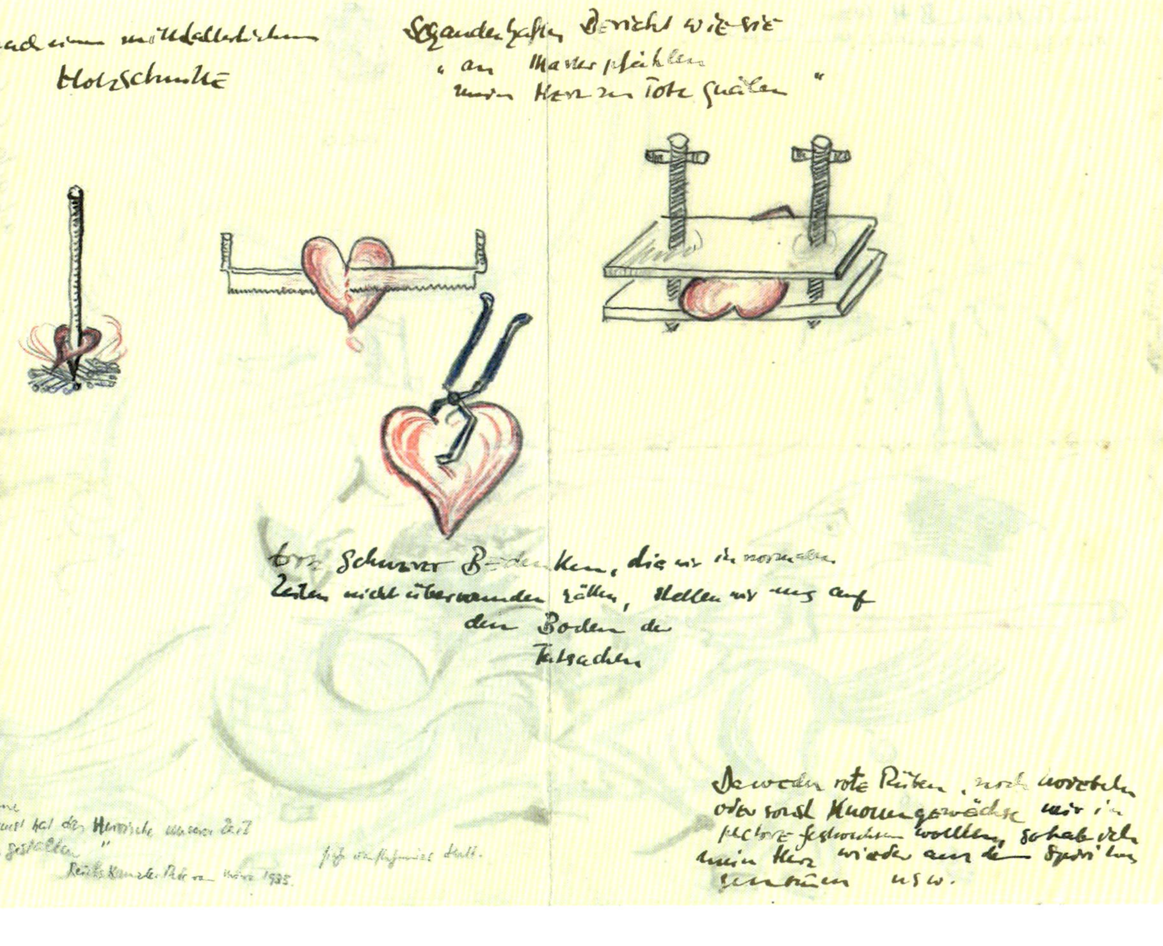

Abb. 16: Meister Casper, Frau Venus, um 1495, Holzschnitt.

Schuster hält auch fest, wie es dazu kam: »trotz schwerster Bedenken, die wir in normalen Zeiten nicht überwunden hätten, stellen wir uns auf den Boden der Tatsachen«. Und: »Da weder rote Rüben, noch Zwiebeln oder sonst Knollengewächse mir in pectore festwachsen wollten, so hab ich mein Herz wieder aus dem Spiritus genommen usw.« Er beschreibt damit möglicherweise seinen Versuch, durch »Konservierung« seines Herzens – Herzensverhärtung, Immunisierung – auf das zu reagieren, was ihn belastet, merkt aber, dass ihm das nicht gelingt.

Der Satz Hitlers »Die neue Kunst hat das Herrische unserer Zeit zu gestalten« – von Schuster frei aus der Reichskanzlerrede vom März 1933 zitiert – bezieht sich, wie der Hinweis »siehe umstehendes Blatt« angibt, auf Hansslers Kampf mit Wurm und bestätigt noch einmal die zeitliche Zuordnung (zwischen März und Juni 1933). Das Zitat ist nicht ganz korrekt, doch muss sein Kontext mitgelesen werden. Hitler hatte formuliert: »Gleichlaufend mit dieser politischen Entgiftung unseres öffentlichen Lebens wird die Reichsregierung eine durchgreifende moralische Sanierung des Volkskörpers vornehmen. Das gesamte Erziehungswesen, Theater, Film, Literatur, Presse, Rundfunk, sie werden alle Mittel zu diesem Zweck sein und demgemäß gewürdigt. Sie haben alle der Erhaltung der im Wesen unseres Volkstums lebenden Ewigkeitswerte zu dienen. Die Kunst wird stets Ausdruck und Spiegel der Sehnsucht und der Wirklichkeit einer Zeit sein. Die weltbürgerliche Beschaulichkeit ist im raschen Entschwinden begriffen. Der Heroismus erhebt sich leidenschaftlich als kommender Gestalter und Führer politischer Schicksale. Es ist Aufgabe der Kunst, Ausdruck dieses bestimmenden Zeitgeistes zu sein. Blut und Rasse werden wieder zur Quelle der künstlerischen Intuition werden«[282]. Die drei Freunde sind von dieser »neuen Zeit« und dem nationalsozialistischen Anspruch in besonderer Weise betroffen: Hanssler als »Presse«-Mensch und ganz allgemein Kulturell-Interessierter, Schelkle als jemand, der in die schulische Erziehungsarbeit strebt, Schuster als Kunstliebhaber. Ob Schuster mit seinem Malbrief nur eine Zustandsbeschreibung im »neuen Staat« geben will? Ist es eine Anerkennung für Hanssler, der nicht klein beigibt, sondern den Kampf mit dem »Herrischen« aufgenommen hat? Oder soll es eine Aufforderung sein, so weiterzumachen?

282 Max DOMARUS (Hg.), Hitler: Reden und Proklamationen 1932–1945. Bd. 1/1: Triumph 1932–1934, Leonberg [4]1988, hier 232.

11. BILD

FORMALE BESCHREIBUNG:

Blatt, einseitig benutzt, hochkant. Mit zeitgenössischer roter Folierung als Nr. 1. Auf der Rückseite ein verworfener Bleistiftentwurf zu Blatt 10^{v}.

THEMATIK:

Erster Teil einer 8 Blätter umfassenden Serie, in der es im Wesentlichen um Schelkles neue Lebenssituation als Promovend in Tübingen geht. Die Blätter dieser Serie heben sich als geschlossene Einheit deutlich von den anderen Bildern ab durch ihre durchgängig farbliche Gestaltung sowie durch ihre zeitgenössische Folierung.

Das erste Blatt zeigt zunächst einmal allerdings Schuster selbst in roter Badehose am Ufer des Bodensees unter einem Baum sitzend und einem Vogel mit geöffnetem Schnabel zuhörend. Im Hintergrund lässt sich der charakteristische Turm von Schloss Montfort erkennen, womit das Bild lokalisiert ist. Im Baum hängt seine schwarze Hose mit Hosenträgern, daneben steckt der Spaten. Links neben Schuster liegt möglicherweise ein Kajak mit Ruder, vor ihm das (braun-schlammige) Wasser des Sees.

TRANSKRIPTION DER TEXTE:

»Aus dem braunen Strom der Zeit das nackte Leben mit einer Badehose rettend, bewaffnet allein mit dem Spaten«.

ZEITLICHE EINORDNUNG:

Die Lokalisierung des ersten Bildes verweist die Serie in Schusters Langenargener Zeit, sie ist also frühestens im Dezember 1932 entstanden. Für das letzte Bild der Serie wurde die ungebrauchte Rückseite eines Einladungsschreibens des 1. Vorsitzenden der »Vereinigung der Quickborn-Freunde e. V.« verwendet, das vom 8. Juli 1933 datiert. Thematisch behandelt die Serie Schelkles Studienaufenthalt in Tübingen, der am 24. April 1933 begann. Wahrscheinlich entstand die ganze Serie komplett im Laufe des Juli 1933. Bild 7 der Serie enthält die Bitte Schusters an Schelkle, seinen Urlaub vom 1. bis 15. August in Langenargen zu verbringen. Wenige Tage später wurde Schuster nach Stuttgart-Feuerbach versetzt.

Aus dem braunen Strom der Welt das nackte
Leben mit einer Badehose rettend, bewaffnet
allein mit dem Spaten

ERKLÄRUNG:

Der Text »aus dem braunen Strom der Zeit« verweist auf die politische Zeitsituation. Der Hinweis auf die »Rettung« des nackten Lebens deutet möglicherweise darauf hin, dass Schuster durch politische Widerständigkeit in Schwierigkeiten geraten war[283]. Ob seine kurze Zeit später erfolgende Versetzung nach Stuttgart damit zusammenhängt, ist fraglich. Über die Bedeutung einer »roten« Badehose, die die schwarze Klerikerkleidung ersetzte und Schuster rettete, kann nur spekuliert werden.

283 Schuster selbst äußerte sich dazu nach 1945 nicht. HEHL, Priester 1352 verzeichnet lediglich für 1937 Ermittlungen der Gestapo Würzburg und Stuttgart gegen Schuster und die »Freunde der Burg Rothenfels«. – Die immerhin denkbare Möglichkeit, die Schwierigkeiten hätten sich aus nichtarischer Abstammung oder Verwandtschaft ergeben, ließ sich nicht belegen.

12. BILD

FORMALE BESCHREIBUNG:

Blatt, beidseitig benutzt, hochkant. Mit zeitgenössischer roter Folierung als Nr. 2.

THEMATIK:

Selbstporträt Schusters, mit Bart und Brille.

TRANSKRIPTION DER TEXTE:

Als direkte Fortsetzung des Satzes des vorausgehenden Bildes: »zog er sich zurück auf den Turm der Beschauung. Was er schaute melden die folgenden Blätter«.

Neben diesem mit Tusche geschriebenem Haupttext sind zwei Texte angebracht, die nur mit Bleistift geschrieben wurden, möglicherweise, um radiert werden zu können und sie so (nach Lektüre durch Schelkle) dem Zugriff fremder Blicke entziehen zu können. Schelkle entfernte den Text jedoch nicht.

»Um größeren Eindruck zu machen, liess sich der Seher einen Bart wachsen. (vgl. Herrn Balbo[284])«.

»Der Seher ist imstande, seine arische Abstammung unter Beweis zu stellen!«

ERKLÄRUNG:

Der »Seher« ist – zumal in Kombination mit den Beitexten – eine alttestamentliche Anspielung und verweist auf die möglicherweise nichtarische Abstammung Schusters.

284 Möglicherweise gemeint ist der damals ob seiner Atlantiküberquerungen mit großen Flugzeugformationen (1933 mit 24 Flugzeugen von Rom nach New York und Chicago) berühmte italienische Italo Balbo (1896–1940), der tatsächlich Oberlippen- und Kinnbart trug. Gebürtig aus Quartesana (Ferrara), bereits vor der Machtübernahme Mussolinis Mitglied der faschistischen Partei, der als Ortsgruppenleiter die Verfolgung von Kommunisten und Sozialisten organisierte, beim Marsch auf Rom einer der Parteiführer, 1924 Chef der faschistischen Miliz, 1925 Staatssekretär im Wirtschaftsministerium, 1926 Staatssekretär für das Luftfahrtwesen, 1929 Luftfahrtminister, privat befreundete er sich mit Göring, 1934 als Generalgouverneur nach Italienisch-Libyen versetzt, 1939 Gegner eines Bündnisses mit Hitler, 1940 von der italienischen Flugabwehr abgeschossen. Zu ihm: Blaine TAYLOR, Fascist Eagle. Italy's Air Marshal Italo Balbo, Missoula MT 1996. – Interessanterweise scheint Balbo in einem gewissen Sinne stilbildend gewesen zu sein. So berichtet MICHEL, Anpassung 101 davon, der französische Kommandeur des zum Entnazifizierungslager umfunktionierten Konzentrationslagers Balingen sei von den vielen dort befindlichen Universitäts- und Gymnasialprofessoren Balbo genannt worden.

2.)
zog er sich zurück auf den
Turm der Beschauung.
Was er schaut
melden die folgenden
Blätter.
Um grösseren Eindruck
zu machen liess sich
der Seher einen
Bart wachsen.

13. BILD

FORMALE BESCHREIBUNG:

Rückseite des mit roter Folierung als Nr. 2 gekennzeichneten Blattes.

THEMATIK UND ERKLÄRUNG:

Der »Seher« sitzt auf dem Turm von Montfort und schaut – unter sich der »braune Strom« – mit einem großen Teleskop in den nächtlichen Himmel. Dort sieht er das »Dreigestirn«, von Eulen oder Käuzen (die an das NS-Parteiabzeichen erinnern) umflattert: in der Mitte Schelkle als »Mann im Mond«, sich seiner wissenschaftlichen Lektüre widmend, alles um sich herum vergessend, flankiert durch Hanssler, im Kampf, mit Speer bewaffnet, und Schuster, von dem nicht mehr als ein Schuh übrige geblieben ist.

Das Bild zeigt die unterschiedlichen Lebenssituationen der drei Freunde und will Schelkle wohl sagen: Du hast es jetzt doch am besten getroffen.

14. BILD

FORMALE BESCHREIBUNG:

Blatt, einseitig benutzt, querkant. Mit zeitgenössischer roter Folierung als Nr. 3. Links unten ein »L.« für Langenargen und das Signet Schusters.

THEMATIK, TRANSKRIPTION DER TEXTE UND ERKLÄRUNG:

Dargestellt ist Tübingen: Links – im Tal – die katholische Stadtpfarrkirche St. Johann und ein Teil des Wilhelmsstifts, rechts, auf einem Hügel, gleichsam allem Irdischen »entrückt«, die sogenannte »Hügelei«. In ihr wohnten meist Promovenden oder Habilitanden der Diözese, hier hatte auch Schelkle Wohnung gefunden. Das Haus wurde von Ordensschwestern geführt.

Thematisiert ist hier der latente Konflikt zwischen Schelkle und der Leitung des Wilhelmsstiftes, der in der bildlichen Anordnung und in dem über dem Wilhelmsstift erkennbaren Schriftzug »Aber H[err] Schelkle!« zum Ausdruck kommt.

Über der Hügelei, in einer Wolke von Seligkeit dargestellt ist Schelkle, studierend in einem roten Ohrensessel sitzend, wie das »Goldene Kalb« umringt oder umtanzt von zehn Ordensschwestern. Überschrieben ist das Bild mit dem Titel »Der Schauplatz« und leitet so die nächsten Bilder der Serie ein.

Auf der Rückseite wollte Schuster ursprünglich das nächste Bild malen und hatte auch bereits die rote Folierung Nr. 4 und die Überschrift »Als das Horoskop näher eingestellt wurde« angebracht. Die Ausführung des vorskizzierten Bildes fand aber auf einem neuen Blatt statt.

15. BILD

FORMALE BESCHREIBUNG:

Blatt, einseitig benutzt, querkant. Mit zeitgenössischer roter Folierung als Nr. 4.

THEMATIK, TRANSKRIPTION DER TEXTE UND ERKLÄRUNG:

Die Rückseite des Blattes wiederholt die Überleitung »Als das Horoskop näher eingestellt wurde«, während das Bild selbst den Titel »Das Erdbeer Essen« erhielt.

Dargestellt ist wieder Schelkle, im roten Ohrensessel sitzend, mit (vom vielen Studieren?) überdimensioniertem Kopf, vor sich auf einem Tisch ein riesiger Korb frischer Erdbeeren, von denen er sich eben eine in den Mund steckt. Im Hintergrund aufgereiht beobachten fünf Ordensschwestern das Geschehen: Die grimmig dreinblickende Oberin hält – als Zeichen ihres straffen Regiments, dem Schelkle offensichtlich untersteht – ein Schwert in beiden Händen, eine zweite Schwester eine Schale mit Schlagsahne. Schelkle macht den Eindruck eines Patienten, der unter Fürsorge und Beobachtung steht. Angedeutet ist hier die offenbar zwanghafte Lage Schelkles.

16. BILD

FORMALE BESCHREIBUNG:

Blatt, einseitig benutzt, querkant. Mit zeitgenössischer roter Folierung als Nr. 5.

THEMATIK, TRANSKRIPTION DER TEXTE UND ERKLÄRUNG:

Dargestellt ist der Garten der »Hügelei«, in dem – über ein Erdbeerfeld gebückt – die Ordensschwestern der Gartenarbeit nachgehen und Erdbeeren ernten. Schelkle betrachtet die Szene mit hinter dem Rücken verschränkten Armen. In den Händen hält der Bibelgelehrte vermutlich eine Schriftrolle – ein dezenter Hinweis auf den Gegensatz zwischen den (eigentlich beten sollenden, aber) arbeitenden Ordensschwestern und dem (eigentlich studieren sollenden, aber) müßigen Wissenschaftler? Rechts am Bildrand ist ein Sektglas mit rotem Inhalt abgebildet, auf den das nebenstehende Wort »Nectar« sowie die Überschrift des Bildes »Die Nectarhalde« verweist. Der Titel ist zugleich eine verballhornende Anspielung auf die Tübinger Neckarhalde (Adresse der »Hügelei«).

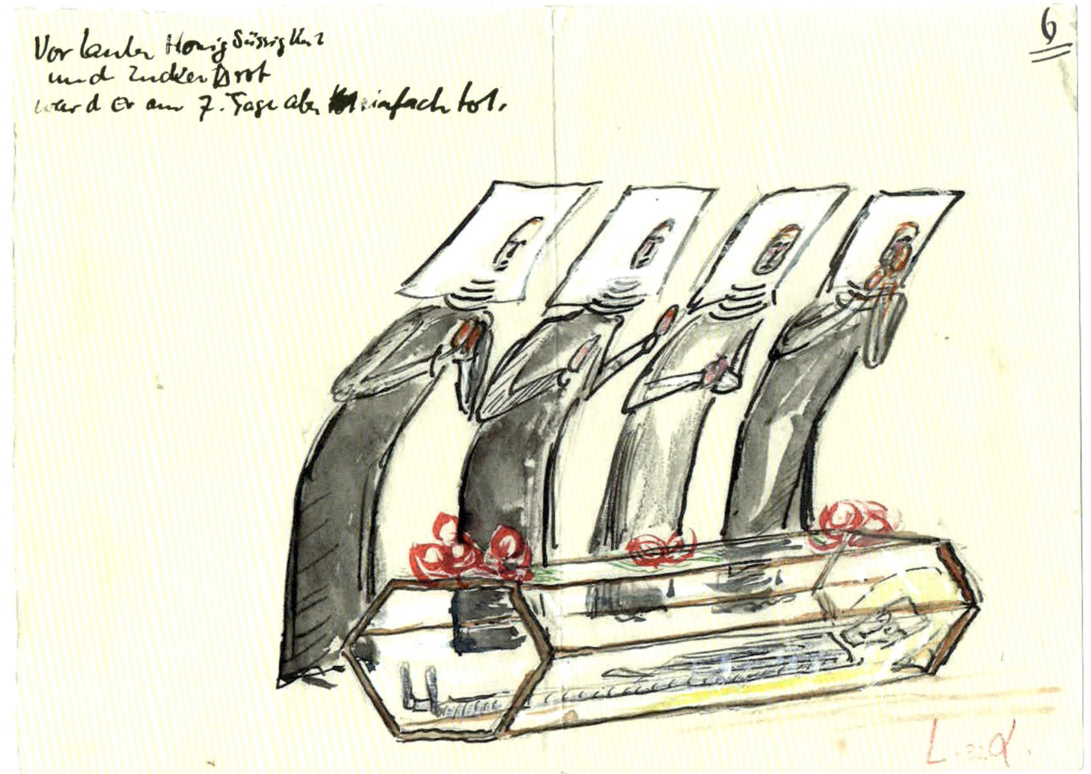

17. BILD

FORMALE BESCHREIBUNG:

Blatt, einseitig benutzt, querkant. Mit zeitgenössischer schwarzer Folierung als Nr. 6.

THEMATIK, TRANSKRIPTION DER TEXTE UND ERKLÄRUNG:

Schelkle liegt, wie das von Zwergen umsorgte Schneewittchen, in einem gläsernen Sarg, über den sich – trauernd – vier Ordensschwestern beugen. Die märchenhafte Anspielung weist darauf hin, dass der – infolge des Erdbeeressens eingetretene – angebliche Tod (des Wissenschaftlers, durch schwesterliche Verwöhnung?) kein endgültiger, sondern nur ein scheinbarer ist.

Der Text nennt den Grund für die Befindlichkeit Schelkles an: »Vor lauter Honigsüssigkeit und Zuckerbrot ward er am 7. Tage aber einfach tot«.

18. BILD

FORMALE BESCHREIBUNG:

Blatt, einseitig benutzt, querkant. Mit zeitgenössischer schwarzer Folierung als Nr. 7.

THEMATIK, TRANSKRIPTION DER TEXTE UND ERKLÄRUNG:

Unter dem Titel »Ende gut Alles gut« wird Schelkle von Schuster eingeladen, seinen Urlaub am »Bodensee« zu verbringen. Unter Anspielung auf den Tod in Tübingen schreibt Schuster: »Wiedererweckung zum Leben erfolgt in Langenargen. Prospekt liegt bei. bitte komme vom 1–15 Aug[ust]. schreibe sofort. (wegen Zimmerbestellung)«. Das Bild wirft einen Blick voraus: Schelkle ist in Langenargen und wird von Schuster mit einem Wasserschlauch abgespritzt. Der Kommentar lautet: »So wird alles abgewaschen«. Gemeint ist wohl aller »honigsüsser« Ärger, der Schelkle in den letzten Monaten belastet hat.

19. BILD

FORMALE BESCHREIBUNG:

Blatt, einseitig benutzt, hochkant. Ohne Folierung.

THEMATIK, TRANSKRIPTION DER TEXTE UND ERKLÄRUNG:

Obwohl die Folierung des Blattes fehlt, steht die Zusammengehörigkeit mit dem als Nr. 7 folierten letzten Bild der Serie außer Zweifel.

Es handelt sich um einen »Prospekt von L[angen]argen!«. Ein Schild weist das »Strandbad« als Ort näher aus. Dargestellt ist, »was der Seher in L[angenargen] schaute«: Zwei weibliche Sommergäste, eine kleinere Rundliche und eine dürre Lange, mit Hund und Schirm. Darunter, klein gezeichnet, eine weitere Frau in Badeanzug mit dem Kommentar: »Der Anblick solcher Gestalten absorbiert alle Kräfte meiner Phantasie, ich bin dann für Wochen stillgelegt«.

Auf der Rückseite des Blattes die Mitteilung an Schelkle: »von Samstag bis Dienstag bin ich in Ellwangen[285]. Bernhard[286] tritt dort als Docent auf! ich nicht (keine Angst!)«.

Der »Prospekt« ist – zusammen mit dem letzten Blatt – als Einladung an Schelkle gedacht, seinen Urlaub bei Schuster in Langenargen zu verbringen. Die Anspielungen auf die holde Weiblichkeit scheint eher ironisch gemeint zu sein.

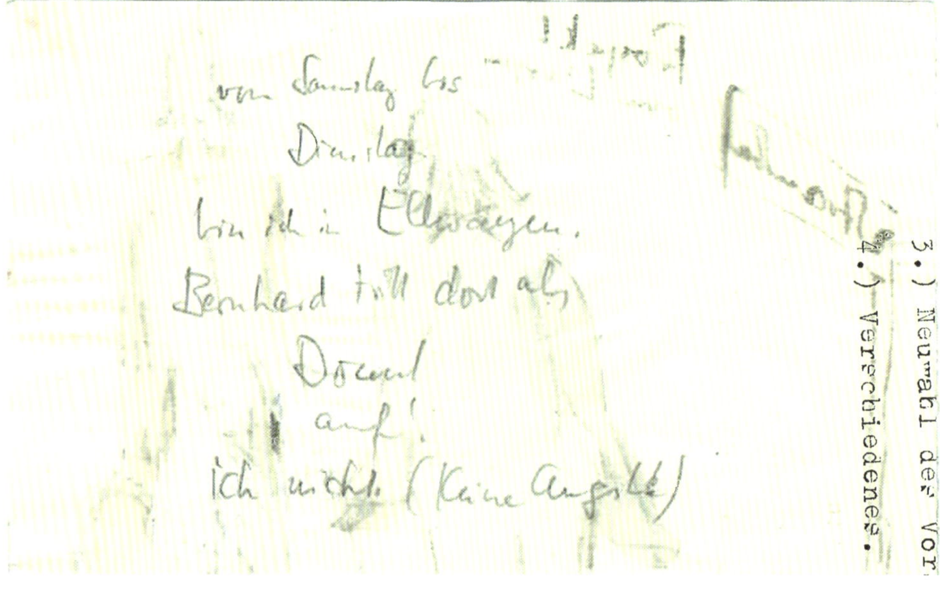
von Samstag bis
Dienstag
bin ich in Ellwangen.
Bernhard tritt dort als
Docent
auf!
Ich nicht. (Keine Angst)

3.) Neuwahl der Vor
4.) Verschiedenes.

285 Ellwangen war Schusters Heimat, wahrscheinlich handelte es sich um einen Familienbesuch.

286 Gemeint ist Bernhard Hanssler.

Prospekt von L'argen!
Strandbad
„Der Anblick solcher Gestalten
absorbiert alle Kräfte meiner Phantasie,
ich bin dann für Wochen stillgelegt.

20. BILD

FORMALE BESCHREIBUNG:

Blatt, einseitig benutzt, querkant. Nachträglich foliert als fol. 16.

THEMATIK, TRANSKRIPTION DER TEXTE UND ERKLÄRUNG:

Wieder wird Schelkles Leben in der Tübinger »Hügelei« thematisiert. Dargestellt ist unter der Überschrift »Die Hungerblo[c]kade« ein Mittagessen in der Kommunität. Am Tisch sitzen vier Schwestern, von denen jede einen anderen Typus charakterisiert, und die bereits aus Bild 15 bekannt sind: die Oberin, mit strengem Blick und sehr männlichen Zügen, eine schielende Schwester, eine frömmelnd-scheue Schwester mit schamhaft gesenktem Blick und eine misstrauisch-skeptisch dreinblickende Schwester. Am Tisch sitzt auch – als Kind »Karlchen« im Kindersitz dargestellt – Schelkle. In Schusters Augen verhält er sich kindisch, wie ein trotziges Kleinkind, dem man droht, die Puppe – sein eigenes Ego (?) – wegzunehmen. Zwei Textblöcke geben in Reimform Aufschluss:

»Doch die strenge Schwester spricht:
Karlchen, sei kein Bösewicht.
In die Kirche sollst Du gehn!
Sonst bekommst Du keine Suppe
und genommen wird die Puppe«.
Aber Schelkle wird in den Mund gelegt:
»Meine Puppe lass ich nicht,
Meine Suppe will ich nicht,
In die Kirche geh ich nicht,
nein nein nein!
In die Kirche nicht hinein!«

Die Rückseite des Blattes trägt die Aufschrift »Meine Puppe lass ich nicht« sowie »Ein Lied von Männertreue«. Möglicherweise bezieht sich das Bild auf den als »aggressiv« empfundenen Versuch der Schwestern, Schelkle (lockend und drohend) in den aktiven liturgischen und seelsorgerlichen Dienst im Haus einzubinden, was dieser – fixiert auf seine wissenschaftliche Arbeit – jedoch verweigert.

ZEITLICHE EINORDNUNG:

Schuster signierte das Bild an den beiden rechten Tischbeinen und mit der Abkürzung »FB 1933«. Mit »FB« ist vermutlich Feuerbach gemeint, wohin Schuster am 19. August 1933 versetzt worden war. Damit lässt sich das Bild auf Herbst oder Winter 1933 datieren.

Puppe lass ich nicht
Suppe will ich nicht
die Kirche geh ich nicht
In di e Kirche nicht hinein!
Die Hungerblokade

21. BILD

FORMALE BESCHREIBUNG:

Blatt, einseitig benutzt, querkant. Unfoliert.

THEMATIK, TRANSKRIPTION DER TEXTE UND ERKLÄRUNG:

Schuster thematisiert den charakterlichen Wandel, den Schelkle zwischen »Einst« und »Jetzt« durchgemacht hat. Das Blatt ist zweigeteilt. Das linke Bild zeigt eine »Philologenidylle«: »Petrarkas Jünger« Schelkle wandelt in weißem Gewand bei Tag und Nacht – Mond und Sonne! – im Garten der Weisheit. Im Hintergrund ein Musentempel, vorne eine Philosophensäule. Bücher zeigen als einziges Streben das Streben nach Weisheit an, frisches Grün und blühende Blumen deuten auf Leben, weiße Tauben auf Frieden. Der Spaten – gekrönt mit einer Eule als Bild der Weisheit – steht griffbereit zum tiefschürfenden Forschen.

Dem ist auf der rechten Seite ein krasses »Jetzt« entgegengesetzt: Die Sonne hat sich in einen als »Rache« bezeichneten roten Feuerball verwandelt, die frische Farbe des Gartens ist einem bleichen Weiß gewichen, anstelle der Philosophensäule erscheint eine Säule des Kriegsgottes Mars. Im Zentrum: Schelkle in »Waffen Schimmer«, das Schwert in der Hand[287], nach vollbrachter Tat, vor sich eine Wanne voll Blut. Das weiße Gewand (der Unschuld) hängt am Nagel, die Weisheits-Bücher werden von einem Drachen entführt, der Spaten als Inbegriff des Suchens nach Weisheit liegt unbeachtet am Boden. Die weißen Tauben haben einem schwarzen Raben Platz gemacht, im Hintergrund eröffnen sich nicht mehr neue Horizonte, sondern eine abgeschottete Mauer aus blutigen Pfählen grenzt ab; dahinter zwei aufgeknüpfte Gestalten am Galgen.

Schuster kommentiert mit der – an Schillers *Don Carlos*[288] angelehnten – Überschrift: »Der Knabe Karl fängt an mir fürchterlich zu werden«. Es stellt sich die Frage, was in den zurückliegenden Monaten vorgefallen ist, dass Schuster einen solch fundamentalen Wandel bei Schelkle feststellen muss.

ZEITLICHE EINORDNUNG:

Aufgrund der knappen Reminiszenz an Bild 20 mit dem Knaben »Karlchen« und dem engen Zusammenhang mit Bild 22 ist auch dieses Bild zeitlich auf Herbst/Winter 1933 anzusetzen.

287 Das »Flammenschwert« (Bezug auf Gen 3,24) gehörte zum assoziativen Arsenal Schusters, wie eine drei Jahre später an Schelkle gerichtete Karte zeigt. »Lieber Carl: ich muß dir diese Sache nochmals ans Herz legen. Wenn deine Correcturen so eilen, könntest du ja auch dort oben dran schaffen. Kloster Marienberg OSB in der Nähe! Kurzer Heimgang, abgelegen. Capelle beim Haus. Das Ganze ein Paradies, vor dem kein Engel mit ›Flammenschwert‹ steht. Bitte sage sofort zu! I[oseph] S[schuster]«. Vgl. o.D. [Poststempel vom 10.7.36] Josef Schuster, Ulm-Söflingen, an Schelkle (Katharinenstr. Friedrichshafen). UBT Mn 16 (NL Schelkle) Kaps. 106:

288 »Der Knabe: Don Carl fängt an mir fürchterlich zu werden«.

1.)
2.)
Petrarcas Jünger
BLUT
Einst
Jetzt.

22. BILD

FORMALE BESCHREIBUNG:

Blatt, einseitig benutzt, querkant. Unfoliert.

THEMATIK, TRANSKRIPTION DER TEXTE UND ERKLÄRUNG:

Das Thema des Rächers Schelkle wird hier fortgeführt. Schusters Bemerkung auf der Rückseite des Blattes: »statt einer Antwort! 1933 Feuerbach« deutet wohl darauf hin, dass Schelkle sich nach Bild 21 Schuster gegenüber brieflich erklärt hat. Schuster reagiert auf diese Erklärung nun mit dem vorliegenden Bild, als »Ein Angsttraum!« betitelt. Es zeigt wiederum in der Mitte Schelkle mit Schwert in der Hand, in einer Wolke von »Rache Geister[n]«. Unter ihm liegen besiegt am Boden drei Männer, die als Direktor Georg Stauber[289] (»DIREX«) und »Repetenten« des Wilhelmsstifts ausgewiesen sind.

Die Rachegelüste gegen Direktor und Repetenten geben Fragen auf: Geht es (noch immer) um während der alten Stiftszeit Erlittenes? Oder leidet Schelkle daran, dass er selbst nicht die bevorzugte Behandlung erfuhr, Repetent zu werden? Oder fiel während seiner Freistellung zum Weiterstudium in Tübingen etwas vor? Dass Schelkle in der Hügelei nur »Kostgeld« bekam, während die Repetenten »bezahlt« wurden, dürfte wohl kaum ausgereicht haben, um derartige Hassgefühle aufzubauen.

Es lohnt, die infrage kommenden Repetenten näher anzuschauen. Es sind: Fridolin Stier (1902–1981)[290], Karl Ochs (1904–1999)[291], Max Mayer (1905–1953)[292], Aloys Kuhn (1904–1988)[293],

289 Eine kurze Bemerkung über Stauber bei HANSSLER, Bischof 94 lässt ebenfalls ein distanziertes Verhältnis erkennen. – Im darauffolgenden Jahr wurde Stauber durch Wilhelm Sedlmeier abgelöst, mit dem sich Schelkle sehr gut verstand.

290 Gebürtig aus Karsee (bei Wangen), 1918 Landexamen, Besuch des Gymnasialkonvikts in Rottweil, 1922 Studium der Philosophie, Theologie und orientalischen Sprachen in Tübingen (Lehrer: Paul Riessler und Enno Littmann), 1927 Priesterweihe, Vikar in Heilbronn und St. Fidelis in Stuttgart, 1928 alttestamentlich-orientalische Studien am Päpstlichen Bibelinstitut in Rom, 1929 Repetent für Dogmatik und Altes Testament, 1932 Promotion zum Dr. theol. mit der Studie *Gott und sein Engel im Alten Testament*, ab 1933 Lehraufträge für Altes Testament in Tübingen, 1936 Habilitation, 1938 Mitbegründer und Mitarbeiter des Katholischen Bibelwerks in Stuttgart, 1940 zum Dozent in Tübingen ernannt, gleichzeitig Studium der Medizin, 1946 o. Professor für Altes Testament, 1951 Gründung und Schriftleiter (bis 1979) der *Internationalen Zeitschriftenschau für Bibelwissenschaft und Grenzgebiete*, 1952 Entbindung von den Lehrverpflichtungen an der Katholisch-Theologischen Fakultät, 1955 Zwangsemeritierung, Honorarprofessor an der Philosophischen Fakultät (Vorlesungen über antike Religions- und Geistesgeschichte des Vorderen Orients), bis Mitte der 1970er Jahre im Kuratorium der Reinhold-Schneider-Stiftung. Zu ihm: Verzeichnis 1984, 218; Rudolf REINHARDT, Fridolin Stier zum Gedenken. Nachruf, gesprochen bei der Beerdigung am 6. März, in: ThQ 161 (1981), 241–243; Martha SONNTAG, Biographische Notiz, in: Fridolin STIER, An der Wurzel der Berge. Aufzeichnungen Bd. 2, aus dem Nachlaß hg. von Karl Heinz SEIDL, Freiburg i. Br. 1984, 262–268; Carl Friedrich VON WEIZSÄCKER, Fridolin Stier, in: ebd. 269–270; Eugen SITARZ, Art. Stier, in: BBKL 10 (1995), 1453–1457.

291 Gebürtig aus Uttenweiler, Studium der Philosophie und Theologie in Tübingen, 1928 Priesterweihe, Vikar in Schramberg, Tuttlingen, Fried-

richshafen, 1931–1935 Repetent, dann Kaplan in Ravensburg, 1948 Stadtpfarrer in Rottweil, dort auch 1951–1971 Dekan, 1961 zum Geistlichen Rat ernannt, 1970 zum Päpstlichen Hauskaplan, 1974 im Ruhestand (Ravensburg). Zu ihm: Verzeichnis 1984, 222. – Der in der Diözese nur als »Dr. Ochs« bekannte Geistliche hatte in seiner Repetentenzeit – wohl 1933 – mit *Studien zur Wirtschafts- und Rechtsgeschichte des Klosters Beuron von der Gründung bis zum Jahre 1515* (Hechingen 1934, 66 S.) zum Dr. phil. promoviert.

292 Gebürtig aus Stetten bei Tuttlingen, Studium der Philosophie und Theologie in Tübingen, 1928 Priesterweihe, Vikar zunächst in Ravensburg (Liebfrauen), dann in St. Georg in Ulm, bevor er am 20. November 1929 zur Fortsetzung seiner pädagogischen Studien beurlaubt wurde, 1931 mit verschiedenen seelsorgerlichen Aushilfstätigkeiten betraut (in Heilbronn, Aalen, Wachbach), seit November 1931 Repetent im Wilhelmsstift, 1935 Kaplan in St. Georg in Ulm, 1946 Studienrat an der Lehrerbildungsanstalt in Schwäbisch Gmünd. Zu ihm: Verzeichnis 1993, 33.

293 Gebürtig aus Lautern, Studium der Philosophie und Theologie in Tübingen, 1930 Priesterweihe, Vikar in St. Jodok in Ravensburg, 1932 in St. Eberhard in Stuttgart, 1932–1937 Repetent, möglicherweise ein Schüler von Paul Simon, 1937–1940 Studienurlaub in Rom, 1940 Kaplan in Schwäbisch Gmünd, 1956 Stadtpfarrer in St. Georg in Stuttgart, 1956–1969 auch Schuldekan, 1970 im Ruhestand (Ravensburg). Zu ihm: Verzeichnis 1993, 42. – Kuhn beschäftigte sich damals mit einem politisch heißen Eisen: Aloys KUHN, Was

Alfons Bopp (1905–1989)[294] und Erich Dolderer (1908–1986)[295]. Über die Frage, wer von diesen Schelkle das Leben so schwer machte, kann freilich nur spekuliert werden. Ein Konkurrenzverhältnis ergab sich fachlich möglicherweise zu dem Alttestamentler Stier, der 1933 Dozent an der Fakultät wurde und dessen cholerisches Temperament sich von dem des eher melan-

heißt und was ist Weltanschauung?, in: Magazin für Pädagogik: Monatsschrift für christliche Erziehung und Bildung 97 (1934), 533–538. Scharfsichtig analysierte er den Begriff der »Weltanschauung«, arbeitete die Züge der christlichen Weltanschauung heraus und kontrastierte diese mit der völkischen Weltanschauung. »Die christliche Weltanschauung setzt alle Bereiche des Seins, der Wahrheit und der Werte in Beziehung zum Absoluten, und leitet sie aus dem Verhältnis zum Absoluten ab. [...] Diese letzte Zielbestimmung durch Gott vernichtet die relativen Ziele in der Schöpfung so wenig wie die Anschauung von Gottbegründetheit der Welt das Sein der Welt aufhebt. Gott ist und bleibt das letzte Welt- und Menschheitsziel. Wer in dieser Weltanschauung eine Bedrohung der einzelnen Kulturgebiete sieht, verkennt, daß echte Gottbejahung volle Welt- und Kulturbejahung ist. [...] Damit treten wir naturgemäß in schärfsten Gegensatz zu allen Anschauungen, die Welt und menschliche Kultur oder irgend eine innerweltliche Gegebenheit ins Absolute zu erheben suchen. Dies geschieht vor allem dadurch, daß ein innerweltlicher Wert als letzter Grund, letzter Sinn und letztes Ziel bestimmt wird, daß er selbst Grund und Sinn und Ziel von allem wird. Das ist nichts anderes als Vergötzung, mag der innerweltliche Wert heißen, wie er will. Ein solcher Umsturz der Seinsordnung und Wertordnung muss sich aber mit innerer Folgerichtigkeit rächen. [...] Die Gegenwartsfragen und- aufgaben sind Diesseitsfragen. Aber ihre Lösung und Bewältigung kann nicht geschehen ohne Rücksicht auf das Jenseits. Man kann dabei nicht tun, als ob es ein Jenseits gar nicht gäbe. Seine theoretische und praktische Anerkennung oder Leugnung hat schwerwiegende Folgen für die Gestaltung unseres Lebens auch im Diesseits. Gemeinschaft mit dem Volk ist uns ein hohes Gut. Man kann sagen, alle Leistungen der Wirtschaft, Kultur und Kunst stehen unter dem Begriff des Volkes, aber Volk und Volkstum sind nicht das Höchste, nicht die einzige Norm und Richtschnur unseres Lebens, unseres Tun und Lassens. Das höchste Gut ist für uns Gott. Die brennende Frage auch im Diesseits ist die Gottesfrage. Auch Volk und Rasse stehen unter Gott und seinem ewigen Gesetz. Aus dem Gesagten ergibt sich auch das Verhältnis von christlicher und völkischer Weltanschauung. Christliche Weltanschauung ist wirkliche Ganzheits-und Ganzweltschau. [...] Völkische Weltanschauung ist dem Umfange der von ihr gestellten und beantworteten Fragen nach gemäß der Feststellung von D. Kurt Port, einem ihrer philosophischen Vertreter im ›Völkischen Beobachter‹, nicht so sehr Weltanschauung im umfassenden Sinne, als vielmehr ›Lebensauffassung‹, also Biologie, Anthropologie, Ethik und Politik«. Kuhn wandte sich auch gegen eine Vereinnahmung Meister Eckharts und Rosenbergs *Mythus des 20. Jahrhunderts*. »Bei der religions-philosophischen und religion-psychologischen Analyse des neuen Mythos wird in einleuchtender Weise offenbar, daß der Versuch, aus Blut und Rasse eine neue Religion zu konstruieren, schon im Ansatz verfehlt ist. Religion, wirkliche Religion ist nicht von unten her, von Fleisch und Blut her, sondern von oben, von Gott her«.

294 Gebürtig aus Stuttgart, Studium der Philosophie und Theologie in Tübingen, 1931 Priesterweihe, Vikar in Künzelsau-Nagelsberg, dann in Kochertürn, 1932–1939 Musikrepetent, 1939 Pfarrer in Gundelsheim-Tiefenbach, 1950–1951 auch Bischöflicher Kommissar, dann ein Jahr Religionslehrer am Parler-Gymnasium in Schwäbisch Gmünd, ab 1952 Pfarrer in Hiltensweiler, 1953–1967 auch Bischöflicher Kommissar, 1989 im Ruhestand (Hiltensweiler). Zu ihm: Verzeichnis 1993, 47. – Bopp nutzte seine Tübinger Repetentenzeit nicht für eine Promotion, könnte Schelkle von daher ein »Dorn im Auge« gewesen sein.

295 Gebürtig aus Dischingen, Studium der Philosophie und Theologie in Tübingen, 1931 Priesterweihe, danach Vikar an Hl. Kreuz in Schwäbisch Gmünd, im Juli 1933 in Stuttgart St. Josef, ab 23. Oktober 1933 Repetent in Tübingen, 1937 Pfarrer in Haisterkirch, 1956 kurzzeitig Domkapitular, 1957 Pfarrer in Herlazhofen, 1966 in Roggenzell, 1972 im Ruhestand in Altshausen. Zu ihm: Verzeichnis 1993, 48.

cholisch veranlagten Schelkle deutlich unterschied. Wahrscheinlicher ist jedoch Max Mayer, und zwar als Konkurrent hinsichtlich der avisierten Laufbahn als geistlicher Studienrat. Ärgerlich war für Schelkle zudem, dass Mayer die Tübinger Repetentenstelle »blockierte«, obwohl er in München promoviert hatte, und zwar schon 1932. Es liegt nahe, aufgrund der thematischen Orientierung Mayers[296] eine bevorzugte Behandlung durch den ebenfalls religionspädagogisch interessierten Bischof Sproll anzunehmen. Am ehesten als Objekt der Rache in Frage kommt allerdings Schelkles ehemaliger Kurs- und Studienkollege Erich Dolderer, der just im Herbst 1933 als Repetent ans Wilhelmsstift kam und so Schelkle den (erhofften) Weg versperrte. Man wird ein schon länger belastetes Verhältnis zwischen Schelkle und Dolderer annehmen dürfen. Letzterer brachte in den vier Jahren seiner Repetentenzeit übrigens keine Promotion zustande, 1956 wurde er ins Rottenburger Domkapitel berufen, ein Amt, das er ein halbes Jahr später zu resignieren sich gezwungen sah.

Die Skizze zeigt zur Rechten Schelkles einen Hahn (»Gallus«) mit dem Wort »Friede« im Schnabel – Verrat andeutend (?) –, zur Linken einen »wilden Mann«, der seinen Speer in den Boden oder in seinen Fuß gesteckt hat, die Arme verschränkt und damit ebenfalls Friedfertigkeit signalisiert. Im Satz, der daneben steht: »Der Kerl ist wirklich zahm« ist durch ein noch einmal darübergeschriebenes »e« signalisiert, dass es hier nicht um »Karl«, sondern um den wilden »Kerl« geht. Schusters Botschaft ist graphisch hervorgehoben: »Wenn alles liebt, kann Carl allein nicht hassen«.

ZEITLICHE EINORDNUNG:

Herbst/Winter 1933.

296 Die Dissertation erschien offenbar in zwei Teilen: Max Mayer, Die Psychologie und Pädagogik des Vorsatzes (Religionspädagogische Zeitfragen NF 8/9), München 1932 (65 S.); Ders., Die Bedeutung der Psychologie für die religiöse Kindererziehung, Sonderdruck 1935 (nachgewiesen in der Bibliothek der PH Schwäbisch Gmünd) (88 S.).

23. BILD

FORMALE BESCHREIBUNG

Blatt, einseitig benutzt, hochkant. Nachträglich foliert als fol. 14.

TRANSKRIPTION DES TEXTES:

»de profundis = aus Feuerbach ...«
»Mein Lieber!

hier eine verspätete Weihegabe zum Namenstag. Wir hatten nämlich vor einiger Zeit ein »Fest der Schauffell« »Tag der Sch[aufel]« gefeiert (in der Chronik erster Spatenstich genannt). daher das Bild.
Möchtest du nicht einmal hierher kommen, meinen Spaten zu schärfen. Er ist stumpf ... Ausgerechnet mich nach Feuerbach! Wenn das so weitergeht, bin ich auch bald bei den Brüdern vom gemütlichen Glockengeläute.«

Die Unterschrift Schusters in Form seines Signets.

ZEITLICHE EINORDNUNG:

Am 19. August 1933 trat Schuster seine dritte Vikariatsstelle in Stuttgart-Feuerbach an. Das Bild soll ein verspätetes Namenstagsgeschenk an Schelkle sein, dessen Namenspatron Karl Borromäus am 4. November gefeiert wird. Das Bild dürfte sich damit auf die erste Novemberhälfte des Jahres 1933 datieren lassen.

THEMATIK UND ERKLÄRUNG:

Schuster reflektiert über seine neue Situation in Feuerbach und rekurriert zur Charakterisierung auf das »de profundis« des 130. Psalms: »Aus der Tiefe rufe ich, Herr zu Dir«. Der in der Totenliturgie beheimatete Text dürfte Ausdruck einer inneren oder äußeren Not und Verzweiflung Schusters sein. Der Seufzer »Wenn das so weitergeht ...« dürfte anzeigen, dass Schuster seine neuerliche Versetzung als weiteren Missgriff des Rottenburger Ordinariats betrachtete. Die Wendung »Brüder vom gemütlichen Glockengeläute« ist wohl ironisch gemeint, denn der auf dem Bild Läutende, Bernhard Hanssler, an Frisur und Sporen deutlich erkennbar, macht alles andere als den Eindruck von Gemütlichkeit. Im Gegenteil: er bringt Schuster – das Glockenseil bildet die Form von Schusters Signet – so in Schwung, dass diesem Hören und Sehen vergeht. Hat Hanssler Schuster gezeigt, »wo die Glocken hängen«? Will damit ausgesagt werden, dass Schuster tiefere Einblicke verschafft wurden? Aber in Bezug auf was? Hier könnte der Text weiterhelfen. Wenn die Schaufelmetaphorik tatsächlich den die Autorität »untergrabenden« Hintersinn besitzt, der oben angedeutet wurde, wäre hier möglicherweise wieder ein Hinweis auf die politische Situation versteckt – die durch die bewusste Falschschreibung der »Schauffell« noch verstärkt würde. Dies würde passen zu der Involvierung Hansslers ins Politische, die schon früher (Bilder 5, 9, 10) anklang und auf einem weiteren Blatt (Bild 24) zum Ausdruck kommt.

14

de profundis = aus Feuerbach …

Mein Lieber!

hier eine verspätete Weihegabe zum Namenstag. Wir hatten nämlich vor einiger Zeit ein „Fest der Schauffel" „Tag der Sch". gefeiert. (in der Chronik erster Spatenstich benannt). daher das Bild.
Möchtest du nicht einmal herüberkommen, meinen Spaten zu schärfen. Er ist stumpf … Ausgerechnet mich nach Feuerbach! Wenn das so weitergeht, bin ich auch bald bei den Brüdern vom gemütlichen Glockengeläute.

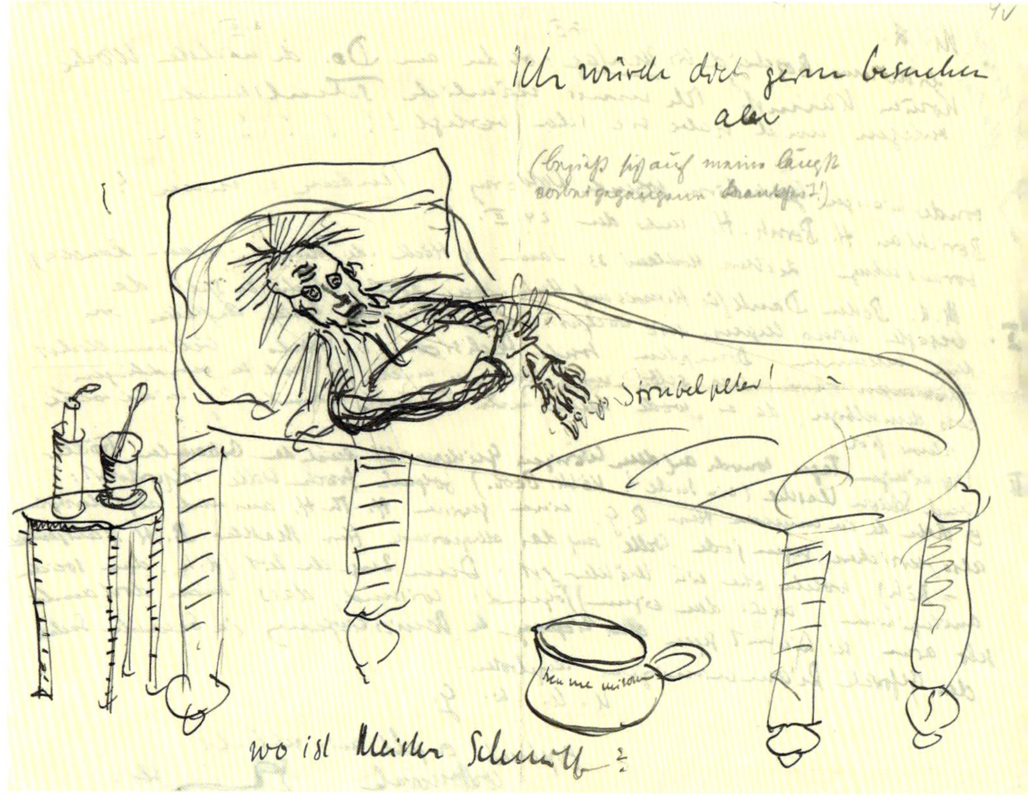

24. BILD

FORMALE BESCHREIBUNG:

Blatt, zweiseitig benutzt, querkant. Nachträglich foliert als fol. 9^v

THEMATIK, TRANSKRIPTION DER TEXTE UND ERKLÄRUNG:

Schuster versucht wieder, die Freunde zusammenzubringen. »Ich würde dich gerne besuchen, aber«: Der als »Strubelpeter« dargestellte Schelkle liegt krank im Bett, neben sich auf dem Nachttisch Medizin. Der Nachttopf trägt die lateinische Aufschrift »heu me miserum« – und ist damit Ausdruck des Selbstmitleids Schelkles. Darunter die Frage Schusters: »Wo ist Meister Schmitt[er]?«[297] Schelkle selbst notierte, etwas beleidigt, mit Bleistift: »Bezieht sich auf meine längst vorbeigegangene Krankheit«.

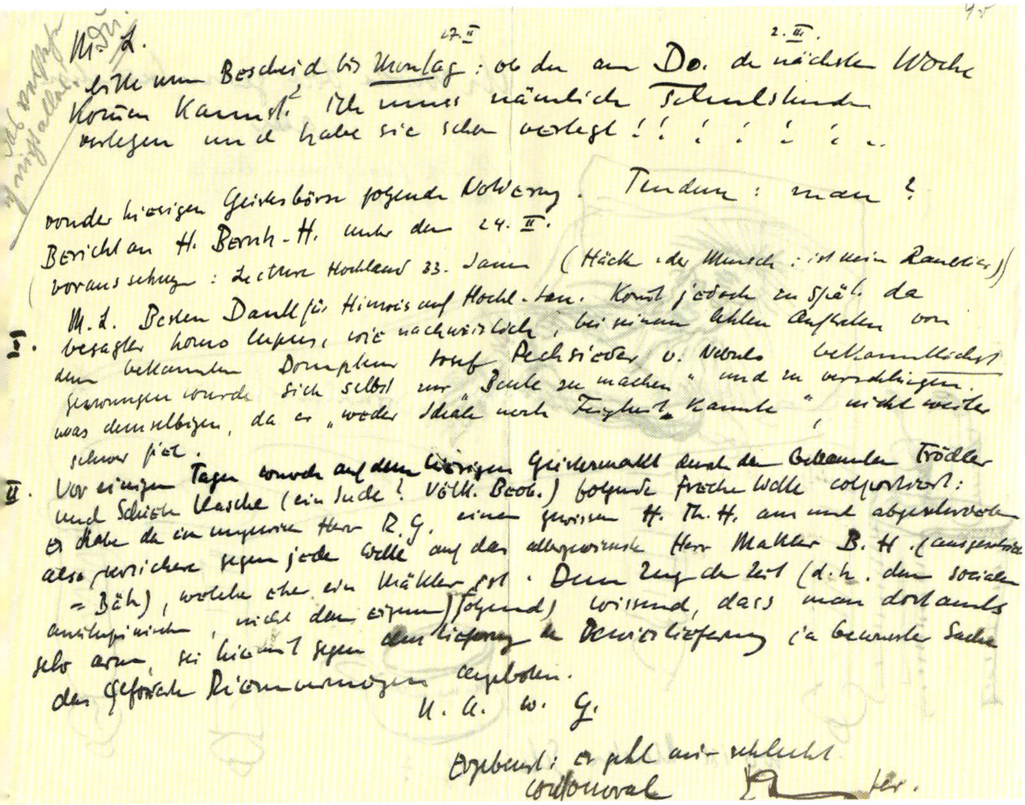

Auf der Rückseite (fol. 9r) kommt der eigentliche Briefinhalt:

»M[ein] L[ieber] bitte um Bescheid bis Montag, ob Du am Do[nnerstag] der nächsten Woche kommen kannst? Ich muß nämlich Tschulstunden[298] verlegen und habe sie schon verlegt!!!!!!

297 Man denkt zunächst an den Prinzipal Schelkles. Eine Durchsicht der Geistlichen mit Nachnamen Schmitt« führte jedoch zu keiner naheliegenden Lösung. Es könnte sich auch um den Kursgenossen Benedikt Schmid (1909–1985) gehandelt haben, gebürtig aus Dietingen bei Rottweil, September 1932 bis September 1933 Vikar in Ravensburg St. Christina, dann aushilfsweise in Waldburg, dann in Sießen im Wald, seit Januar 1934 Vikar in Dewangen. Am 14. August 1935 wurde er durch das Sondergericht Stuttgart zu neun Monaten Haft verurteilt wegen »Schädigung des Ansehens der NSDAP«. Er erhielt außerdem Unterrichtsverbot. Nach seiner Haft wurde Schmid im Juni 1936 Vikar in Salach. Zu ihm vgl. Verzeichnis 1993, 56; HEHL/ KÖSTERS (Bearb.), Priester 1350. – Wahrscheinlicher: Anton Schmitter (1907-1948), seit Juni 1932 neben Hanssler zweiter Vikar in Ulm (Wengenkirche), ab August 1935 Studienassessor am Gymnasium Ehingen und ab Oktober 1936 Kaplaneiverweser in Saulgau. Zu ihm: Verzeichnis 1984, 237.

298 Schwäbisch: »d'Schulstunden« = »die Schulstunden«, gemeint ist der umfängliche Religionsunterricht, den die Vikare damals zu leisten hatten.

Von der hiesigen Geisterbörse folgende Notierung: Tendenz: mau?
Bericht an H[ochwürden] Bernh[ard] H[anssler] unter dem 24.II.
Voraussetzung: Lektüre Hochland 33. Januar (Häcker: der Mensch: ist kein Raubtier)[299].

I M[ein] L[ieber] Besten Dank für Hinweis auf Hochl[and] Jan[uar]. Kommt jedoch zu spät, da besagter homo lupus[300], wie nachweislich, bei seinem letzten Auftreten von dem bekannten Dompteur Josef Pechsieder v[on] Nebulo[301] bekanntlichst gezwungen wurde, sich selbst »zur Beute zu machen« und zu verschlingen[302]. Was demselbigen, da er »weder Ideale noch Feigheit kannte«, nicht weiter schwer fiel.

II. Vor einigen Tagen wurde auf dem hiesigen Geistermarkt durch den bekannten Trödler und Schieber Kasche[303] (ein Jude? Völk[ischer] Beob[achter]) folgende freche Wolle kolportiert: Es habe da ein mysteriöser [?] Herr R[upert] G[eiselmann] einen gewissen

299 Vgl. Theodor HAECKER, Was ist der Mensch? Ein Vortrag, in: Hochland 30 (1932/33), 289–308. – Der Beitrag ist ein hellsichtiger Kommentar zur Zeitgeschichte und voller Anspielungen, eine sarkastische Rede gegen die propagierte »Raubtiermentalität« des Nationalsozialismus und seine philosophischen Wegbereiter. Hier heißt es unter anderem: »Wir wollen uns nichts vormachen: was der europäisch-amerikanische Mensch seit Jahrhunderten eigentlich und im Grunde will, ist: esse sicut Deus, zu sein wie Gott, oder vielmehr Gott zu sein. Weil aber in der Beschränkung der Meister sich zeigt, trotz alledem, teilen sich die europäischen Menschen, Einzelne, Sekten, Gemeinschaften, Parteien, Völker, Nationen, in die göttlichen Attribute, die einen sind die göttliche Liebe selber, die anderen die göttliche Gerechtigkeit selber, irgend ein anderer ist dominus, Herr in absoluter Göttlichkeit, Herr sogar über sein Gewissen, das er zuerst belehrt, ehe er sich von ihm belehren läßt; wieder andere erkennen und wissen wie Gott, sind denkende Götter; wir Deutsche schließlich haben das Prinzip des Schöpferischen, ja sind es leibhaftig. Wir schaffen wie Gott, das Schöpferische ist unser Privilegium. Diese besondere Maßlosigkeit gehört wesentlich zu uns. Sie hat sich von Zeit zu Zeit in der deutschen Geistesgeschichte offenbart, um in den letzten beiden Jahrhunderten zur Monomanie sich zu steigern und in einer Tragikomödie zu enden, deren letzter Akt freilich heute noch nicht gespielt ist. Keine andere Nation der Welt spricht so viel vom Schöpferischen – bislang wenigstens, denn es kann sein, daß wir die andern damit anstecken werden. Man kann nicht leugnen, wir Deutsche haben etwas ganz Besonderes ausgewählt, etwas sehr Gefährliches in dem Augenblick, wo wir der Versuchung unterliegen, zu sein wie Gott, selber Götter zu sein, was, wie wir gehört haben, nicht ausschließt, zugleich Raubtiere zu sein. Der Ehrgeiz des Deutschen, wenn er in Hybris fällt, ist nicht: zu erkennen, wie die Engel erkennen, was der Ehrgeiz der Franzosen in Descartes war, der aber gerade deshalb kein Doctor Angelicus wurde; der Ehrgeiz der Deutschen ist: zu schaffen wie Gott selber, und sänke dabei auch ihre Erkenntniskraft auf die des Herrn Spengler herab, der die Distinktion von Wahr und Falsch für unerheblich, oder vielmehr zum Schaffen und Erschaffen für schädlich hält. Wir Deutsche wollen ›das Unmöglichste‹ von allem, nämlich, schöpferisch sein wie ›Gott‹. Es ist wohl zu beachten, daß dies kein Engel je will oder wollen kann. Denn das Schöpferische, wenn es auf die Materie selber geht, ist das radikal, das absolut unmittelbare Privilegium der Gottheit«. Ebd. 294.

300 Unklar, wer gemeint ist.

301 Selbstbezeichnung Schusters. Vgl. die früheren Anspielungen auf »Schusterpech« und »Nebulo«.

302 Anspielung auf 1 Petr 5,8: »Seid nüchtern und wachsam! Euer Widersacher, der Teufel, geht wie ein brüllender Löwe umher und sucht, wen er verschlingen kann«.

303 Man denkt in diesem Zusammenhang sofort an Siegfried Kasche (1903–1947), der als deutscher Gesandter in Zagreb an den großen Judendeportationen beteiligt war. Doch ist dies wohl allzu weit hergeholt, und für 1934 noch nicht aktuell. Wahrscheinlicher scheint hingegen folgende Lösung:

H[errn] Th[eodor] H[aecker] aus- und abgeschrieben. Also versichere gegen jede Wolle auf das allergewisseste Herr Makler B[ernhard] H[anssler] (ausgeschrieben = Bäh), welcher eher ein Mäkler[304] ist. Dem Zug der Zeit (d. h. dem socialen antilupinischen[305], nicht dem eigenen) folgend, wissend, dass man dortamts sehr arm, sei hiemit gegen Auslieferung [?] der Beweislieferung [?] in bewusster Sache das geforderte Reisevermögen [?] angeboten.
U[m] A[ntwort] w[ird] g[ebeten]
Ergebenst: Es geht mir schlecht.
Confraternal [?]
[Schuhs]ter

Der Brief ist vor allem eine dringende Bitte an Schelkle, Schuster zu besuchen. Auch Hanssler wurde offenbar gebeten. Im Hintergrund steht (I) eine nicht näher zu erklärende Auseinandersetzung Schusters mit einem ungenannten Gegner, die jedoch beigelegt werden konnte. In diesem Kontext war Schuster von Schelkle auf den Artikel Theodor Haeckers im Hochland hingewiesen worden[306]. Schuster informiert Schelkle außerdem (II) über ein Gerücht, das Hanssler bestätigte, und wonach »R.G.« – wohl Professor Geiselmann in Tübingen – »H« (Haecker?) »aus- und abgeschrieben« habe[307]. Schelkle wird eine finanzielle Reiseunterstützung angeboten, damit er sich auf den Weg macht.

Schelkle notierte mit Bleistift: »Das verstehe ich nicht alles. Du?«.

Das hebräische Wort »Kasche« (קשה) im Sinne von »hart« könnte hier einfach als Deckname benutzt worden sein, und zwar – durch die nähere Charakterisierung als »bekannt« und in Kombination mit dem Epitheton »Trödler« – für Josef Schuster selbst. Vgl. die auch in anderen Skizzen Schusters auftauchende Selbstbeschreibung im Sinne von »hartherzig« oder »gefühlsarm«.

304 Eine Anspielung auf Hansslers rechthaberisches Wesen und sein freches Mundwerk?

305 Wohl ironisch gemeint.

306 Haecker war für die Freunde kein Unbekannter. Hanssler war bereits während seiner Gymnasialzeit auf ihn aufmerksam geworden und hatte ihm zu seinem 50. Geburtstag 1929 ein langes lateinisches Telegramm gesandt. Rückblickend schrieb er: »Niemand ist für meine geistige Entwicklung wichtiger gewesen als Theodor Haecker, den ich später in München besuchte, sooft es ging, und der immer wieder mein Gast in Tübingen war [...]. Als ich Haecker in den frühen Jahren des Dritten Reiches einmal fragte, was die Kirche falsch mache in der Auseinandersetzung mit dem Nationalsozialismus, schwieg er lange, dann huschte das so bezeichnende Lächeln über sein schönes Gesicht, und er sagte: ›Zum Beispiel dies, daß der Priester den Laien so fragt.‹« Haecker war es auch, der den Hochland-Herausgeber Carl Muth zu Hanssler schickte, als dieser Jugendkaplan (1934–1936) in Ulm war. HANSSLER, Bischof 99 f. – Hier auch über den Verdacht der Gestapo gegen Haecker im Zusammenhang mit der »Weißen Rose«. Zur Bedeutung Haeckers für den Kreis um die Geschwister Scholl vgl. SCHÜLER, »Im Geiste der Gemordeten« 132–148. Hanssler wird in diesem Zusammenhang nicht erwähnt. Schusters Karikatur zeigt jedoch, wie sehr Haeckers *Was ist der Mensch?* im Freundeskreis kolportiert und diskutiert wurde. – Ausführlich über Hansslers Verhältnis zu Haecker informiert der Band: Theodor Haecker: Leben und Werk. Texte, Briefe, Erinnerungen, Würdigungen, hg. von Bernhard HANSSLER und Hinrich SIEFKEN zum 50. Todestag am 9. April 1995 (Esslinger Studien 15), Esslingen 1995.

307 In dem hier in Frage kommenden Zeitraum ist als Publikation Geiselmanns lediglich zu nennen: Rupert GEISELMANN, Die Abendmahlslehre an der Wende der christlichen Spätantike zum Frühmittelalter. Isidor von Sevilla und das Sakrament

ZEITLICHE EINORDNUNG:

Der Text gibt den »27.II.« als Termin des vorgeschlagenen Treffens an, sodass das Bild also wenige Tage vor dem 27. Februar entstanden sein dürfte. Das Jahr ist schwieriger zu bestimmen. Der Hinweis auf die Januarausgabe der Zeitschrift *Hochland* des Jahres 1933 scheint eindeutig zu sein. Auch inhaltlich würde dies zur Krisenzeit Schusters in Langenargen passen, also in die erste Jahreshälfte 1933. Möglicherweise ist die »Geisterbörse« also eine Anspielung auf die unkonkret bleibenden, nebulösen (»Nebulo«) Verhältnisse weit vom Schuss – im Dunstkreis des Bodensees. Andererseits scheint die »hiesige Geisterbörse« – wenn über Politisches gesprochen sein sollte – doch eher auf Stuttgart denn auf Langenargen hinzuweisen, wäre also in die Stuttgarter Zeit Schusters (ab August 1933), das heißt in den Februar 1934 zu verlegen, wenn nicht – aufgrund der freilich unklaren Andeutungen bezüglich »R.G.« gar ins Jahr 1943[308].

der Eucharistie, München 1933; die Schrift kann m.E. jedoch nicht gemeint sein. – Deutlichere thematische Bezüge bestehen zu den Beiträgen Geiselmanns, die dieser allerdings erst 1943–1945 gedruckt vorlegte: Rupert GEISELMANN, Der gefallene Mensch. Die Wandlungen des Erbsündebegriffs in der Symbolik Johann Adam Möhlers, in: ThQ 124 (1943), 73–98; DERS., Johann Adam Möhler und das idealistische Verständnis des Sündenfalls, in: ThQ 125 (1944), 19–37; DERS., Die Wandlungen des Erbsündebegriffs in der Symbolik Johann Adam Möhlers, in: ThQ 126 (1946), 19–42. Hier spricht Geiselmann davon, alle rein philosophisch ausgerichtete Lehre vom Menschen führe nach Möhler zwangsläufig zum Pantheismus und zur »hochmütigsten Vergötterung des Menschen«. Wahre Erkenntnis finde der gefallene Mensch nur in der Offenbarung. – Will man dieser Interpretation folgen, so müsste das Blatt Schusters freilich ins Jahr 1943 datiert werden. Wahrscheinlicher ist, dass das »aus- und abgeschrieben« im übertragenen Sinn von »imitiert« oder »angewendet« zu verstehen ist, und dann auf eine gewisse »Brutalität« Geiselmanns im Umgang hindeutet. Diese Interpretation dürfte eine Stütze finden in der Distanzierung der Fakultät von Geiselmann und seinen »nationalsozialistischen Methoden« im Jahr 1945. Vgl. BURKARD, Entwicklung 162–167.

308 Vgl. Anm. 307.

25. BILD

FORMALE BESCHREIBUNG:

Blatt, einseitig benutzt, querkant. Nachträglich foliert als fol. 19.

THEMATIK, TRANSKRIPTION DER TEXTE UND ERKLÄRUNG:

Das Bild thematisiert die durch die Versetzung Schusters nach Ulm-Söflingen neu entstandene Situation: Schuster fühlt sich nach den herben Erfahrungen der beiden zurückliegenden Jahre in »Ulm …« wie im Götterhimmel, zumal er in Ulm auch wieder engeren Kontakt zu Freund Hanssler bekommt, der fast zeitgleich die Stelle eines Jugendkaplans erhält. Beide orakeln (»Delphi«!) Schelkle vom »MusenTempel« (als Antipode zur Tübinger Universität), vielleicht ein Hinweis auf das Kulturleben der Großstadt Ulm. Demgegenüber steht Schelkle, zum Weiterstudium der Klassischen Philologie und Religionswissenschaft freigestellt, in dem von ihm so heißersehnten, aber engen Tübingen völlig abseits. Während die Freunde der Kultur und den »Musen« frönen, bedient Schelkle nur den Kopf, ist (oder wird) zum »Kopfmenschen« – dargestellt durch einen übergroßen Kopf (ähnlich schon dem Bild 15, Nectarhalde), der gestützt werden muss. Schelkles »Neid« gegenüber den Freunden wird in den Ausruf gefasst: »Ihr Götter! Es ist zuviel! Haltet ein! Mein armer Kopf kanns nicht mehr fassen und tragen.«

ZEITLICHE EINORDNUNG:

Da Schuster am 26. November 1934 nach Ulm versetzt wurde, muss das Bild Ende November entstanden sein.

26. BILD

FORMALE BESCHREIBUNG:

Blatt, einseitig benutzt, querkant. Nachträglich foliert als fol. 11.

ZEITLICHE EINORDNUNG, THEMATIK, TRANSKRIPTION DER TEXTE UND ERKLÄRUNG:

Die anfängliche Begeisterung Schusters hält offenbar nicht lange an. Das auf 5. Januar 1935 datierte Bild zeigt in einem einfachen Bilderrätsel seinen Gefühlzustand: »Der Schuster, dies Urschaf ist wohl nur nach Ulm gekommen, um seine Schaufel ins Korn zu werfen und auszutreten«.

Die durchgestrichene oder begrabene Schaufel trägt eine merkwürdige Aufschrift, die möglicherweise die Insignien der Schaufelbrüder »B« (Bernhard Hanssler) und »J« (Joseph Schuster) darstellt. Der Aussagegehalt bleibt undeutlich. Ist Schuster nun in die Hände der Oberflächlichkeit gefallen? Ist aller »Widerstand« verschwunden? Will er gar den ergriffenen Beruf aufgeben?

IV. DER ERTRAG: CHARAKTER – LEBENSBEWÄLTIGUNG – POLITIK

Unsere Analyse dürfte gezeigt haben, dass bildliche Quellen, in unserem Fall künstlerische Alltagsproduktionen, erstaunliche Aufschlüsse über den biographischen Werdegang, noch mehr aber über Charakter und Eigenschaften, Hoffnungen und Gefühlslagen der Dargestellten, zu geben vermögen[309]. Freilich wurde auch klar, dass solche Quellen stumm bleiben, wenn sie nicht durch weitgespannte Recherchen und mit Hilfe schriftlicher Quellen (amtlicher und privater Provenienz) zum Sprechen gebracht werden.

Die hier vorgelegten Bilder und Skizzen stammen aus den Jahren 1932 bis 1935. Die gemeinsame Prägung durch die Tübinger Pflanzschulen des württembergischen Klerus – Universität und Wilhelmsstift – sowie das Rottenburger Seminar lag erst wenig zurück. Sie war und blieb stark und mächtig, obwohl das Leben die drei Freunde in ganz unterschiedliche Richtungen führte.

Der spätere Werdegang war nicht allein durch die (wenig beeinfluss- und kaum durchschaubaren) Entscheidungen der kirchlichen Obrigkeit vorgezeichnet, sondern er verdankte sich – auch dies zeigen die Quellen – nicht zuletzt den unterschiedlichen Charakteren, dem Durchsetzungswillen, den Kämpfen und Mühen des einzelnen und der begleitenden Hilfe der Freunde. Besonders intensiv lässt sich dies am Schicksal und Werdegang Schelkes ablesen.

Immer wieder kreuzten sich die Wege. Schelkle und Hanssler wohnten eine kurze Zeit lang im selben Haus, als Hanssler Studentenseelsorger in Tübingen und damit Chef der »Villa Hügel« geworden war, Schelkle aber als Promovend – wie andere auch – (wieder) in der Villa Hügel untergebracht war. Schelkle und Schuster verbrachten immer wieder Teile ihres Urlaubs zusammen, hatten offenbar auch weitergehende Pläne. Interessant ist in diesem Zusammenhang eine Notiz, die sich in einem Taschenkalender des ehemaligen

309 Es stellt sich freilich die Frage, ob und wo sich weitere Skizzen Schusters oder anderer Künstlerpriester erhalten haben. Der im Rottenburger Diözesanarchiv verwahrte Teilnachlass Bernhard Hansslers – er ist der Forschung noch nicht zugänglich; freundliche Auskunft von Dr. Herbert Aderbauer (Rottenburg) – enthält offenbar leider keine Karikaturen Schusters, es darf aber als wahrscheinlich gelten, dass auch Hanssler solche besessen hat.

Priesters und Dichters Joseph Bernhart (1881–1969)[310] fand: Dieser hielt sich von 6. bis 9. Juli 1943 in Aulendorf auf, um mit dem Inhaber der in katholischen Kreisen als Geheimtipp gehandelten Rieckschen Buchhandlung, Josef Rieck (1911–1970)[311] – und Schelkle und Schuster (!) – weitere Buchprojekte zu besprechen[312]. Was konkret die vier zusammengeführt hatte, ist unklar. Über den mitunter regen, vor allem fachwissenschaftlichen Austausch

310 Gebürtig aus Ursberg (Schwaben), Kindheit in München, Besuch des Ludwigsgymnasium, 1900 in München Studium der Philosophie und Theologie, 1902 Eintritt ins Georgianum, 1904 Priesterweihe (für die Diözese Augsburg), zunächst Kaplan in Markt Wald, Tandern und Hollenbach, 1905 in Neuburg an der Donau, 1907 Sekretär bei der »Deutschen Gesellschaft für christliche Kunst« in München, theologisches Promotionsstudium, 1910 Promotion in Würzburg, im selben Jahr auf dem Augsburger Katholikentag Rede über »Bildungsaufgaben der deutschen Katholiken«, die in der Modernismuskrise auf scharfen bischöflichen Protest stieß, seit 1908 mit Elisabeth Nieland (1882–1943), der Sekretärin des »Vereins katholischer deutscher Lehrerinnen« befreundet, 1910 kurzfristig Benefiziat in Murnau, 1911 zum Studium in Jena beurlaubt, um sich auf einen weltlichen Beruf vorzubereiten, 1913 geheime zivilrechtliche Eheschließung mit Elisabeth Nieland in London, damit ipso facto exkommuniziert, Rückkehr nach München zurück und Mitarbeiter verschiedener Zeitschriften und reiche schriftstellerische Tätigkeit, 1934 Umzug nach Türkheim, im Nationalsozialismus behindert, 1941 mit Publikationsverbot belegt, 1942 vermittelte der Augsburger Bischof Kumpfmüller die Aufhebung der Exkommunikation, nach dem Krieg Vortragstätigkeit, Mitglied verschiedener Gesellschaften, 1951 Honorarprofessor für Geistesgeschichte des Mittelalters an der Philosophischen Fakultät der Universität München. Zu ihm: Manfred WEITLAUFF/Abraham Peter KUSTERMANN (Hg.), Joseph Bernhart (1881–1969). Zwei Reden über Wissen, Bildung und Akademiegedanken – Deutungen zu Leben, Werk und Wirkung (Kleine Hohenheimer Reihe), Stuttgart 1995; Manfred WEITLAUFF (Hg.), Joseph Bernhart. Tagebücher und Notizen 1935–1947, Weißenhorn 1997; Otto WEISS, Der Modernismus in Deutschland. Ein Beitrag zur Theologiegeschichte, Regensburg 1995, 478–485; Manfred WEITLAUFF, Art. Bernhart, in: BBKL 14 (1998), 755–769.

311 Gebürtig in Stuttgart, dort auch aufgewachsen, einige Zeit Novize im Kloster Beuron, danach Buchhändlerlehre, verheiratet mit einer Berliner Kommunistin, 1938 Niederlassung und Gründung einer Buchhandlung in Aulendorf, die vor allem als Versandbuchhandlung für Theologie und Geisteswissenschaft angelegt war und durch ihr Sortiment die »Käufer durch Angebot und Beratung zu geistigem Qualitätsgefühl« erziehen wollte. Bekanntschaft mit Wilhelm Geyer, durch den Rieck auch einen direkten Kontakt zu den Geschwistern Scholl erhielt. Regelmäßig wurden Flugblätter der »Weißen Rose« an die Buchhandlung Rieck geschickt und von dort aus an vertrauenswürdige Personen weiterverbreitet. Das Buch *Nietzsche und Burckhardt* des evangelischen Theologen Alfred von Martin (1882–1979), unter dem Deckmantel Nietzsches eine Anklage des Nationalsozialismus, wurde von Rieck 500 mal verkauft, unter anderem an Claus Schenk von Stauffenberg, Werner Bergengruen, die Geschwister Scholl, aber auch Alfred Rosenberg. Nach dem 2. Weltkrieg Gründer der »Gesellschaft Oberschwaben«, auf der Gründungsversammlung sprach – vielleicht durch Bernhard Hanssler vermittelt – Carlo Schmid. Zu Rieck: Oliver SCHÜTZ, Die echte Volkszelle in Oberschwaben: Ernst Michel, die Gesellschaft Oberschwaben und die Akademie Aulendorf, in: Arnulf GROSS (Hg.), Weltverantwortung des Christen. Zum Gedenken an Ernst Michel (1889–1964). Dokumentationen, Frankfurt a.M. 1996, 181–206; Oswald BURGER, Josef Rieck. Bücher zum Überleben, in: Im Oberland 8/1997, 9–17; DERS., Josef Rieck, ein Buchhändler als Gründer der Gesellschaft Oberschwabens, in: Elmar L. KUHN (Hg.), Das große weite Tal der Möglichkeiten. Geist, Politik, Kultur 1945–1949. Das Projekt Gesellschaft Oberschwaben, Lindenberg 2002, 27–41 (in dem Band taucht mehrfach auch Bernhard Hanssler auf!).

312 Vgl. Thomas GROLL (Hg.), Joseph Bernhart (1881–1969). Briefwechsel mit dem Präsidenten der Industrie- und Handelskammer Augsburg, Otto A.H. Vogel (1894–1983) in den Jahren 1940 bis 1968, Weißenhorn 2012, 223, Anm. 559.

zwischen Schelkle und Hanssler wurde bereits berichtet. Der Kontakt zwischen den drei Freunden brach, obwohl jeder seinen eigenen Weg ging, bis in ihre letzten Lebensjahre hinein – Schuster starb 1986, Schelkle 1988, Hanssler 2005 – nicht ab, auch wenn sich das Verhältnis im Laufe der Jahre naturgemäß veränderte. Man besuchte sich gegenseitig[313], korrespondierte[314]. Hanssler begleitete die Publikationen Schelkles mit kritischen Kommentaren, über *Paulus, Lehrer der Väter*[315] verfasste er eine Rezension[316]; im Vorwort zur Neuauflage von *Jüngerschaft und Apostelamt* wird er von dem Freund dankend erwähnt[317]. Und doch machte sich über die Jahre eine gewisse Entfremdung breit, die sich bereits in den Skizzen der 1930er Jahre andeutete. Diese Entfremdung war nicht erst späteren Jahren geschuldet, sondern dürfte nicht lange nach den hier vorgelegten Karikaturen Schusters erfolgt sein. Wenn etwa Hanssler 1957 seinen Elitekatholiken (Cusanern) einschärfte: »Ihr könnt bei mir alles werden, nur nicht Studienrat in Mittelfranken«[318], so spricht daraus eine gewisse Verachtung dem gegenüber, was Freund Schelkle in den 1930er Jahren noch als Inbegriff alles Erstrebenswerten erschienen war. Das Verhältnis blieb ambivalent, auch wenn Schelkle in den 1980er Jahren häufig nach Stuttgart fuhr, um sich mit Hanssler zu treffen. Selbstverständnis, Weltsicht und Witz waren anders.

Fragen wir nach dem Ertrag unserer aufwändigen Bildanalyse, also nach der Aussagekraft und deren Verwendbarkeit für den historischen Erkenntnisprozess, so lassen sich wohl vor allem jene drei Themen identifizieren, die im Titel dieser kleinen Untersuchung bereits angedeutet wurden.

313 Vgl. etwa HANSSLER, Bischof 107f.; oder im Januar 1962: »Kürzlich fuhr ich von der Schweiz zurück durch das Oberland und versuchte dabei wieder einmal, unseren Schuster zu besuchen. Er war aber zur Konferenz abwesend und ich konnte nicht auf ihn warten«. 24. Januar 1962 Hanssler, Bad Godesberg, an Schelkle. UBT Mn 16 (NL Schelkle) Kaps. 103.

314 Vgl. etwa 15. Juli 1952 Hanssler, Stuttgart, an Schelkle: »Willst Du nicht mal herüber kommen? Und wenn Du einmal ein paar Tage hier zu tun hättest oder gerne hier in unserer Hausgemeinschaft weilen wolltest, würde ich mich sehr freuen. Du kannst jederzeit hier auch das Wort nehmen oder sonstwie tätig werden!« UBT Mn 16 (NL Schelkle) Kaps. 103.

315 Karl Hermann SCHELKLE, Paulus, Lehrer der Väter. Die altkirchliche Auslegung von Römer 1–11, Düsseldorf 1956.

316 »Vorab herzlichen Glückwunsch zu Deinem gewaltigen Buch. Ich freue mich, daß es nun fertig geworden ist und daß es ein so ansehnliches Werk geworden ist. Du selbst wirst Dich freuen, es nun endlich von Dir abgelöst zu haben. In der Tat bin ich gerade so im Wirbel, daß ich mich auf das 1. Kapitel und auf die Zusammenfassung in der Lektüre beschränken mußte. Aber natürlich habe ich von der Zusammenfassung her auch immer wieder zurückgeblättert, um die Thesen zu kontrollieren. Meine Besprechung ist ein bescheidener Text, sintemalen die Leserschaft des Deutschen Volksblattes wahrscheinlich nicht gerade das fähigste Publikum für Deine Fragestellung ist. Ich fürchte, sie wird Dir keinen einzigen Käufer einbringen«. 6. September 1956 Hanssler, Stuttgart, an Schelkle. UBT Mn 16 (NL Schelkle) Kaps. 103.

317 »Für berichtigende und fördernde Hinweise zur zweiten Auflage schulde ich Dank meinem Freunde, Herrn Direktor Pfarrer Bernhard Hanßler in Bad Godesberg«. Karl Hermann SCHELKLE, Jüngerschaft und Apostelamt. Eine biblische Auslegung des priesterlichen Dienstes, Freiburg 1961, [7]. – Hanssler antwortete: »Sehr herzlichen Dank für Deinen Brief und für die Überraschung, die Du mir mit der Neuauflage und der ungerechtfertigten aber sehr ehrenvollen Erwähnung im Vorwort bereitet hast«. 24. Januar 1962 Hanssler, Bad Godesberg, an Schelkle. UBT Mn 16 (NL Schelkle) Kaps. 103.

318 HANK, Der Geistliche 32.

Charakter. Schuster zeigt in seinen Skizzen ein feines Sensorium für die Gemeinsamkeiten ebenso wie für die charakterlichen Unterschiede der drei Freunde. Hellsichtig erkennt er, wie Hanssler seinem Weg mit dem notwendigen »Schenkeldruck« und den gewissermaßen »angeborenen« Sporen Richtung und Tempo gibt. Vom (windschnittigen) Scheitel bis zur (besporten) Sohle wird hier ein Charakter gezeichnet, der die Kompromisslosigkeit des Erkennens und Wollens einfängt. Ebenso eindeutig wie einfühlsam wird Schelkle als empfindsamer, ja geradezu empfindlicher, mimosenhafter Charakter ins Bild gesetzt, der sich immer wieder mit depressiven Verstimmungen ins Bett zurückzieht, der beleidigt und verletzt ist, der andererseits aber mit ausdauernder Beharrlichkeit seine wissenschaftlichen Neigungen verfolgt und dabei – ein Stück weit wenigstens – das Leben (auch mit seinen schönen Seiten) vorüberziehen lässt. Schuster selbst erscheint im Gegensatz zu seinen Freunden nicht als treibende Kraft, sondern als »Getriebener«, der sich vom Leben (und der Vorsehung?) zu dem treiben lässt, was er nicht aktiv sucht. Gemeinsam ist den Freunden der Wille zum »Schauffler-Dasein«, nämlich ein Leben unter dem Anspruch, es sich nicht zu einfach zu machen, sondern die Herausforderungen mit allem Ernst als Herausforderungen und Aufgabe anzunehmen.

Schuster zeigt in seinen Zeichnungen nicht nur eine geschärfte Beobachtungsgabe, sondern auch ein erstaunliches seelsorglich-pädagogisches Geschick. Mit immer wieder neuem Einfallsreichtum versucht er, vor allem den zur Depression neigenden Schelkle zu begleiten, zu ermutigen, aufzubauen – ob er nun den Vergleich zu sich selbst herstellt, um Schelkle die Augen zu öffnen, ob er ihn der tatkräftigen Hilfe der Freunde versichert, ob er ihm seine »Empfindlichkeit«, die so leicht in aggressive Verbohrtheit umschlägt, besonders drastisch vor Augen führt. Schuster kennt die Seelenwinkel Schelkles genau und weiß ihn mit dem Impetus der »correctio fraterna« entsprechend zu behandeln[319].

Damit ist bereits das zweite Thema angesprochen: *Lebensbewältigung*. In Studium und Ausbildung der Theologen der späten 1920er und frühen 1930er Jahre herrschte eine durchaus »robuste« Art des Umgangs vor, die ihren Grund nicht allein in einer damals selbstverständlichen Überbetonung von Autorität, Pflicht und Gehorsam hatte, sondern ebenso in den zahlenmäßig großen Studien- und Weihekursen[320]. Auch wenn die lange Zeit von der kirchlichen Obrigkeit (Ausbildungsleiter, Regenten) befolgte Praxis, begabte Studenten durch systematische Demütigung möglichst »klein« zu halten, um ihnen jeden Dünkel und jedes allzu deutliche Selbstbewusstsein von vornherein auszutreiben, in den 1930er Jahren nicht mehr in dem Maße wie noch um die Jahrhundertwende Usus gewesen sein dürfte[321],

319 Es fällt auf, dass Schuster später nie mehr zu Farbe und Zeichenstift griff. Entsprangen seine Bilder vielleicht gar keinem künstlerischen Impetus, sondern seiner pastoralen Ader, anderen und sich selbst zu helfen?

320 Nach den schwierigen Jahren 1915–1923 stabilisierten sich die Weihezahlen zwischen 1924 und 1939 dauerhaft auf einem hohen Niveau. Vgl. die Zahlen bei Erwin GATZ (Hg.), Priesterausbildungsstätten der deutschsprachigen Länder zwischen Aufklärung und Zweitem Vatikanischen Konzil. Mit Weihestatistiken der deutschsprachigen Diözesen (RQ, Suppl. 49), Rom/Freiburg/Wien 1994, 251–179, hier für das Bistum Rottenburg insbes. 270.

321 Vgl. BURKARD, Neues Jahrhundert, hier insbes. 196 f.

so verblieben die Strukturen doch weitgehend in diesen Bahnen. Die »unständigen« Geistlichen[322], und das waren die frisch geweihten Geistlichen aufgrund fehlender Pfarrstellen und einer hohen Zahl an Mitbewerbern oft bis ins fortgeschrittene Alter, mussten sich mit dem Schicksal abfinden, einfach irgendwelchen Pfarrern oder Orten zugewiesen zu werden. Mitunter ohne jede Absprache wurden sie einfach von heute auf morgen versetzt, und hatten anzutreten. Der Einzelne war auf sich selbst geworfen und blieb den Vorgesetzten – Regenten, Pfarrern (und deren Haushälterinnen) – ausgeliefert. Wie weit nicht nur Gefühl, sondern auch Realität des »Ausgeliefertseins« ging, zeigt – im wissenschaftlichen Bereich – Schelkles Dauer-Auseinandersetzung mit dem Tübinger Neutestamentler Stephan Lösch eindringlich[323]. Die Skizzen Schusters demonstrieren, wie die jungen Geistlichen – obwohl durchaus verschieden geartet – versuchten, durch engeren Schulterschluss dem Druck zu begegnen, ihr Leben und die gestellten Aufgaben zu meistern.

Politik. Jene Auseinandersetzungen, von denen die Rede war, spielten sich nicht im luftleeren Raum ab, sondern in der Gewitterschwüle des aufziehenden Nationalsozialismus. Die Skizzen Schusters streifen immer wieder das Thema Politik, auch wenn es meist bei Andeutungen bleibt. Beachtlich scheint aber doch immerhin, dass die Bilder 7, 9, 10, 11 und 24, in denen Schuster sehr deutlich wird, nicht gleich vernichtet wurden, sondern die Zeit überlebten.

Wären abschließend, vom Material wie von unserer Analyse ausgehend, einige generelle Fragen zu stellen. Sie tauchten im Rahmen dieser kleinen Studie auf und es wäre lohnend, ihnen einmal näher nachzugehen:

- Ganz selbstverständlich wird bei der Frage nach den Prägungen des Klerus in aller Regel der Theologie, die den angehenden Geistlichen geboten wurde, ein hoher Stellenwert beigemessen. Dies ist zweifelsohne richtig. Die der geistigen Auseinandersetzung dargebotenen Inhalte sind von Bedeutung, ob nun die Auseinandersetzung zu einem eher positiv-zustimmenden oder negativ-ablehnenden Resultat führte. Gleichwohl sollte man nicht der Gefahr erliegen, anderen Faktoren keinen oder einen nur geringen Stellenwert in der priesterlichen Prägung beizumessen, auch wenn diese – aufgrund zugegebenermaßen prekärer Quellenlage – wesentlich schwieriger zu eruieren sind.

- Völlig unterbelichtet sind in der Forschung die bereits zu Studienzeiten sich bildenden Netzwerke (*auch* von Kurskollegen und Studienfreunden). Wo sich diese, über die Kurszugehörigkeit hinaus, strukturell fassen lassen – etwa im studentischen Verbindungswesen – wären sie noch einigermaßen leicht darzustellen; doch fehlen noch immer auch derartige Studien. Abhilfe schaffen könnte vermutlich allein die Auswertung persönlicher Korrespondenzen oder – wo vorhanden – Tagebuchaufzeichnungen und ähnlicher Ego-Dokumente.

322 Dazu vgl. auch Erwin GATZ (Hg.), Priester, hier 103–117.

323 Der Verfasser wird die »Causa Schelkle« an anderem Ort gesondert schildern.

- Die hier vorgelegten Skizzen geben einen Eindruck davon, wie in kleinen Gruppen Chiffren und Sprachspiele entwickelt wurden, die nur von den Mitgliedern dieser Gruppen verstanden und entschlüsselt werden konnten. Dazu gehören freilich auch Vorurteile und »Schubladen«. Der Außenstehende – und so auch der Historiker ex post – tut sich damit schwer. Man wird diese Formen der Kommunikation als Teil existentieller Bewältigungsstrategien betrachten dürfen, die zwar in ihrem möglichen oder wahrscheinlichen Aussagegehalt ernst genommen werden müssen, deren Wahrheitsgehalt aber freilich cum grano salis zu nehmen und – wo möglich – anderweitig zu überprüfen ist.

QUELLENVERZEICHNIS

Ludwigsburg, Staatsarchiv (StAL)
E 211 II Bü 107

München, Bayerische Staatsbibliothek (BStB)
NL Muth (Ana 390) II.A

Rottenburg, Diözesanarchiv (DAR)
G 1.6 Nr. 56a, Mappe 2
G.1.7 (PA Hanssler)
G 1.7.1, Nr. 445 (PA Schelkle)

Rottenburg, Priesterseminar
Registratur

Tübingen, Universitätsarchiv (UAT)
395/155
126a/146
351/365

Tübingen, Universitätsbibliothek (UBT)
NL Schelkle (Mn 16)
Kaps. 95
Kaps. 103
Kaps. 106
Kaps. 113

Nachlass Wilhelm Geyer (im Privatbesitz)
Briefe
Lithographien

Teilnachlass Karl Hermann Schelkle (im Privatbesitz)
Tagebuch Schelkle

Familienarchiv Blumentrath (im Privatbesitz)
Zeichnung
Fotographien

LITERATURVERZEICHNIS

ALBERT, Marcel, Die Benediktinerabtei Maria Laach und der Nationalsozialismus (VKZG.B 95), Paderborn 2004.

ALBERT, Marcel, Ildefons Herwegen, in: Sebastian CÜPPERS (Hg.), Kölner Theologen. Von Rupert von Deutz bis Wilhelm Nyssen, Köln 2004, 356–387.

Allgemeiner Personalkatalog der seit 1880 (1845) ordinierten geistlichen Kurse des Bistums Rottenburg, hg. vom Bischöflichen Ordinariat, Rottenburg 1938.

ARNOLD, Claus, Karl Adams Aachener Rede über »Die religiöse Situation des deutschen Katholizismus« (1939) und ihr Echo im Rheinischen Reformkreis, in: Geschichte im Bistum Aachen 6 (2002), 253–275.

ARNTZEN, Helmut, Art. Kraus, in: NDB 12 (1980), 694–696.

AUBERT, Roger, Karl Adam, in: Hans Jürgen SCHULTZ (Hg.), Tendenzen der Theologie im 20. Jahrhundert. Eine Geschichte in Porträts, Stuttgart u. a. 1966, 156–162.

AUER, Alfons, Karl Adam 1876–1966, in: ThQ 150 (1970), 131–140.

BACHT, Heinrich, Kardinal Bea. Wegbereiter der Einheit, in: Catholica 25 (1981) 173–188.

BADER, Dietmar (Hg.), Kardinal Augustin Bea. Die Hinwendung der Kirche zu Bibelwissenschaft und Ökumene. München u. a. 1981;

BECKER, Werner, Augustin Bea. Kardinal der Einheit, in: Günther GLOEDE (Hg.), Ökumenische Profile II: 1910–1989, Stuttgart 1963, 167–179.

BIEMER, Günter, Franz Xaver Arnold 1898–1969, in: ThQ 150 (1970), 157 f.

BLESSING, Eugen, Art. Haecker, in: NDB 7 (1966), 425–427.

BLESSING, Eugen, Theodor Haecker. Gestalt und Werk, Nürnberg 1959.

BRAUN, Reiner, »Anpassung oder Widerstand?« Zur Diskussion um Otto Michel und den Nationalsozialismus, in: Theologische Beiträge 43 (2012), 290–304.

BRECHTKEN, Joseph, Zum ersten Jahrestag des Todes von Professor Otto Kuss: Ein Nachruf zum Nachruf von Josef Brechtken, in: ASKG 50 (1992), 303–305.

BUCHMÜLLER, Maria (Hg.), Augustin Kardinal Bea, Wegbereiter der Einheit. Gestalt, Weg und Wirken in Wort, Bild und Dokument aus Zeugnissen von Mitarbeitern und Weggenossen. Veröffentlicht unter dem Protektorat von Lorenz Jaeger, Augsburg 1972.

BÜHLMANN, Karl, Geächtet – geachtet. Die Geschichte des Hans Erni-Museums im Verkehrshaus der Schweiz in Luzern. Eine Dokumentation, Luzern 1997.

BURGER, Oswald, Josef Rieck. Bücher zum Überleben, in: Im Oberland 8/1997, 9–17.

BURGER, Oswald, Josef Rieck, ein Buchhändler als Gründer der Gesellschaft Oberschwabens, in: Elmar L. KUHN (Hg.), Das große weite Tal der Möglichkeiten. Geist, Politik, Kultur 1945–1949. Das Projekt Gesellschaft Oberschwaben, Lindenberg 2002, 27–41.

BURKARD, Dominik, Art. Rohr, in: Württembergische Biographien 2 (2011), 230–233.

BURKARD, Dominik, Die Entwicklung der Katholisch-Theologischen Fakultät, in: Urban WIESING u. a. (Hg.), Die Universität Tübingen im Nationalsozialismus (Contubernium. Tübinger Beiträge zur Universitäts- und Wissenschaftsgeschichte 73), Stuttgart 2010, 119–175.

BURKARD, Dominik, Ida Friederike Görres – privat. Briefe aus vier Jahrzehnten (in Vorbereitung).

BURKARD, Dominik, Joannes Baptista Sproll. Bischof im Widerstand (Mensch – Zeit – Geschichte), Stuttgart 2013.

BURKARD, Dominik, Korrektionshäuser für »fehlerhafte Geistliche«. Eine »vergessene« Institution und ihr Beitrag zur »Geschichte des kirchlichen Lebens«, in: RQ 92 (1997), 103–135.

BURKARD, Dominik, Neues Jahrhundert – neuer Klerus? Priesterbildung und -erziehung in der Diözese Rottenburg an der Wende zum 20. Jahrhundert, in: RJKG 21 (2002), 179–217.

BURKARD, Dominik, Theologie und Gesellschaft im Umbruch. Die Katholisch-Theologische Fakultät Tübingen in der Weimarer Republik, in: RJKG 24 (2005), 51–85.

BURKARD, Dominik/WEISS, Wolfgang (Hg.), Katholische Theologie im Nationalsozialismus. Bd. 1/1: Institutionen und Strukturen, Würzburg 2007; Bd. 1/2: Institutionen und Strukturen, Würzburg 2011.

BUXBAUM, Engelbert Maximilian (Hg.), Dr. Joseph Freundorfer, Bischof von Augsburg (1949–1963). Sein Leben und Wirken nach eigenen und zeitgenössischen Dokumenten. Vom »Waldler-Buben« zum Hochschulprofessor und regierenden Bischof. Studien und Dokumente, Regensburg 2004.

CHRIST, Karl, Joseph Vogt (1895–1986), in: DERS., Neue Profile der Alten Geschichte, Darmstadt 1989, 63–124.

DAHM, Christof, Art. Kittel, in: BBKL 3 (1992), 1544–1546.

DOMARUS, Max (Hg.), Hitler: Reden und Proklamationen 1932–1945. Bd. 1/1: Triumph 1932–1934, Leonberg [4]1988.

ERICKSON, Robert P., Theologian in the Third Reich. The Case of Gerhard Kittel, in: Journal of Contemporary History 12 (1977), 595–622.

FARNER, Konrad, Hans Erni. Ein Maler unserer Zeit. Mundus (Erbe und Gegenwart 48), Basel 1945.

FARNER, Konrad, Hans Erni. Weg und Zielsetzung des Künstlers. Arbeiten aus den Jahren 1931 bis 1942, Zürich 1943.

FELD, Helmut, Art. Schelkle, in: NDB 22 (2005), 646 f.

FELD, Helmut, Bibliographie Karl Hermann Schelkle 1937–1972, in: Helmut FELD (Hg.), Wort Gottes in der Zeit. FS für Karl Hermann Schelkle zum 65. Geburtstag, dargebracht von Kollegen, Freunden, Schülern, Düsseldorf 1973, 501–508.

FELD, Helmut, Bibliographie Karl Hermann Schelkle 1973–1988, in: ThQ 168 (1988), 234–236.

FEUCHTE, Paul, Art. Rupp, in: Baden-Württembergische Biographien 2 (1999), 370–373.

FISCHER, Balthasar/ MEYER, Hans Bernhard (Hg.), J.A. Jungmann. Ein Leben für Liturgie und Kerygma, Innsbruck u. a. 1975.

FISCHER, Jens Malte, Karl Kraus, Stuttgart 1974.

FLAMMER, Thomas, Die Katholisch-Theologische Fakultät der Westfälischen Wilhelms-Universität im »Dritten Reich«, in: Hans Ulrich THAMER/Daniel DROSTE/Sabine HAPP (Hg.), Die Universität Münster im Nationalsozialismus. Kontinuitäten und Brüche zwischen 1920 und 1960 (Veröffentlichungen des Universitätsarchivs Münster 5), 2 Bde., Münster 2012, Bd. 1, 309–346.

FLAMMER, Thomas, Die Katholisch-Theologische Fakultät Münster, in: BURKARD/WEISS (Hg.), Katholische Theologie im Nationalsozialismus I/1, 199–216.

FORSTNER, Thomas, Priester in Zeiten des Umbruchs. Identität und Lebenswelt des katholischen Pfarrklerus in Oberbayern 1918 bis 1945, Göttingen 2014.

FRIES, Heinrich, Ein Friedenspreis für ökumenische Arbeit. Zur Verleihung des Friedenspreises des deutschen Buchhandels an Augustin Kardinal Bea und Willem Visser't Hooft in: StZ 91 (1966), 161–170.

FUCHS, Ulrich, Paul Ohlmeyer zum Gedächtnis: 10.1.1908–31.1.1977, in: Attempto. Nachrichten für die Freunde der Tübinger Universität 63–65 (1978/79), 231 f.

FÜRST, Gebhard (Hg.), Was hast du, was du nicht empfangen hättest? Zum 80. Geburtstag von Prälat Bernhard Hanssler, Stuttgart 1987.

FÜRST, Gebhard/KASTNER, Peter/SIEFKEN, Hinrich (Hg.), Theodor Haecker 1879–1945. Verteidigung des Bildes vom Menschen (Hohenheimer Protokolle 55), Stuttgart 2001.

GATZ, Erwin (Hg.), Die Bischöfe der deutschsprachigen Länder 1945–2001. Ein biographisches Lexikon, Berlin 2002.

GATZ, Erwin (Hg.), Wie Priester leben und arbeiten. Quellen zur Lebenskultur und Arbeitswelt des deutschen Seelsorgeklerus seit dem Ende des 18. Jahrhunderts, Regensburg 2011.

GATZ, Erwin (Hg.), Priesterausbildungsstätten der deutschsprachigen Länder zwischen Aufklärung und Zweitem Vatikanischen Konzil. Mit Weihestatistiken der deutschsprachigen Diözesen (RQ, Suppl. 49), Rom/Freiburg/Wien 1994.

GEBHARDT, Walther, Georg Leyh 1877–1977, in: Zeitschrift für Bibliothekswesen und Bibliographie 24 (1977), 209–223.

GERDMAR, Anders, Roots of theological anti-semitism. German biblical interpretation and the Jews, from Herder and Semler to Kittel and Bultmann, Leiden 2009.

GERL-FALKOVITZ, Hanna-Barbara, »Ich fühle, daß Großes im Kommen ist«. Romano Guardinis Briefe an Josef Weiger (1908–1962), Ostfildern 2008.

GERL-FALKOVITZ, Hanna-Barbara, Romano Guardini. Konturen des Lebens und Spuren des Denkens, Mainz 2005.

GIACOMIN, Maria Cristina, Zwischen katholischem Milieu und Nation. Literatur und Literaturkritik im Hochland (1903–1918) (Politik- und Kommunikationswissenschaftliche Veröffentlichungen der Görres-Gesellschaft 29), Paderborn u. a. 2009.

GLONNEGGER, Erwin, Die Buchhandlung Rieck, ein geistiges Zentrum in Oberschwaben, in: Aulendorf im Wandel der Zeit, hg. von der Raiffeisenbank Aulendorf aus Anlass des 100-jährigen Bestehens, Ulm 1999.

GNILKA, Joachim, Nachruf auf Prof. Dr. Otto Kuss, in: MThZ 42 (1991), 271–273.

GÖTZ VON OLENHUSEN, Irmtraud, Klerus und abweichendes Verhalten. Zur Sozialgeschichte katholischer Priester im 19. Jahrhundert: Die Erzdiözese Freiburg (Kritische Studien zur Geschichtswissenschaft 106), Göttingen 1994.

GROLL, Thomas (Hg.), Joseph Bernhart (1881–1969). Briefwechsel mit dem Präsidenten der Industrie- und Handelskammer Augsburg, Otto A.H. Vogel (1894–1983) in den Jahren 1940 bis 1968, Weißenhorn 2012.

HAACKER, Klaus, Otto Michel (1903–1993), in: Cilliers BREYTENBACH/Rudolf HOPPE (Hg.), Neutestamentliche Wissenschaft nach 1945. Hauptvertreter der deutschsprachigen Exegese in der Darstellung ihrer Schüler, Neukirchen 2008, 341–352.

HADLER, Paul, Weltanschauung und Bibliotheksgeschichte bei Georg Leyh, in: Zentralblatt für Bibliothekswesen 82 (1968), 196–213.

HAECKER, Theodor, Betrachtungen über Vergil, Vater des Abendlandes, in: Der Brenner 13 (1932), 3–31

HAECKER, Theodor, Vergil, Vater des Abendlands, Leipzig 1931.

HAECKER, Theodor, Was ist der Mensch? Ein Vortrag, in: Hochland 30 (1932/33), 289–308.

HAERING, Stephan, August Hagen (1889–1963) als Professor des Kirchenrechts in Würzburg (1935–1947). Ein Schwabe an der Alma Julia, in: WDGBl 69 (2007), 175–204.

HAINZ, Josef, Einführung zu den exegetischen Beiträgen [integrierter Nachruf], in: ThGl 81 (1991), 248–252, hier 251–252.

HANK, Rainer, Der Geistliche und die Macht. Bernhard Hanssler, Frankfurt a. M. 1997.

HANSSLER, Bernhard, Bischof Joannes Baptista Sproll. Der Fall und seine Lehren, Sigmaringen 1984.

HANSSLER, Bernhard, Die Befreiung von Carlo Schmid, in: Tübingen 1945, 198–200.

HANSSLER, Bernhard, Glauben aus der Kraft des Geistes. Unkonventionelle Wege der Wiederbegegnung mit Augustinus, Benedikt von Nursia, Franziskus von Assisi, Dante, Nikolaus von Kues, Thomas Morus, Blaise Pascal, Johann Adam Möhler, Theodor Haecker, Freiburg 1981.

HANSSLER, Bernhard, Katholische Jugendarbeit während des Dritten Reiches in Ulm, in: Hinrich SIEFKEN (Hg.), Weiße Rose: Student Resistance to National Socialism 1942/1943. Forschungsergebnisse und Erfahrungsberichte.

A Nottingham Symposion, Nottingham 1991, 37–50.

HANSSLER Bernhard, Sprachgesinnung und Sprachbesinnung bei Theodor Haecker, in: Der Deutschunterricht. Beiträge zu seiner Praxis und wissenschaftlichen Grundlegung 2/4 (1950), 33–48

HANSSLER, Bernhard/SIEFKEN Hinrich (Hg.), Theodor Haecker. Texte, Briefe, Erinnerungen, Würdigungen, zum 50. Todestag am 9. April 1995 (Esslinger Studien 15), Sigmaringen 1995.

HEHL, Ulrich von/KÖSTERS, Christoph u. a. (Bearb.), Priester unter Hitlers Terror. Eine biographische und statistische Erhebung (VKZG.A 37), Paderborn u. a. 1998.

HEID, Hans (Hg.), Augustin Bea (1881–1968). Über Leben, Person und Werk eines badischen Kardinals. Eine Ausstellung, 2 Bde., Rastatt 1999–2000.

HEMMERLE, Klaus, Widerspruch und Gestalt. Bernhard Hanssler wird 80 Jahre, in: KNA, Das Porträt Nr. 25, 18.3.1987.

HUFNAGEL, Alfons, Paul Simon 1882–1946, in: ThQ 150 (1970), 144–146.

FRALING, Bernhard, In Memoriam Josef Höfer. Gedächtnisrede, in: ThGl 66 (1976), 257–263.

JANSEN-WINKELN, Annette (Hg.), Künstler zwischen den Zeiten. Bd. 5: Wilhelm Geyer, Eitorf 2000.

KIESS, Rudolf, Christian Mergenthaler. Württembergischer Kultminister 1933–1945, in: ZWLG 54 (1995), 281–332.

KIESS, Rudolf, Art. Mergenthaler, in: Baden-Württembergische Biographien 2 (1999), 317–320.

KIESS, Rudolf, Christian Mergenthaler (1884–1980), in: Rainer LÄCHELE/Jörg THIERFELDER (Hg.), Wir konnten uns nicht entziehen. Dreißig Porträts zu Kirche und Nationalsozialismus in Württemberg, Stuttgart 1998, 159–174.

KLEINERT, Michael, Es wächst viel Brot in der Winternacht. Theologische Grundlinien im Werk von Ida Friederike Görres (Studien zur systematischen und spirituellen Theologie 36), Würzburg 2002.

KNAUF, Axel, Art. Littmann, in: BBKL 5 (1993), 134–136.

KNOCH, Otto B., Zum Tod von Prälat Professor Dr. Dr. Karl Hermann Schelkle, in: Bibel und Kirche 43 (1988), 74.

KÖNIGS, Diemuth, Joseph Vogt. Ein Althistoriker in der Weimarer Republik und im Dritten Reich (Basler Beiträge zur Geschichtswissenschaft 168), Basel 1995.

KOPF, Paul, Joannes Baptista Sproll. Leben und Wirken. Zum 50. Jahrestag der Vertreibung des Rottenburger Bischofs am 24. August 1938, Sigmaringen 1988.

KOPF, Paul, Art. Sproll, in: GATZ (Hg.), Bischöfe 467–470.

KOWARK, Hannsjörg, Georg Leyh und die Universitätsbibliothek Tübingen (1921–1947), Tübingen 1981.

KREIDLER, Hans, Karl Adam und der Nationalsozialismus, in: RJKG 2 (1983), 129–140.

KRENN, Gerhard, Direktor Prof. Dr. Paul Simon, in: Josef HÖFER, Das Kollegium Leoninum zu Paderborn, Paderborn 1962, 65–81.

KUSS, Otto, Dankbarer Abschied (tuduv-Studien; Religionswissenschaft 2), München 1982.

KUSTERMANN, Abraham Peter, Die Apologetik Johann Sebastian Dreys (1777–1853) (Contubernium 36), Tübingen 1988.

KUSTERMANN, Abraham Peter, Art. Geiselmann, in: Baden-Württembergische Biographien 1 (1994), 105 f.

LEROY, Herbert, Karl Hermann Schelkle zum Gedächtnis, in: BZ NF 33 (1989), 158–160.

LERSNER, Dieter von, Die Evangelischen Jugendverbände Württembergs und die Hitler-Jugend 1933/1934 (Akten zur Geschichte des Kirchenkampfes 4), Göttingen 1958.

LIMBECK, Meinrad, Karl Hermann Schelkle. Zu Person und Werk, in: Die Kraft des Wortes. Beiträge zu einer biblischen Theologie, Stuttgart 1983, 11–23.

LITTMANN, Enno, Leben und Arbeit. Ein autobiographisches Fragment (1875–1904), hg. von Hans Hinrich BIESTERFELDT, Leiden 1986.

LÖSCH, Stefan, In memoriam Professor D.Dr. Ignaz Rohr (1866–1944), in: ThQ 126 (1946), 131–193.

LOSEMANN, Volker, Art. Vogt, in: Peter KUHLMANN/Helmuth SCHNEIDER (Hg.), Geschichte der Altertumswissenschaften. Biographisches Lexikon (Der neue Pauly, Suppl. 6), Stuttgart 2012, 1272–1274.

MASSER, Karin, Theodor Haecker. Literatur in theologischer Fragestellung, Frankfurt a. M. u. a. 1986.

MAYER, Eberhard, Die evangelische Kirche in Ulm 1918–1945 (Forschungen zur Geschichte der Stadt Ulm 26), Ulm 1998.

MICHEL, Otto, Anpassung oder Widerstand. Eine Autobiographie, Wuppertal/Zürich 1989.

MILLER, Max, Nachruf August Hagen 10.2.1889 – 27.1.1963, in: ZWLG 22 (1963), 186 f.

MORGENSTERN, Matthias/RIEGER, Reinhold (Hg.), Das Tübinger Institutum Judaicum. Beiträge zu seiner Geschichte und Vorgeschichte seit Adolf Schlatter, Stuttgart 2015.

MORGENSTERN, Matthias, Von Adolf Schlatter zum Tübinger Institutum Judaicum. Gab es in Tübingen im 20. Jahrhundert eine Schlatter-Schule? Versuch einer Rekonstruktion, in: MORGENSTERN/RIEGER (Hg.), Das Tübinger Institutum Judaicum 11–128.

MÜHLEK, Karl, Art. Simon, in: BBKL 17 (2000), 1296–1300.

NAAB, Erich, Art. Jungmann, in: BBKL 3 (1992), 876–877.

NEHER, Stefan Jakob, Statistischer Personal-Katalog des Bisthums Rottenburg. Festschrift zum 50-jährigen Bestehen des Bisthums, Schwäbisch Gmünd 1878.

NICKEL, Monika, Romano Guardini und die Professur für Religionsphilosophie und katholische Weltanschauung in Berlin, in: Dominik BURKARD/Wolfgang WEISS (Hg.), Katholische Theologie im Nationalsozialismus. Bd. 1/2: Institutionen und Strukturen, Würzburg 2011, 124–150.

POSCHMANN, Andreas, Das Leipziger Oratorium. Liturgie als Mitte einer lebendigen Gemeinde, Leipzig 2001.

Professor Schelkle geehrt. Papst Paul VI. ernannte ihn zum Päpstlichen Ehrenprälaten, in: Katholisches Sonntagsblatt (für die Diözese Rottenburg-Stuttgart) 4/1977, 14.

RABERG, Frank, Biographisches Handbuch der württembergischen Landtagsabgeordneten 1815–1933, Stuttgart 2001, 562 f.

RABERG, Frank, Biografisches Lexikon für Ulm und Neu-Ulm 1802–2009, Ostfildern 2010.

REINHARD, Brigitte (Hg.), Kunst und Kultur in Ulm 1933–1945. Ulmer Museum 28. Februar bis 25. April 1993, Ulm 1993.

REINHARDT, Rudolf, Fridolin Stier zum Gedenken. Nachruf, gesprochen bei der Beerdigung am 6. März, in: ThQ 161 (1981), 241–243.

REINHARDT, Rudolf, Quellen zur Geschichte der katholisch-theologischen Fakultät Tübingen. Ein unerwarteter Fund im Nachlaß von Prof. DDr. Stefan Lösch (+ 1966), in: ThQ 149 (1969), 369–388.

RIEGER, Reinhold, Otto Michel und das Institutum Judaicum in Tübingen, in: MORGENSTERN/RIEGER (Hg.), Das Tübinger Institutum Judaicum 149–212.

RIESENBERGER, Dieter, Der Paderborner Dompropst Paul Simon (1882–1946). Ein Beitrag zur Geschichte des Nationalsozialismus, der Ökumene und der Nachkriegsjahre in Paderborn (Zeitgeschichte im Erzbistum Paderborn 1), Paderborn 1992.

RINTELEN, Friedrich M./KAMPMANN, Theoderich, Paul Simon zum Gedächtnis, Paderborn 1947.

ROMMEL, Martina, Demut und Standesbewusstsein. Rekrutierung und Lebenswelt des Säkularklerus der Diözese Mainz 1802–1914, Mainz 2007.

RÖNZ, Helmut, Der Trierer Diözesanklerus im 19. Jahrhundert. Herkunft – Ausbildung – Identität (Rheinisches Archiv 151), 2 Bde., Köln 2006.

SAUTER, Meinrad, Dienst am Glauben. Annäherungen an Person und Werk von Franz Xaver Arnold (1898–1969). Ein Beitrag zur neueren Geschichte der Pastoraltheologie, Bonn 2005.

SAUTTER, Reinhold, Theophil Wurm. Sein Leben und sein Kampf. Mit einer Auswahl von Zeugnissen aus seinem Wirken, Stuttgart 1960.

SCHÄFER, Gerhard (Hg.), Die Evangelische Landeskirche in Württemberg und der Nationalsozialismus. Eine Dokumentation zum Kirchenkampf, 6 Bde., Stuttgart 1971–1986.

SCHEFFCZYK, Leo, Josef Rupert Geiselmann – Weg und Werk, in: ThQ 150 (1970), 385–395.

SCHELKLE, Karl Hermann, Die Kraft des Wortes. Beiträge zu einer biblischen Theologie, hg. vom Katholischen Bibelwerk e.V. Stuttgart, Stuttgart 1983.

SCHELKLE, Karl Hermann, Die Passion Jesu in der Verkündigung des Neuen Testaments. Ein Beitrag zur Formgeschichte und zur Theologie des Neuen Testaments, Heidelberg 1949.

SCHELKLE, Karl Hermann, Jüngerschaft und Apostelamt. Eine biblische Auslegung des priesterlichen Dienstes, Freiburg i. Br. 1957, [3]1965.

SCHELKLE, Karl Hermann, Lebenserinnerungen, in: RQ 82 (1987), 66–79.

SCHELKLE, Karl Hermann, Paulus, Lehrer der Väter. Die altkirchliche Auslegung von Römer 1–11, Düsseldorf 1956, [2]1959.

SCHELKLE, Karl Hermann, Theologie des Neuen Testaments, 5 Bde., Düsseldorf 1968–1976.

SCHELKLE, Karl Hermann, Virgil in der Deutung Augustins (Tübinger Beiträge zur Altertumswissenschaft 32), Stuttgart 1939.

SCHERZBERG, Lucia, Karl Adam und der Nationalsozialismus (Theologie.Geschichte. Beiheft 3), Saarbrücken 2011.

SCHICK, Paul, Karl Kraus, Reinbek 1986.
SCHMID, Carlo, Erinnerungen, Bern/München/Wien 1979.
SCHMID, Josef, In memoriam Alfred Wikenhauser, in: BZ 5 (1961), 92 f.
SCHMID, Joseph, Art. Gregory, in: LThK 4 (1932), 690.
SCHMIDT, Dietmar, Augustin Bea. Der Kardinal der Einheit, Graz u. a. 1989.
SCHMITT, Christoph, Art. Michel, in: BBKL 14 (1998), 1253–1261.
SCHMITT, Christoph, Art. Rohr, in: BBKL 8 (1994), 585–590.
SCHMITT, Christoph, Art. Schelkle, in: BBKL 9 (1995), 79–88.
SCHMITT, Christoph, Art. Wikenhauser, in: BBKL 13 (1998), 1110–1113.
SCHNEIDER, Carl, Geistesgeschichte des antiken Christentums, 2 Bde., München 1954.
SCHNEIDER, Gerhard, Auf dem Fundament von Dogma und Geschichte. Der pastoraltheologische Entwurf Franz Xaver Arnolds (1898–1969), Ostfildern 2009.
SCHUDER, Werner (Hg.), Kürschners Deutscher Literaturkalender. Nekrolog 1936–1970, Berlin 1973, 291.
SCHÜLER, Barbara, »Geistige Väter« der »Weißen Rose«. Carl Muth und Theodor Haecker als Mentoren der Geschwister Scholl, in: Rudolf LILL/Wolfgang ALTGELD (Hg.), Hochverrat? Neue Forschungen zur »Weißen Rose«, Konstanz 1999, 101–128.
SCHÜLER, Barbara, »Im Geiste der Gemordeten ...«. Die »Weiße Rose« und ihre Wirkung in der Nachkriegszeit (Politik- und kommunikationswissenschaftliche Veröffentlichungen der Görres-Gesellschaft 19), Paderborn u. a. 2000.
SCHÜTZ, Oliver, Die echte Volkszelle in Oberschwaben: Ernst Michel, die Gesellschaft Oberschwaben und die Akademie Aulendorf, in: Arnulf GROSS (Hg.), Weltverantwortung des Christen. Zum Gedenken an Ernst Michel (1889–1964). Dokumentationen, Frankfurt a. M. 1996, 181–206.
SCHÜTZ, Oliver M., Begegnung von Kirche und Welt. Die Gründung Katholischer Akademien in der Bundesrepublik Deutschland 1945–1975 (VKZG.B 96), Paderborn u. a. 2004.
SCHWEIZER, Harald, Zum Tod von Karl Hermann Schelkle, in: ThQ 168 (1988), 179–181.
SEIDEL, Hans-Werner, Bibelwissenschaftliche Arbeit und Forschung an der Katholisch-Theologischen Fakultät der Universität Breslau, in: Jahrbuch der Schlesischen Friedrich-Wilhelms-Universität zu Breslau 10 (1965), 7–45.
SEIFERMANN, Hermann, In memoriam Heinrich Kahlefeld, Frankfurt a. M. 1980.
SIEGELE-WENSCHKEWITZ, Leonore, Neutestamentliche Wissenschaft vor der Judenfrage. Gerhard Kittels theologische Arbeit im Wandel deutscher Geschichte (Theologische Existenz heute NF 208), München 1980.
SITARZ, Eugen, Art. Stier, in: BBKL 10 (1995), 1453–1457.
SÖDING, Thomas, Art. Schnackenburg, in: NDB 23 (2007), 277 f.
SONNTAG, Martha, Biographische Notiz, in: Fridolin STIER, An der Wurzel der Berge. Aufzeichnungen Bd. 2, aus dem Nachlaß hg. von Karl Heinz SEIDL, Freiburg i. Br. 1984, 262–268.
STIEG, Gerald, »Der Brenner« und »Die Fackel«. Ein Beitrag zur Wirkungsgeschichte von Karl Kraus, Salzburg 1976.
STOLLE, Michael, Der schwäbische Schulmeister Christian Mergenthaler, Württembergischer Ministerpräsident, Justiz- und Kulturminister, in: Michael KISSENER/Joachim SCHOLTYSECK (Hg.), Die Führer der Provinz. NS-Biographien aus Baden und Württemberg. Konstanz 1997, 445–477.
STORZ, Gerhard, Erfahrungen mit der Gestapo, in: Tübingen 1945, 235.
TAYLOR, Blaine, Fascist Eagle. Italy's Air Marshal Italo Balbo, Missoula MT 1996.
TEN HOLDER, Clemens, Das biblische Wort und die moderne Kunst. Gedanken zu Wilhelm Geyers Mosemappe, in: Heilige Kunst (1950), 40–52.
THADDEY, Gerhard (Hg.), Gebhard Müller. Ein Leben für das Recht und die Politik. Symposium anläßlich seines 100. Geburtstages am 17. April 2000 in Stuttgart (Veröffentlichung der Kommission für geschichtliche Landeskunde in Baden-Württemberg. B 148), Stuttgart 2000.
THIEL, Norbert, Otto Kuss (1905–1991), in: Michael HIRSCHFELD/Johannes GRÖGER/Werner MARSCHALL (Hg.), Schlesische Kirche in Lebensbildern, Bd. 7, Münster 2006, 179–184.
THIERFELDER, Jörg, Theophil Wurm, in: Wolf-Dieter HAUSCHILD (Hg.), Profile des Luthertums. Biographien zum 20. Jahrhundert, Gütersloh 1998, 743–758.
TIMMS, Edward, Karl Kraus. Satiriker der Apokalypse. Leben und Werk 1874–1918, Wien 1986.
TROXLER, Walter, Art. Lösch, in: BBKL 15 (1999), 877–879.
Tübingen 1945. Eine Chronik von Hermann WER-

NER. Bearbeitet und mit einem Anhang versehen von Manfred SCHMID (Beiträge zur Tübinger Geschichte 1), Stuttgart 1986.

Verzeichnis der Geistlichen der Diözese Rottenburg-Stuttgart von 1874 bis 1983, verzeichnet von Helmut Waldmann, hg. vom Bischöflichen Ordinariat, Rottenburg 1984.

Verzeichnis der Priester und Diakone der Diözese Rottenburg-Stuttgart von 1922 bis 1992, hg. vom Bischöflichen Ordinariat Rottenburg-Stuttgart, Rottenburg 1993.

VÖLKER, Bernhard, Christian Mergenthaler. Kultminister und Überzeugungstäter, in: Hermann G. ABMAYR (Hg.), Stuttgarter NS-Täter. Vom Mitläufer bis zum Massenmörder, Stuttgart 2009, 296–301.

WALTER, Ludwig K., Dozenten und Graduierte der Theologischen Fakultät Würzburg 1402 bis 2002 (QFW 63), Würzburg 2010.

WEINACHT, Paul-Ludwig, Art. Müller, in: NDB 18 (1997), 389–391.

WEISS, Martin, Art. Kraus, in: BBKL 15 (1999), 826–842.

WEISS, Otto, Der Modernismus in Deutschland. Ein Beitrag zur Theologiegeschichte, Regensburg 1995.

WEISS, Wolfgang, Modernismuskontroverse und Theologenstreit. Die Katholisch-Theologische Fakultät Würzburg in den kirchenpolitischen und theologischen Auseinandersetzungen zu Beginn des 20. Jahrhunderts (QFW 55), Würzburg 2000.

WEITLAUFF, Manfred (Hg.), Joseph Bernhart. Tagebücher und Notizen 1935–1947, Weißenhorn 1997.

WEITLAUFF, Manfred/KUSTERMANN, Abraham Peter (Hg.), Joseph Bernhart (1881–1969). Zwei Reden über Wissen, Bildung und Akademiegedanken - Deutungen zu Leben, Werk und Wirkung (Kleine Hohenheimer Reihe), Stuttgart 1995.

WEITLAUFF, Manfred, Art. Bernhart, in: BBKL 14 (1998), 755–769.

WEIZSÄCKER, Carl Friedrich von, Fridolin Stier, in: Fridolin STIER, An der Wurzel der Berge. Aufzeichnungen Bd. 2, aus dem Nachlaß hg. von Karl Heinz SEIDL, Freiburg i. Br. 1984, 269–270.

WESSELING, Klaus-Gunther, Art. Vogels, in: BBKL 12 (1997), 1563–156.

Wilhelm Sedlmeier 1898 – 1953 – 1987, Rottenburg 1987.

WILLE, Günther, Art. Weinreich, in: Baden-Württembergische Biographien 2 (1999), 479–481.

Wir vermögen nichts gegen die Wahrheit. Verabschiedung von Prälat Bernhard Hanssler, Bergheim 1970.

WISCHNATH, Michael, Am Wendepunkt – Otto Michel und sein »kritisches Wort« zur Tübinger Fakultätsdenkschrift »Für und wider die Theologie Bultmanns«, in: Helgo LINDNER (Hg.), Ich bin ein Hebräer. Gedenken an Otto Michel (1903–1993), Gießen 2003, 48–78

WOLF, Hubert, Art. Geiselmann, in: RGG^4 3 (2000), 555.

WOLF, Hubert, Art. Hagen, in: GATZ (Hg.), Bischöfe 481 f.

WOLF, Hubert, Art. Sedlmeier, in: GATZ (Hg.), Bischöfe 478.

WOLF, Hubert/ARNOLD, Claus, Der Rheinische Reformkreis. Dokumente und Reformkatholizismus 1942–1955, 2 Bde., Paderborn 2001.

WURM, Theophil, Erinnerungen aus meinem Leben, Stuttgart 1953.

WÜRTZ, Christian, Die Priesterausbildung während des Dritten Reiches in der Erzdiözese Freiburg (Forschungen zur oberrheinischen Landesgeschichte 57), Freiburg/München 2013.

ABKÜRZUNGSVERZEICHNIS

ASKG	Archiv für Schlesische Kirchengeschichte
BBKL	Biographisch-bibliographisches Kirchenlexikon
Bd./Bde.	Band/Bände
BZ	Biblische Zeitschrift
DAR	Diözesanarchiv Rottenburg
Kaps.	Kapsel
KNA	Katholische Nachrichtenagentur
LThK	Lexikon für Theologie und Kirche
MThZ	Münchener Theologische Zeitschrift
NDB	Neue Deutsche Biographie
NF	Neue Folge
NL	Nachlass
PA	Personalakte
QFW	Quellen und Forschungen zur Geschichte des Bistums und Hochstifts Würzburg
RGG	Religion in Geschichte und Gegenwart
RJKG	Rottenburger Jahrbuch für Kirchengeschichte
RQ	Römische Quartalschrift für Christliche Altertumskunde und Kirchengeschichte
StZ	Stimmen der Zeit
Suppl.	Supplementband
ThGl	Theologie und Glaube
ThQ	Tübinger Theologische Quartalschrift
UAT	Universitätsarchiv Tübingen
UBT	Universitätsbibliothek Tübingen
VKZG.A	Veröffentlichungen der Kommission für Zeitgeschichte: Quellen
VKZG.B	Veröffentlichungen der Kommission für Zeitgeschichte: Untersuchungen
WDGBl	Würzburger Diözesangeschichtsblätter
ZWLG	Zeitschrift für Württembergische Landesgeschichte

ABBILDUNGSVERZEICHNIS

1, 2, 3, 10	Herr Dr. Jochen Blumentrath (Ellwangen)
4a	Kopf, Joannes Baptista Sproll, Abb. *
4b	Hanssler, Bischof, Abb. 7
5, 6	Herr Hermann Geyer (Ulm)
7a, 7b	http://irene-gruen.t1802.greatnet.de (abgerufen am 14.01.2014)
8, 9, 10, 11	Universitätsbibliothek Tübingen
12, 13	Frau Evita Koptschalitsch (Burladingen-Starzeln)
14	Reinhard, Kunst, 173
16	A. Dückers (Hg.), Das Berliner Kupferstichkabinett. Ein Handbuch zur Sammlung, Berlin 1985, 95 Kat. III 6.

Die Malbriefe wurden dem Verfasser von Frau Evita Koptschalitsch (Burladingen-Starzeln) überlassen. Sie befinden sich inzwischen im Diözesanarchiv Rottenburg.

PERSONENREGISTER

Kursiv gesetzte Ziffern verweisen auf eine Erwähnung im Fußnotenapparat.